고전은 내 친구

아이의 두뇌를 깨우는
고전 읽기 가이드

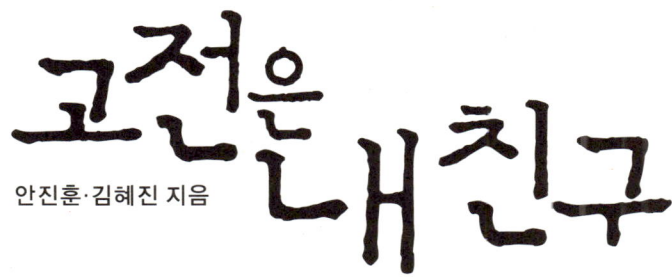
고전은 내 친구

안진훈·김혜진 지음

21세기북스

저자의 글

왜 우리 아이들이 고전을 읽어야 할까요? 어른들도 이해하기 어려운 책을 아이에게 읽히는 것은 아이들에게 스트레스만 주는 것이 아니냐고 반문할 수 있습니다. 어려운 책을 접하게 되면 평상시에 책을 잘 읽던 아이가 책을 읽지 않게 되는 것 아니냐는 의문을 가질 수도 있습니다.

고전에는 위대한 생각과 위대한 영혼이 숨어 있습니다. 이미 세상을 변화시킨 생각이 그 안에 들어 있습니다. 그리고 위대한 생각은 아이를 변화시킵니다.

사람은 인생에서 누구를 만나느냐가 아주 중요합니다. 살아가면서 위대한 사람들을 만나야 인생이 변화하는데 만나기가 결코 쉽지 않죠. 워런 버핏과 점심 한 끼를 하려면 10억 원이 넘는 돈을 지불해야 한다고 합니다. 다행스러운 것은 그러한 사람들이 자신의 생각을 책에 보관하고 있다는 것입니다. 책을 읽기만 하면 직접 만난 것처럼 그 사람을 깊게 만날 수 있습니다. 물론 위대한 생각은 절대로 그 모습을 함부로 드러내지 않습니다. 단단한 외피로 둘러싸여 있어서 쉽게 접근하기 어렵습니다. 그러나 그 껍데기를 뚫고 들어가기만 한다면 위대한 영혼을 만나고 그 영혼과 함께 호흡할 수 있습니다.

또 고전은 지식을 직접 알려 주기보다는 지식을 다룰 수 있는 안목을 키워 주는 책입니다. 오늘날을 정보와 지식의 홍수 시대라고 말합니다. 하지만 아직 정보를 알아보는 충분한 기준이 없는 아이들은 정보의 홍수에 자칫 휩쓸려 갈 수 있습니다. 이런 세계에서 아이들이 중심을 잡고 살아가려면 확고한 안목을 가져야 하는데 그 역할을 하는 것이 고전입니다.

마지막으로 고전은 그 시대를 변화시키거나 그 시대를 대변하는 책입니다. 예를 들어 보겠습니다. 미국 대중문화의 한 축을 이해하기 위해 읽어 봐야 할 책 중 하나가 『위대한 개츠비』입니다. 이번에도 이 책이 영화화되면서 미국을 다시 한 번 열광시키기도 했죠. 그러나 우리나라에서는 책이나 영화가 미국에서만큼 인기가 없어 보입니다. 『고전은 내 친구』에서는 『위대한 개츠비』가 위대한 고전일 수 있었던 당시의 시대적 상황과 배경에 대해 설명해 줍니다. 실제로 미국의 정치를 이해하려면 현지에서 직접 사는 것보다도 멜빌의 『백경』을 읽는 것이 효과적일 수 있습니다.

『고전은 내 친구』는 고전을 아이들의 친구로 삼도록 하는 데 가이드가 되고 싶습니다. 고전은 딱딱하고 어렵습니다. 대부분의 책들이 두껍고, 글씨도 작아서 눈앞에 있어도 선뜻 집어 들지 않게 되죠. 오랜 옛날의 고리타분한 이야기이거나 우리나라가 아닌 먼 나라의 이야기인 경우도 많고요. 하지만 『고전은 내 친구』 속 고전들을 읽으면서 아이들은 고전의 '맛'을 느낄 수 있게 될 것입니다. 딱딱한 고전 속에 담긴 저자의 생각을 읽을 수 있게 될 것이며, 시간과 공간을 뛰어넘어 오늘날 삶을 살아가는 우리에게 필요한 지혜를 제공할 것입니다.

고전이 가져다주는 혜택은 말할 수 없을 만큼 다양합니다. 아이들에게 고전을 많이 접할 수 있게 해 주세요. 이 책을 계기로 아이들은 고전과 진짜 친구가 돼 생각의 달인으로 거듭날 수 있을 것입니다.

• CONTENTS •

저자의 글 4

아이보다 엄마가 먼저 읽어야 할 고전 티칭 가이드 10

 고전이 알려 주는 인간의 본성

내가 세상에서 제일 지혜롭다고? 그럴 리 없어 • 플라톤, 『소크라테스의 변명』 23
임금님은 포커페이스 • 한비, 『한비자』 29
인간은 노력하는 동안 방황하기 마련이야 • 괴테, 『파우스트』 35
결국 악과 싸우는 것은 악에 불과해 • 윌리엄 골딩, 『파리대왕』 41
까마귀가 날면 배 떨어질까? • 데이비드 흄, 『오성에 관하여』 47
인간은 희망을 기다리고 또 기다리는 존재 • 사뮈엘 베케트, 『고도를 기다리며』 53
눈을 가리면 왜 양파가 사과처럼 느껴질까? • 르네 데카르트, 『성찰』 59
어려운 사람을 돕기 위해 악한 사람의 돈을 뺏는 건 죄일까? • 도스토옙스키, 『죄와 벌』 66
내가 따뜻하다고 느끼면 따뜻한 걸까? • 프랜시스 베이컨, 『신기관』 72

자비의 리더십 VS 두려움의 리더십 • 니콜로 마키아벨리, 『군주론』 79
공자도 지키기 어려워한 덕목 '중용' • 자사, 『중용』 85
사람을 시험하려면 '권력'을 갖게 하라 • 윌리엄 셰익스피어, 『맥베스』 90
혼자선 도덕적, 모이면 비도덕적? • 라인홀드 니버, 『도덕적 인간과 비도덕적 사회』 96
사회의 질서는 '괴물' 때문에 유지됐다? • 토머스 홉스, 『리바이어던』 102

 고전을 통해 배우는 삶의 지혜

우리는 모두 색안경을 끼고 있어 • 노자, 『도덕경』 111
어린왕자에게도 SNS 친구가 있었다면? • 생텍쥐페리, 『어린왕자』 117
아첨하는 딸과 진실한 딸 • 윌리엄 셰익스피어, 『리어왕』 123
공자는 폴리페서를 어떻게 평가했을까? • 공자, 『논어』 130
시시포스는 정말 불행하기만 했을까? • 알베르 카뮈, 『시시포스의 신화』 136
왕의 법을 따를 것인가, 신의 뜻을 따를 것인가 • 소포클래스, 『안티고네』 142

힘을 쓸 때는 한 걸음 물러나야 한다 • 『주역』 148

달은 꿈, 6펜스는 현실 • 서머싯 몸, 『달과 6펜스』 155

세상을 다스리는 법은 자신을 다스리는 법과 같다 • 『대학』 161

위대한 개츠비가 정말 '위대했던' 이유 • 피츠제럴드, 『위대한 개츠비』 167

문제에서 벗어나야 문제를 해결할 수 있다 • 『벽암록』 173

성공한 사람의 허영심은 그를 알아볼 수 없게 하지 •
　　　　　　　　　　　　로베르트 발저, 『벤야멘타 하인학교』 179

문제 앞에서 절망할 것인가, 혹은 정원을 가꿀 것인가 • 볼테르, 『깡디드』 184

행복할 수 있는 일을 찾아라 • 막스 베버, 『프로테스탄티즘의 윤리와 자본주의 정신』 190

세 치 혀로 흥한 사람, 세 치 혀로 망한 사람 • 플루타르코스, 『수다에 관하여』 196

 고전으로 세상 읽기

아빠는 '현금지급기' • 프란츠 카프카, 『변신』 205

된장녀 VS 된장녀라고 부르는 사람들 • 존 스튜어트 밀, 『자유론』 211

50년 전에 예고된 화학 물질의 재앙 • 레이철 카슨, 『침묵의 봄』 217

노력 없이 얻은 법은 황새가 데려온 자식과 같다 •
　　　　　　　　　　　　루돌프 폰 예링, 『권리를 위한 투쟁』 223
일본을 움직이는 근본적인 힘 • 루스 베네딕트, 『국화와 칼』 228
잘 노는 사람이 성공한다 • 로제 카이와, 『놀이와 인간』 235
빈민 어린이 합창단의 기적 • 순자, 『순자』 241
병든 세상에 중독된 사람들 • 루쉰, 『아큐정전』 247
역사는 사실일까, 선택된 것일까 • 에드워드 카, 『역사란 무엇인가』 253
경제를 바라보는 창조적 시선 • 애덤 스미스, 『국부론』 259
자연은 인간의 필요를 채워 주지만 탐욕은 채울 수 없다 •
　　　　　　　　　　　　에른스트 슈마허, 『작은 것이 아름답다』 265
눈앞의 현실, 보이는 게 전부는 아니다 • 허먼 멜빌, 『모비딕』 271
한 손이 아닌 두 손으로 살아가기 • 에리히 프롬, 『소유냐 존재냐』 277
철학 없는 교육, 피폐한 아이들 • 오노레 드 발자크, 『고리오 영감』 283
죽는 순간에도 웃을 수 있었던 이유는? • 토머스 모어, 『유토피아』 289

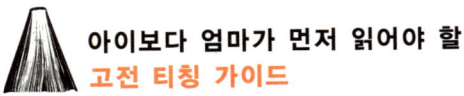
아이보다 엄마가 먼저 읽어야 할
고전 티칭 가이드

아이를 위대한 인물로 키우고 싶다면 위대한 생각이 담긴 고전을 읽혀라

요즘은 어느 분야든 창의성을 빼고 말을 할 수 없는 세상이 됐습니다. 이러한 시기에 자녀를 창의성 없는 평범한 아이로 키우고 싶다는 부모가 있을까요? 아마도 없을 것입니다. 하지만 아이를 평범하게 키우고 싶어 하는 부모는 없어도 실제로 그렇게 키우는 부모는 의외로 많습니다. 왜 그럴까요? 아이를 쉽게 키우려고 해서 그런 것입니다.

아이가 어떤 수준의 책을 읽는지 알고 있나요? 아이의 뇌는 쉽게 환경에 적응합니다. 그렇기 때문에 쉬운 책을 읽어 주면 뇌는 쉬운 책에 적응하여 낮은 수준에 머물고, 비슷한 수준의 책을 읽히면 얼마 지나지 않아 아이의 뇌는 평범한 수준에 머물게 됩니다.

여러분의 자녀를 위대한 아이로 키우고 싶나요? 그렇다면 방법이 있습니다. 아이의 수준보다 조금 어려운 고전을 읽히세요. 물론 처음에는 아이가 힘들어할 수 있습니다. 한 줄도 제대로 이해하지 못할 수 있죠. 그러나 인내심을 가지고 읽어 나가기 시작한다면 아이의 뇌에 엄청난 변화가 일어날 것입니다. 왜냐하면 고전은 좌뇌의 사고력과 분석력을 획기적으로 좋아지게 만들면서 동시에 우뇌의 창의력과 문제 해결 능력도 확실하게 키워 주기 때문입니다.

역사적으로 위대한 지도자들이 갔던 길이 있습니다. 바로 우회도로입니다. 겉으로 보기에는 돌아가는 것 같지만 오히려 돌아가면서 충분한 기본기를 쌓을 수 있어 돌아가는 길이 곧 지름길이 되었습니다.

어느 중국 대나무는 씨를 뿌리고 나면 5년 동안은 아주 작은 순 말고는 아무것도 보이지 않는다고 합니다. 그동안 모든 성장은 땅 밑에서 이루어집니다. 복잡한 구조의 뿌리가 땅 밑에서 종과 횡으로 뻗어 나가면서 땅을 단단하게 지지하며 형성됩니다. 그러다가 다섯 번째 해가 끝날 무렵 놀라운 일이 벌어집니다. 대나무가 갑자기 한 해에 약 25미터 높이로 성장하는 것입니다. 대나무는 어떻게 비약적인 성장을 할 수 있었을까요? 바로 주인이 눈에 보이는 성장에 실망하지 않고 매일 일정량의 둘을 주었기 때문입니다.

고전 읽기는 대나무에 물을 주는 것과 같습니다. 아무리 물을 주어도 겉으로 보기에는 큰 변화가 일어나는 것 같지 않지만 포기하지 않고 물을 주다 보면 어느 순간 엄청나게 큰 인물로 성장해 있는 아이를 만나게 될 것입니다. 돌아가는 길인 것 같아 답답하게 느껴지지만 결국에는 더 빨리 목적지에 도달해 있는 아이를 보게 될 것입니다.

위대한 지도자들이 갔던 또 다른 길은 바로 역경과 만나는 길입니다. 역사가 아놀드 토인비A. Toynbee는 우수한 민족이 위대한 문명을 일으킨 것도 아니요, 지정학적 환경이 좋은 민족이 큰 문명을 이룬 것도 아니라고 말합니다. 그는 문명의 발전은 어려운 환경에 처한 민족이 자신들에게 다가오는 도전을 어떻게 극복하느냐에 달려 있다고 말합니다. 이 말은 머리 좋은 아이가 인생에서 성공하는 것도 아니요, 집안이 좋은 아이가 출세하는 것도 아니라는 것입니다. 자신에게 닥친 역경을 '걸림돌'로 생각하지 않고 오히려 '디딤돌'로 여겨 이를 딛고 미래를 향해 도약하는 아이가 어느 분야에서든 성공할 수 있다는 것입니다.

그렇다면 역경지수를 높이는 가장 좋은 방법은 무엇일까요? 바로 어려운 책에 도전하는 것입니다. 이것은 위험 부담이 적으면서 도전정신을 불러일으키는 가장 확실한 방법입니다. 사실 어려운 책을 읽으려면 많은 인내가 필요합니다. 역경을 견디는 힘이 없는 아이는 어려운 책을 읽을 수 없습니다. 그러나 인내를 가지고 도전하다 보면 역경지수가 차츰 높아집니다. 이것은 마치 힘도, 실력도 없는 새내기 씨름 선수가 힘센 장사들과 자주 대결하다 보면 힘과 기술이 느는 것과 같습니다. 처음에는 번번이 지지만 시간이 지나면서 어느새 다리 근육이 강해지고 팔에 힘이 올라 대등한 경기를 할 수 있게 됩니다.

아이도 어려운 고전을 읽으면서 지적 체험을 더해 갑니다. 처음에는 막막하지만 여러 번 읽다 보면 책을 분석하는 기술이 좋아지고, 또 책을 자신의 관점을 통해 비판적으로 읽다 보면 고전 읽기는 즐거운 지적 놀이가 됩니다.

보통 이 과정에서 아이들은 '아하!' 하는 순간을 체험합니다. 책을 계속해서 읽다 보면 내용이 한꺼번에 정리되는 순간을 만나고, 이럴 때 아이도 지적 감동을 느끼게 되죠. 주로 저자의 생각을 좌뇌로 날카롭게 분석할 때 아이들은 첫 번째 지적 쾌감을 느낍니다. 그다음 이렇게 분석한 내용 중 전혀 상관없다고 생각한 것들이 우뇌의 창의성으로 서로 연결될 때 아이들은 두 번째 지적 쾌감을 느낍니다. 이 지적 쾌감을 맛본 아이들은 점점 더 어렵고 복잡한 책을 읽고 싶어 합니다. 더 큰 쾌감을 느끼기를 원하기 때문입니다.

고전은 우회도로인 것 같고 역경으로 느껴지기도 하지만 이런 길을 갔던 사람들은 역사적으로 위대한 인물이 되었습니다. 우리 아이들도 이 길을 걷는다면 반드시 큰 인물이 될 것입니다.

고전, 어떻게 읽어야 할까?

고전을 왜 읽어야 하는지 알았다 해도 고전 속으로 들어가기란 쉬운 일이 아닙니다. 딱딱한 외피를 입고 있는 탓에 그 안을 들여다보는 일은 여간 힘든 일이 아니죠. 그렇다면 고전을 어떻게 읽어야 할까요?

먼저 아이의 뇌에 모든 지식을 정확하게 처리할 수 있는 뇌 운영체제를 깔아 줘야 합니다. 모든 지식에는 지식을 만든 사람의 뇌 성향이 반영되어 있습니다. 어떤 사람이 '세상이 파랗다'고 했다면 실제로 세상이 파란 것이 아니라 파란 렌즈를 끼고 세상을 보기 때문입니다. 쓸모없어 보이는 모래에서 반도체의 핵심 소재인 실리콘을 뽑아내듯이 복잡하고 까다로운 내용 속에서 지식을 만든 사람의 생각을 파악할 수 있어야 합니다.

그러나 대다수의 아이들은 '생각의 1차원적 읽기'를 합니다. 책에서 세상이 파랗다고 하면 그 글을 읽고 세상이 파랗다는 사실을 아는 것에 그치는 경우가 그것입니다. 단순히 외부의 정보를 받아들이는 정도의 소극적이고, 수동적인 읽기에 그치는 것이지요. 이는 제대로 된 고전 읽기라고 할 수 없습니다.

어떻게 읽어야 제대로 된 고전 읽기라고 할 수 있을까요? 바로 '생각의 2차원적 읽기'를 해야 합니다. 책에서 세상이 파랗다고 하면 세상이 파란 것이 아니라 사람이 파란 렌즈를 꼈기 때문에 세상이 파랗게 보인다는 것을 알아내는 읽기가 바로 그것입니다. 저자가 왜 그렇게 생각하는지에 대해서 생각하는 읽기를 해야 한다는 것입니다. 그러한 방식으로 읽으면 글의 내용을 깊이 이해할 뿐만 아니라 아이의 사고력과 분석력이 동시에 좋아지는 이중적인 효과를 거둘 수 있습니다. 책을 많이 읽으면 사고력이 좋아진다는 말은 이런 과정을 통해서만 가능한 이야기입니다.

그러면 구체적으로 읽기 연습을 해 볼까요? "프랑스 혁명 200주년 기념식을 성대히 치른 직후에 히잡 사건이 발생했다."라는 문장을 읽고 요약해 보세요. 생각의 1차원적 읽기를 하는 아이는 이 문장을 '먼저 프랑스 혁명 기념식이 있었고 그다음에 히잡 사건이 일어났다.', 즉 시간적 선후 관계로만 파악합니다.

그러나 생각의 2차원적 읽기를 하는 아이는 글을 분석해서 저자의 생각을 찾아냅니다. 이 글을 예로 들자면 저자는 프랑스 민족이 앞에서는 자유를 상징하는 프랑스 혁명 정신을 강조하고는 뒤돌아서서 이슬람 소녀들이 학교에 히잡을 쓰고 온다는 이유만으로 학교에서 퇴학시킬 정도로 다른 민족의 자유를 짓밟는 이중적인 행위를 하고 있다고 고발하고 있는 것입니다. 그렇다면 윗글은 어떻게 요약할 수 있을까요? '프랑스 민족의 윤리적 이중성 고발'이라고 요약해야 합니다.

고전에는 책을 쓴 위대한 영혼들의 생각이 드넓게 펼쳐져 있습니다. 이 생각들을 단순히 그냥 받아들이는 것이 아니라 아이가 직접 2차원적 읽기를 통해 이 인물들의 사고 구조를 찾아내도록 해야 합니다.

그럼 위대한 저자들의 사고 구조 혹은 성향은 어떻게 파악해야 할까요? 방법은 의외로 간단합니다. 모형 비행기에 반영된 비행기 설계자의 생각을 알기 위해서는 비행기를 분해해야 합니다. 각 조각이 어떻게 연결되는지 그림을 그려 가면서 해체해야 합니다. 분해하고 나서 역으로 다시 조립하면 모형 비행기를 완성할 수 있습니다. 이렇게 분해하고 조립하는 과정에서 비행기를 만드는 원리, 즉 설계도를 알게 됩니다.

책을 분석할 때는 저자가 사용하는 중요한 변수인 어휘나 용어가 어떤 것인지 먼저 파악해야 합니다. 이것은 비행기 모형의 조각과 같습니다. 그리고 저자가 이 변수들을 어떻게 연결하는지 잘 분석해 보세요. 이것은 비행기 모형을 해체하는 과정을 통해 그 모형이 어떻게 조립되어 있는지 아는 것과 같습니다. 이렇게 저자의 연결 방식을 파악하면 저자의 렌즈, 즉 생각의 틀을 알 수 있습니다.

그렇게 되면 저자가 선택한 변수를, 저자의 렌즈를 끼고, 저자와 똑같은 방법으로 다시 연결할 수 있습니다. 저자가 책을 쓰는 과정을 그대로 따라갈 수 있으므로 저자와 똑같이 책을 쓰는 것과 같습니다. 똑같은 책을 쓰는 사람이 저자의 생각을 알지 못한다거나 저자의 의도를 파악하지 못할 수는 없습니다. 물론 책을 분석해서 저자가 사용하는 변수와 관계를 찾아내어 이를 재구성하는 것이 결코 쉬운 일은 아닙니다. 그러나 이러한 사고 방법도 자주 훈련하면 자연스럽게 체득할 수 있습니다.

큰 인물 만드는 엄마의 내공은 고전에서 비롯된다

엄마들에게 "자녀가 앞으로 어떻게 살았으면 좋겠어요?"라고 물어보니 신기할 정도로 대답이 유사했습니다. "자기가 좋아하는 일을 하면서, 자기 분야에서 자신만의 전문성을 가지고, 많은 사람으로부터 존경을 받으면서, 행복하게 살았으면 좋겠어요." 자녀를 둔 엄마의 모성 본능이 만들어 낸 최고의 대답이라고 생각합니다. 우리 아이가 그렇게 살 수 있다면 성공적인 인생을 살았다고 자부할 수 있을 거예요.

무엇보다 자기가 좋아하는 일을 하면서 사는 것이 중요합니다. 누군가 시켜서 억지로 일을 해야 한다면 그거야말로 불행한 삶의 시작이 아닐 수 없겠죠. 좋아하는 일이란 자신의 뇌 적성에 맞는 일을 하는 것입니다. 자식의 뇌 성향에 맞는 일을 찾아 주는 것이 성공적인 자녀 교육의 첫걸음입니다.

자신이 좋아서 열정을 가지고 일을 하다 보면 일정한 시점에서 질적 비약이 일어납니다. 다른 사람과 차별화되는 자신만의 전문성을 가지게 됩니다. 그렇게 되면 자신이 하는 일이 먹고살기 위한 직업이 아니라 그 일을 하기 위해 부름을 받았다는 일종의 소명Calling 의식이 싱겨나기 시작하죠. 소명 의식이 생기면 이제 내가 왜 이 일에 부름받았는지 생각하는 단계로 진입합니다. 내가 하고 있는 이 일이 자신만이 아니라 이 사회에 어떤 의미가 있는지를 생각하는 단계로까지 진화하는 것입니다. 그 과정을 통해 소명이 사명, 즉 미션mission으로까지 승화됩니다. 세상 사람들은 이러한 미션이 있는 사람을 위대하게 생각하고 존경합니다.

미션을 가진 사람들은 어떤 보상을 바라면서 그 일을 할까요? 그들은 부와 명예 같은 외적 보상이 아니라 내적 보상, 즉 감정적 보상 때문에 그 일을 합니다. 미션을 수행하면 내면 깊숙한 곳으로부터 감당하기 힘든 기쁨이 넘치고 진정한 행복감이 온몸을 휘감습니다. 한번 이 맛을 보면 뇌는 계속해서 그 맛을 보기를 원합니다. 이러한 긍정적인 중독성이 다시 자신이 하는 일에 재미와 열정을 불러일으키는 선순환으로 이어질 때 여러분의 자녀는 성공적인 삶을 살 수 있습니다.

그런데 이러한 자녀의 성공은 아이를 대하는 엄마의 태도에 전적으로 달려 있습니다. 자신이 어떤 엄마라고 생각하세요? 엄마의 유형은 대개 다음과 같습니다.

첫째, 우리 아이가 실제보다 부족하다고 생각하는 엄마입니다. 물론 엄마 눈에는 아이가 늘 부족하지요. 문제는 그러한 생각이 아이에게 무의식적으로 전달된다는 거예요. 다양한 연구를 통해 이런 엄마 밑에서 아이들은 점점 자신감을 잃어 가는 것을 알 수 있었습니다.

둘째, 아이를 객관적으로 바라보는 엄마입니다. 아이의 장단점을 파악하고 아이에게 얘기까지 해 주지요. 엄마로부터 이러한 피드백을 받은 아이 상당수가 열정을 잃는다는 것을 확인할 수 있었습니다.

셋째, 아이에 대해 환상을 가지고 있는 엄마입니다. 보통 엄마들은 아이가 초등학교 저학년 때까지 그런 환상을 가지지만 학년이 올라가면서 환상이 깨어집니다. 그런데도 우리 아이가 잘될 거라는 확고한 믿음을 지속적으로 가지고 있는 엄마가 있습니다. 놀라운 사실은 이러한 엄마 밑에서 자라나는 아이들이 꿈도 크고, 자신감도 넘쳐 났다는 것입니다.

옛날 가난한 집에 한 아이가 있었습니다. 아이는 배가 고파 우는 게 일과였어요. 엄마는 아이의 울음을 그치게 하려고 매를 들기 시작했습니다. 지나가던 스님이 이 광경을 딱하게 여기고는 갑자기 아이를 향해 큰절을 했습니다. 놀란 엄마는 왜 스님이 아이에게 절을 하는지 물었습니다. 스님은 "이 아이는 앞으로 정승이 될 분이니 잘 키워야 한다."는 말을 남기고 떠났습니다.

그날 이후 엄마는 매를 들지 않고 지극 정성으로 아이를 키우기 시작합니다. 나중에 이 아이는 실제로 영의정이 됐습니다. 아이 엄마는 예언을 한 그 스님을 수소문해 찾아 갔습니다. 감사의 말과 함께 어떻게 아이의 미래를 예측했는지 묻자 스님은 "내가 어떻게 아이의 미래를 알 수 있겠느냐."라고 반문하면서 "아이를 정승같이 귀하게 키우면 정승이 되고, 머슴처럼 키우면 머슴이 될 수밖에 없다."고 했습니다.

　정말 그런 것 같습니다. 아이에게 가장 많은 영향을 미치는 사람은 바로 엄마입니다. 엄마가 어떤 마음을 먹고, 어떤 자세로 아이를 키우느냐에 따라 아이의 미래는 크게 달라질 수 있습니다. 엄마에게 가장 필요한 것은 아이에 대한 흔들림 없는 믿음입니다. 이 아이가 나중에 크게 될 거라는 확고한 믿음 말입니다.

　결국 엄마 품의 넓이에 따라 아이는 우물 안 개구리가 되기도 하고 초원을 누비는 사자가 되기도 합니다. 엄마가 넉넉한 품을 가지고 긍정의 눈으로 바라볼 때 아이는 우물 안 개구리에서 사자 새끼로 변해 갑니다. 이것이 바로 엄마가 내공을 쌓아야 하는 이유입니다. 문제는 엄마의 내공이 그냥 쌓이지는 않는다는 것입니다. 엄마가 먼저 위대한 고전의 바다에 뛰어들어 자신의 품을 넓히고, 깊이를 쌓고, 그 에너지로 아이를 키운다면 아이는 가진 것 이상의 능력을 발휘할 수 있습니다.

　고전을 통해 엄마와 아이가 함께 성장해 보세요. 아이는 우등생을 넘어 인재로 성장할 것입니다.

PART 1

고전이 알려 주는 인간의 본성

내가 세상에서 제일 지혜롭다고? 그럴 리 없어

플라톤Platon, 「소크라테스의 변명」

자아, 그러면 무엇 때문에 내가 이러한 말을 하는가 생각해 주기 바라오. 그것은 즉, 나에 대한 중상이 어디서 생겼는가를 지금부터 여러분에게 알려 드리고자 하기 때문이오. 말하자면 나는 그 신탁 이야기를 듣고 속으로 생각했었소.

'신은 대체 무슨 말을 하려는 것일까? 신은 대체 무슨 수수께끼를 내고 있는 것일까? 나는 크든 작든 간에 나 자신이 결코 지혜 있는 자가 아니라는 것을 알고 있으니 말이다. 그렇다면 나를 가장 지혜 있는 자라고 선언함으로써 대체 신은 무슨 말을 하고자 하는 것일까? 신은 적어도 거짓말을 할 까닭이 없다. 왜냐하면 그것은 신으로서 있을 수 없는 일이기 때문이다.' 하고 말이오. 그리고 나는 오랜 시간 동안, 대체 신은 무슨 말을 하고자 하는 것일까 하고 곰곰이 생각했소. 그리하여 간신히 무언가 다음과 같은 방법으로 그 뜻을 알아보기로 한 것이오. 그것은 누군가 지혜 있는 사람으로 여겨지는 사람 중의 하나를 찾아보는 것이었소. 다른 곳은 고사하고, 그곳에 가면 그 신탁에 반박하여,

"이 사람이 나보다 더 지혜가 있습니다. 그런데 당신은 나를 지혜 있는 자라고 말씀하셨습니다." 하고 신탁에 대해서 똑똑히 말할 수 있기 때문이오. 그래서 철학자라는 세평을 듣고 있는 사람을 찾아가서—굳이 이름을 들어서 말할 필요는 없고, 그 사람은 정치가의 한 사람이었소—그 사람을 상대로 문답을 하면서 관찰했는데 그 결과는 다음과 같소.

이 사람은 많은 사람들에 의해서 지혜 있는 사람으로 간주되고 있으며, 아울러 자기 자신이 제일 지혜롭다고 생각하고 있지만, 실은 그렇지 않구나 하고 말이오. 그래서 그 뒤부터 나는 그 사람이 자신은 지혜 있는 사람인 줄로 알고 있지만, 그렇지 않다는 것을 똑똑히 알리려고 애를 썼소. 그런데 그 결과 나는 그의 미움을 샀고, 그 자리에 동석해서 내 말을 듣고 있던 사람들도 나에게 적의를 갖게 되었소. 나는 그와 헤어져 돌아오면서 생각했소.

'나는 이 사람보다 지혜가 있다. 왜냐하면 그 사람도 나도 사실상 아름다움이나 선善을 모르고 있지만 이 사람은 무언가 알고 있다고 생각한 반면, 나는 모르니까 그대로 모른다고 생각하기 때문이다. 즉, 나는 모르는 것은 모른다고 깨달은, 오직 그것만으로 내가 더 지혜가 있는 모양이다.' 하고 말이오. 그리고 거기서 나는 그 사람보다 더 지혜가 있을 듯한 사람을 찾아가는데, 역시 나는 같은 생각을 한 것이오. 그리고는 그곳에서도 그 사람과 다른 많은 사람들의 미움을 사게 되었소.

『소크라테스의 변명』, 플라톤 지음 / 왕학수 옮김, 신원문화사, 2002년

어느 날 갑자기 여러분이 세상에서 가장 지혜로운 사람이라고 뉴스에 나온다면 어떨까요? 아마 대부분 당황해서 나는 그런 사람이 아니라고 손사래를 치며 달아나거나 숨어 버릴지도 모르겠습니다. 그리스의 철학자이자 위대한 스승인 소크라테스에게도 이런 일이 일어났어요.

💬 소크라테스의 친구이자 제자인 카이레폰이 그리스 평원을 뛰어가고 있습니다. 신에게 꼭 물어보고 싶은 것이 있었거든요. 델피 신전에 도착한 카이레폰은 여 사제에게 물었습니다. "소크라테스보다 더 현명한 사람이 이 세상에 있나요?"
여사제는 대답했습니다. "소크라테스가 세상에서 제일 지혜롭다."
카이레폰은 다시 먼 길을 한달음에 달려 소크라테스에게로 갔어요. 그리고 자신이 들은 내용을 소크라테스에게 전했죠. 소크라테스는 자신의 귀를 의심했습니다.
"내가 세상에서 제일 현명하다고? 말도 안 돼. 그럴 리가 없어."

고대 그리스에서 사제는 그리스의 신들을 모신 신전에서 제사를 지내거나 나라의 길흉을 점치는 예언자로, 사제의 말은 그리스 시민에게 곧 신의 뜻처럼 받아들여졌어요. 당시 사람들은 판단하기 어려운 문제를 해결하기 위해 사제에게 신의 뜻을 묻는 일이 많았다고 합니다. 이를 두고 '신탁을 구한다'고 해요.
신탁이란 신이 인간에게 전하는 뜻, 또는 인간의 질문에 대한 대답을 뜻하는 말입니다. 신탁에 의하면 소크라테스는 가장 지혜로운 사람인데, 소크라테스는 자신이 지혜와 거리가 멀다고 생각했습니다. 그는 신의 생각과 자신의 생각, 이 둘 사이의 모순을 해결하기 위해 생각의 꼬리를 물고 파고들었어요. 소크라테스는 어떤 문제든 걸렸다 하면 끝까지 물고 늘어지는 불도그 같은 근성을 지니고 있었거든요.

> 초췌한 모습의 소크라테스는 방을 뛰쳐나오면서 소리쳤어요.
"나는 최소한 내가 아무것도 알지 못한다는 것을 알아!"

그래서 소크라테스는 그 시대의 지혜로운 사람들을 만나러 갑니다. 자신보다 더 현명한 사람을 찾아내면 신탁의 내용이 틀렸다는 것을 증명할 수 있으니까요.

소크라테스가 모순을 해결하기 위해 찾은 방법은 '자신보다 더 지혜로운 사람을 단 한 사람만 찾아'내는 것이었습니다. 그러면 자연히 신탁은 틀린 것이 되니까요. 그래서 소크라테스는 가장 똑똑하다고 생각하는 정치가들부터 만나기 시작합니다. 그는 당시 최고의 예술가는 물론 최고의 과학자들까지도 만납니다. 이들은 저마다 자신의 지혜를 뽐냈지만 결국 자신이 알지 못하는 것까지 잘 아는 것처럼, 다른 분야에까지 전문가인 척했습니다. 소크라테스는 그들을 만나 보며 결국 자신이 그들보다 지혜롭다는 것을 알게 됐습니다.

소크라테스는 어떤 상황에서도 이성적으로 판단했습니다. 그는 한 번에 한 단계씩 순차적으로 사고하는 사람이었죠. 이런 사고의 과정을 거쳐 소크라테스는 한 차원 높은 수준의 사고에 도달했어요. '내가 어떤 것을 알고 모르는지'에 대해 이야기하는 단계를 넘어 '아무것도 알지 못하는 나 자신'을 들여다볼 수 있게 됐거든요. 그래서 소크라테스의 생각을 담은 문장인 "나는 내가 아무것도 알지 못한다는 것을 알아."에 두 번 언급되는 '안다 know'라는 단어는 각기 다른 차원의 단어를 의미해요. 첫 번째 '안다'는 무엇인가를 알거나 모르는 것을 가리키는 말이라면, 두 번째 '안다'는 알지 못하는 나를 인식하고 있다는 의미죠.

소크라테스는 스스로에게 물었다고 해요. '신은 왜 나를 이런 사람이 되게 한 것일까? 가장 지혜로운 사람이라고 부름받은 나는 이 사회에서 어떤 역할을 해야 하는 것일까?' 또다시 생각에 생각을 거듭한 소크라테스는 마침내 자신의 역할을 찾게 됩니다.

"그리스 시민은 멋지지만 살이 찐 비대한 말馬과 같다. (…) 말에게는 자꾸 움직이도록 귀찮게 하는 존재가 필요하다. 내가 해야 할 역할이 바로 그것이다. 살이 찐 비대한 준마에 붙어 귀찮게 하는 등에와 같은 역할 말이다."

그 이후로 소크라테스는 아고라를 다니며 사람들을 만날 때마다 그들의 무지를 일깨워 주는 역할을 감당하기 시작합니다. 그러나 시간이 지나고 소크라테스가 상대하는 사람이 많아질수록 그의 적은 많아지게 되죠.

소크라테스는 고지식하면서 우직한 사람이었다고 해요. 요즘 세상에 태어났다면 눈치도 없고 분위기도 잘 못 맞추는 사람이라는 이야기를 들었을지도 몰라요. 결국 소크라테스는 그가 만난 지식인들에게 미움을 사게 되고 고발을 당해 법정에 서게 됩니다. 신탁을 의심했으니 신성모독을 했으며 그의 행동이 사회 분위기를 흐렸다는 죄목으로 말입니다. 법정에 선 소크라테스는 스스로 자신을 변론합니다.

『소크라테스의 변명』은 제자인 플라톤이 소크라테스의 최후 변론을 지켜보고 쓴 책입니다. 하지만 논리적인 변론에도 불구하고 소크라테스는 사형 선고를 받게 되죠. 그러한 사정을 딱하게 여긴 그의 친구들과 제자들은 그를 해외로 피신시키려고 했어요. 하지만 그는 죽음을 선택하고 감옥 안에서 독배를 들게 되죠.

철학저술가 알랭 드 보통은 그의 죽음은 그의 '철학' 때문이었다고 평가합니다. 자신이 생각한 옳은 일을 위해 자신의 목숨을 걸었기 때문이에요.

임금님은 포커페이스

한비 韓非, 「한비자」

현명한 군주가 신하를 통제할 때 사용하는 것은 두 개의 칼자루뿐이다. 두 개의 칼자루란 형벌을 주는 것과 덕을 베푸는 것이다. 무엇을 형과 덕이라고 하는가? 사형에 처하는 것을 형이라 하고, 공을 치하해 상을 내리는 것을 덕이라고 한다. 신하된 자들은 벌을 두려워하지만 한편으로 포상을 바란다. 그런 까닭에 군주가 직접 형벌과 포상을 관장한다면 신하들은 그 권위를 두려워하며 이로운 쪽으로 행동할 것이다.

그러나 지금의 간신들은 그렇지 않다. 간신들은 자신이 미워하는 자가 있으면 군주로부터 형벌의 권한을 얻어 내 죄를 씌우고, 좋아하는 자가 있으면 군주에게서 포상의 권한을 얻어 내 상을 준다. 오늘날 군주가 이처럼 상벌의 권한을 자신이 직접 관장하지 못하고 신하의 말만 듣고서 상벌을 시행한다면, 온

나라의 백성들은 모두 그 신하만 두려워하고 그 군주를 가볍게 여길 것이며, 백성들의 마음은 군주를 떠나 신하에게로 돌아갈 것이다. 이것은 군주가 형과 덕을 잃었기 때문에 생겨난 환난이다.

무릇 호랑이가 개를 복종시킬 수 있는 까닭은 발톱과 이빨을 지녔기 때문이다. 만일 호랑이에게서 발톱과 이빨을 떼어 개에게 붙여 사용하게 한다면 호랑이가 도리어 개에게 복종할 것이다. 군주는 형과 덕으로 신하를 통제하는 자이다. 그런데 지금의 군주가 형과 덕을 신하에게 주어 사용하게 한다면, 군주는 도리어 신하의 통제를 받게 될 것이다.

예전에 월나라 구천이 용맹함을 좋아하자 백성들 가운데는 죽음을 가볍게 여기는 사람이 많아졌고, 초나라 영왕이 허리가 가는 여자를 좋아하자 도성 안에 음식을 먹지 않는 사람이 많아졌다. 제나라 환공이 남자를 질투하고 여색을 매우 밝히자 수조라는 자는 스스로 거세해 후궁들을 관리하는 내시가 됐고, 환공이 진기한 맛을 즐겨 찾자 역아는 자기의 맏자식을 쪄서 진상했다. 연나라 왕 자쾌가 어진 사람을 좋아하자 자지는 나라를 물려주어도 받지 않을 것처럼 거짓을 부렸다.

그러므로 군주가 어떤 일을 싫어한다는 것을 보이면 신하들은 작은 일이라도 군주가 싫어하는 일이라면 감추고, 군주가 어떤 것을 좋아한다는 것을 보이면 신하들은 능력이 없어도 있는 척 꾸미며, 군주가 하고자 하는 일을 드러내면 신하들은 자신을 꾸미는 기회를 얻는다.

「한비자」, 한비 지음 / 김원중 옮김, 현암사, 2003년

대통령은 한 나라의 운명을 결정하기도 합니다. 따라서 현대 민주주의 국가에서 지도자를 뽑는 일은 매우 중요한 일이죠. 이는 극가뿐 아니라 어떤 조직에서도 마찬가지고요. 지도자가 되려는 사람들이라면 꼭 읽어야 할 책이 있습니다. 바로 『한비자』입니다. 『한비자』는 중국 춘추전국시대의 사상가 한비가 쓴 책이에요. 오늘날에 이르러서는 한비를 그냥 한비자라고 부르죠.

춘추전국시대는 중국 땅에 크고 작은 여러 나라가 서로 더 큰 영토를 차지하기 위한 갈등이 끊임없이 계속됐던 시기였어요. 이런 난세에 한비자는 천하를 통일하려면 임금이 어떻게 백성을 다스리고, 신하들을 어떻게 다뤄야 하는지 알려 주었어요.

영토 확장 시대도 아닌 오늘날, 지도자가 읽어야 할 책으로 『한비자』를 꼽는 이유가 궁금하지 않나요?

> 어떤 마을에 가난한 가족이 살았어요. 어느 날 아빠는 몰래 이웃 마을에 가서 닭 두 마리를 훔쳤습니다. 배를 끓고 있는 아이들에게 맛있는 저녁을 차려 주고 싶었거든요. 아이들은 순식간에 닭 두 마리를 해치웠어요. 그런데 며칠이 지나자 집에 경찰들이 들이닥쳤죠. 이미 경찰이 오는 소리를 들은 아빠는 후다닥 다락에 몸을 숨긴 후였습니다.
>
> 아이들은 다락에 숨어 있는 아빠에게 "아빠, 경찰이 왔어요. 숨지 말고 내려와서 사실을 이야기해 주세요." 그리고는 경찰에게 이렇게 말했어요. "저는 이 사회의 건전한 시민으로서 법을 어긴 사람은 용서할 수 없어요. 경찰 아저씨,

우리 아빠를 잡아가세요." 아빠는 결국 경찰에 끌려갑니다.

💬 편의점 점원 ○○씨는 발길이 무겁습니다. 아침에 집을 나설 때 첫째 딸의 분유가 다 떨어진 것을 보고 나왔기 때문입니다. 콜센터 직원으로 일했던 아내는 출산으로 직장을 나가지 못하고 있어요. 그래서 ○○씨가 편의점에서 일하고 받는 100만 원이 가족의 한 달 수입의 전부입니다. 그마저도 다달이 들어가는 공과금에 아내 출산으로 인한 병원비 등을 내고 나면 주머니에 남는 돈이 하나도 없습니다.
○○씨는 집 근처 마트에 무작정 들어가 분유 한 통을 들고 나왔어요. 그리고 며칠 후, 경찰이 집을 찾아왔죠. 사정을 알게 된 아내는 경찰에게 거짓말을 했어요. 남편은 아이를 낳은 후 한 번도 집에 오지 않았다고요. 경찰은 하는 수 없이 그냥 돌아갔습니다.

비슷한 상황에서 위의 두 이야기의 해법에는 어떤 차이가 있을까요? 첫 번째 이야기는 사회의 법을 강조한 것이고, 두 번째 이야기는 인간관계의 사랑을 더 중요하게 생각한 것이죠. 이렇듯 우리가 사는 세상에서는 사회와 개인의 이해가 충돌하는 사례가 많이 있어요. 인간 사회도 결국 인간 개개인이 만드는 것이니까요.

이런 상황에서 어떤 판단을 내리든 모두 잃는 것이 있을 거예요. 그러나 한 사회를 이끌어 가는 지도자라면 이런 갈등 상황에서 뚜렷한 철학이 있어야겠죠. 그래야 사회의 구성원들이 불안해하지 않고, 제 역할을 다 할 수 있으니까요.

한비자는 법法을 강조합니다. 그는 강력한 법을 만들고 백성이 그 법을 지키면 상을 주고, 법을 어기면 벌을 줘야 한다고 했어요. 언뜻 특별해 보일 것 없는 한비자의 통치 방법은 그 시대를 잘 읽어 낸 사람만이 생각해 낼 수 있는 것이었어요. 한비자가 살던 시대는 갈등이 끊임없이 일어나는 난세였으니까요. 난세에 불안해진 사람들은 강력한 힘을 원하게 돼요. 한비자는 그것을 간파한 것이죠.

그런데 상을 주는 것은 좋은 일이지만 벌을 주는 것은 괴로운 일이고, 사람들의 원망도 살 것 같아 직접 하고 싶어 하지 않을 수 있어요. 한비자는 이런 상황을 조심해야 한다고 이야기합니다. 신하들 가운데 왕에게 이렇게 이야기하는 사람이 등장할지도 모른다고 말이에요.

"전하, 전하께서는 사람들을 사랑하는 왕이 되셔야 합니다. 그래야 사람들이 따르게 되니까요. 전하께서는 사람들에게 상을 내리는 권한을 가지시고, 사람들이 싫어하는 벌은 제가 대신 내리겠나이다." 그러면 결국 백성들은 임금보다도 신하를 더 무서워하게 된답니다. 그래서 임금은 신하들을 잘 다스릴 줄 알아야 해요.

신하를 잘 다스리기 위한 가장 핵심적인 기술은 바로 '포커페이스'예요. '포커페이스'란 포커를 칠 때 자기가 가진 카드에 대해 상대방이 알 수 없도록 무표정하게 있는 것을 말해요. 즉 임금이 신하를 대할 때 좋고 싫음을 얼굴에 드러내지 않아야 한다는 의미예요.

만약 임금이 자기가 좋아하는 것을 밝히게 되면 신하들은 아부를 하게 되죠. 또 임금이 싫다는데 굳이 임금의 입맛에 맞지 않는 충언을 할 신하가 어디 있겠어요? 그런데 임금이 '포커페이스'를 하게 되면 신하들은 임금의 뜻이 어디에 있는지를 몰라서 자기가 옳다고 생각하는 자기의 소신이나 입장을 밝히게 될 거예요.

법을 지키면 상을 주고, 법을 어기면 벌을 준다는 한비자의 사상은 오늘날 법치국가에서는 상식으로 여겨져요. 그러나 법은 사람의 마음을 움직이는 데 한계가 있어요. '뭐 이런 법이 있어?' 하면서도 법을 안 지키면 벌을 받으니 억지로 지킬 수 있으니까요. 실제로 진시황은 한비자의 방법으로 천하를 통일했지만 16년 만에 나라는 망하게 됩니다. 그래서 지도자라면 항상 '사람의 마음까지 얻는 법이 무엇일까?'를 고민해야 하는 것이겠죠.

인간은 노력하는 동안 방황하기 마련이야

괴테Johann Wolfgang von Goethe, 「파우스트」

주 내게 할 말은 그 말뿐인가? 늘 못마땅하다는 소리만 하러 오는 것인가? 지상에는 그대의 마음에 드는 것이라곤 영원히 하나도 없단 말인가?

메피스토펠레스 없고말고요! 그곳은 예나 이제나 매우 좋지 못합니다. 인간들의 비참한 생활을 보고 있노라면 하도 딱해서, 저 같은 놈까지도 그 불쌍한 놈들을 괴롭히고 싶지 않을 정도입니다.

주 그대는 파우스트를 아는가?

메피스토펠레스 그 박사 말씀입니까?

주 나의 종이니라.

메피스토펠레스 과연 그렇군요! 그 작자는 묘한 꼴로 영감님을 섬기고 있습니다. 그 어리석은 녀석이 마시고 먹는 것은 지상의 것이 아닙니다. 가슴 속에 들끓는 것이 그 작자를 아득한 곳으로 몰아 대고 있습니다. 자기의 미친 꼴도 절반은 알아차리고 있습니다. 하늘에서는 가장 아름다운 별을 갖고자 하고 지상에서는 최상의 쾌락을 모조리 맛보겠다고 덤비고 있습니다. 그리고 가까운 것이건 먼 것이건, 그 작자의 가슴 속 깊이 들끓고 있는 마음을 만족시킬 수가 없습니다.

주   그는 지금 혼돈 속에서 나를 섬기고 있지만 내 머지않아 그를 맑고 밝은 곳으로 인도하리라. 정원사도 어린 나무들이 푸르러지면 꽃과 열매가 머지않아 닥칠 계절을 장식하리라는 것을 아는 법이다.

메피스토펠레스   무슨 내기를 하겠습니까? 만일 영감님께서 저에게, 그 작자를 슬쩍 제 길로 끌어들이는 것을 허락해 주신다면 그놈을 영감님에게서 빼앗아 내겠습니다.

주   그 자가 지상에서 살고 있는 한, 그대에게 그런 짓을 못하게는 않겠다. 인간이란 노력하는 동안에는 헤매느니라.

메피스토펠레스   이거 매우 고맙습니다. 이런 말씀을 드리는 것도 원래 저는 죽은 놈 다루기가 질색이라 그렇습니다. 그저 제일 놓은 건 통통하고 싱싱한 볼입니다. 송장이라면 전 질색이랍니다. 제가 하는 짓은 고양이가 쥐를 상대로 하는 것과 꼭 같습니다.

주   그럼 됐다. 어디 그대에게 맡겨 보겠다. 그 영혼을 그자의 근원에서 떼어 내어, 만일 그대가 잡을 수만 있다면 그를 유혹해서 너의 길로 끌어내려 보아라. 그리고 네가 다음과 같이 실토를 하는 날에는 무안해질 거다. 착한 인간은 설혹 어두운 충동에 휩쓸릴지라도 올바른 길은 잊지 않고 있다는 것을.

『파우스트』, 요한 볼프강 폰 괴테 지음 / 정경석 옮김, 문예출판사, 2010년

어두운 밤, 미국 뉴욕에서 진풍경이 벌어졌습니다. 세계적인 스마트폰 회사인 애플의 판매점 앞에 사람들의 긴 줄이 꼬리에 고리를 물고 늘어섰거든요. 추운 날씨를 견디기 위해 담요를 덮고 있는 사람들까지 있었죠. 이들은 애플이 새롭게 출시하는 '아이폰5'를 사기 위한 고객들이었는데, 이 중 일부는 제품 출시 1주일 전부터 노숙을 했다고 해요. '아이폰5'를 받아 본 사람들 중에는 감격의 눈물을 흘리는 이들도 있었어요. 아마도 이들이 받아 든 것은 단순한 휴대전화가 아니었나 봅니다.

이처럼 인간에게는 무언가 새로운 것, 신 나는 것을 갈망하는 본능이 있어요. 독일의 문호 괴테가 1831년 출간한 희곡 『파우스트』에는 이런 욕망에 지친 한 인간이 나와요. 그가 바로 파우스트예요.

파우스트는 철학, 법학, 의학, 신학 등 공부란 공부는 다 해 봤어요. 그러나 그가 깨달은 것은 '아무것도 알 수 없다'는 것을 아는 것뿐이었죠. 파우스트는 남은 인생을 허무하게 보낼 바에는 차라리 지금 죽는 게 낫다고 생각했어요. 바로 그 순간, 그의 앞에 악마가 나타나게 됩니다.

> 어느 날, 하느님과 악마 메피스토펠레스는 내기를 하고 하느님은 당신이 사랑하는 파우스트가 악마의 꾐에 빠지는 것을 허락해요. 하느님은 내심 이 내

기를 즐기고 있었어요. 사실 하느님도 천지를 창조한 후 조금 심심했거든요. 그런데 어느 날 악마가 나타나 내기를 하자고 하니까 하느님도 마다할 이유가 없었죠. 하느님의 허락을 받은 메피스토펠레스는 파우스트와 계약하게 됩니다.

그는 파우스트에게 사람들이 좋아하는 것은 무엇이든 누리도록 해 주겠다고 약속했어요. 대신 참 기쁨을 누리는 최고의 순간이 오면 그의 목숨을 빼앗아 간다는 조건이었죠. 파우스트는 한 치의 망설임도 없이 악마의 계약을 받아들입니다. 악마는 나이 든 박사인 파우스트를 청년으로 바꿔 놓았어요. 또 그의 마음을 사로잡을 아름다운 여인을 만나게도 했어요. 어디든 갈 수 있는 '마법의 외투'까지도 파우스트 차지가 되죠. 파우스트는 과연 '최고의 기쁨'을 언제 맛봤을까요?

텔레비전 뉴스에서는 미국의 경제전문지 「포브스」가 매년 발표하는 '미국 400대 부자' 명단이 보도되고 있었어요. 이 발표에 따르면 마이크로소프트 창업자인 빌 게이츠는 19년째 미국 최고 부자 자리를 지키고 있다고 해요. 그 다음이 워런 버핏이고요. 이 둘의 재산을 합치면 1,000억 달러가 넘는다고 해요. 이 뉴스를 보던 재희는 아빠께 말했어요.

"아빠, 나도 빌 게이츠와 워런 버핏처럼 부자가 됐으면 좋겠어요. 와~ 1,000억 달러라니….''

"그런데 재희야, 넌 그 돈을 벌면 뭘 하고 싶은데?"

"음, 멋진 집이랑 차, 그리고 이 정도면 제 개인 비행기도 살 수 있겠죠? 하하!

걱정 마세요. 엄마 아빠 필요한 것도 다 사 드릴게요. 그리고…."
이상하게도 재희는 그다음 말이 쉽게 떠오르지 않았어요.

두 번째 이야기에서 재희는 큰 재산이 생기면 어떻게 할지 대답할 수 없었어요. 첫 번째 이야기에서의 파우스트도 처음에는 세상의 귀하고 값지고 좋은 것을 모두 경험했죠. 그러나 파우스트의 입에서 '멈춰라! 너 참 아름답구나!' 하는 말은 나오지 않았어요.

그런데 악마도 예상치 못했던 순간 그에게서 그 말이 나와요. 조그마한 간척지 개척 사업에 자신의 인생을 걸고, 그곳에서 힘들게 살아가는 사람들을 돕는 일에 보람을 느낄 때였죠. 결국 파우스트는 절정의 순간에 최후를 맞아요.

파우스트가 도달한 결론은 '과정'이 중요하다는 것이었어요. 어떤 결과가 나올지 모르지만 과정을 즐기다 보면 결과는 따라온다는 것이죠. 이것이 바로 서구의 '파우스트 정신'이에요.

재희가 부러워했던 빌 게이츠는 마이크로소프트 회장직을 사퇴한 후, 세계에서 가장 큰 규모의 자선단체를 설립했어요. 또 워런 버핏도 자신의 재산 중 85퍼센트를 기부할 것이라고 약속했죠. 이들이 이런 통 큰 기부를 할 수 있는 정신적 여유도 서구의 '파우스트 정신'과 일맥상통해요.

목숨을 버리면서까지 파우스트가 알고 싶어 했던 것은 '내가 진심으로 원하는 것은 무엇인가'였어요. 이것은 인생을 살아가는 데 정말 중요해요. 특히 청소년기에는 더욱 그렇죠. 때론 이 문제를 두고 방황할 수도 있겠죠. 그러나 걱정할 필요는 없어요. '인간은 노력하는 한 방황하기 마련이다.'라는 파우스트의 대사처럼 말이죠. 그러고 보면 악마에게 영혼을 팔면서까지 진리를 탐구하고자 했던 파우스트의 정신이 우리 모두에게 있는 것 같군요.

결국 악과 싸우는 것은 악에 불과해

윌리엄 골딩 William Golding, 「파리대왕」

"그렇지 않을 거야. 조종사가 한 말을 못 들었니? 원자폭탄에 관한 얘기 말이야. 모두들 다 죽었어."

랠프는 물에서 몸을 일으켜 돼지와 마주 선 채 이 심상찮은 문제를 생각해 보았다.

돼지는 자기주장을 굽히지 않았다.

"여긴 섬이야. 그렇지?"

"나는 바위 위에 올라가 보았어." 하고 랠프는 서서히 말하였다.

"여기가 섬이라고 난 생각해."

"사람들은 모두 죽었어." 하고 돼지가 말하였다.

"그리고 여긴 섬이야. 우리가 여기 있다는 걸 아무도 몰라. 너의 아버지도 모르시고 아무도 몰라."

그의 입술은 떨리고 안경이 뿌옇게 흐려졌다.

"죽을 때까지 여기 있게 될지도 몰라."

이 말이 떨어지자 더위가 한결 극성스러워지는 것 같았다.

(…) 암퇘지는 마지막 안간힘을 쓰며 치달았고 다시 멀찌감치 앞서갔다. 소년들이 뒤로 바싹 다가갔을 때 암퇘지는 화려한 꽃이 피어 있는 공지空地로 비틀거리며 들어섰다. 거기에는 나비들이 서로의 주위를 날고 있었으며, 무더운 대기가 조용히 깔려 있었다.

여기서 더위에 녹초가 된 암퇘지는 쓰러졌다. 소년들은 마구 덤벼들었다. 이 미지의 세계로부터의 무시무시한 습격에 암퇘지는 미친 듯이 날뛰었다. 비명을 지르고 뛰어오르고 했다. 온통 땀과 소음과 피와 공포의 난장판이었다. 로저는 쓰러진 암퇘지 주위를 달리면서 살이 드러나 보이기만 하면 닥치는 대로 창으로 찔러 댔다. 잭은 암퇘지를 올라타고 창칼로 내리 찔렀다. 로저는 마땅한 곳을 찾아서 제 몸무게를 가누지 못해 자빠질 정도로 창을 밀어 넣기 시작하였다. 창은 조금씩 속으로 밀려들어가고 겁에 질린 암퇘지의 비명은 귀가 따가운 절규로 변하였다. 이어 잭은 목을 땄다. 뜨거운 피가 두 손에 함빡 튀어 올랐다. 밑에 깔린 암퇘지는 축 늘어지고 소년들은 나른해지며 이제 원을 풀었다. 나비들은 여전히 공지 한복판에서 정신없이 춤을 추고 있었다.

마침내 살육의 충격은 가라앉았다. 소년들은 물러섰다. 잭이 일어서서 두 손을 내밀었다.

"보아."

피투성이가 된 손바닥을 보고 소년들이 웃고 있는 동안 그는 킬킬거리며 손바닥을 흔들었다. 이어 잭은 모리스를 붙잡고 얼굴에 피를 발라 주었다.

『파리대왕』, 윌리엄 골딩 지음 / 유종호 옮김, 민음사, 1999년

펑! 원자폭탄이 터지고 인류는 멸망 직전에 이릅니다. 어른들의 핵전쟁을 피해 여섯 살에서 열두 살의 아이들로 구성된 한 무리가 비행기를 타고 가다가 완전히 고립된 섬에 불시착하게 됩니다.

노벨상을 수상한 작가 윌리엄 골딩의 『파리대왕』은 핵전쟁으로부터 이야기를 시작합니다. 인류를 파멸에까지 이르게 하는 이런 전쟁의 근본적인 원인은 무엇일까요? 인간이 선하다면 전쟁을 일으키지 않았겠지요? 그렇다면 인간은 태어나면서부터 악한 걸까요, 아니면 원래는 선한데 주변의 환경에 물들어서 악하게 된 것일까요? 이 질문에 대한 골딩의 대답이 바로 『파리대왕』에 담겨 있습니다.

아이들 무리가 탄 비행기는 고립된 섬에 불시착합니다. 아이들은 자신들만의 세상인 섬에서 살아남기 위해 리더를 세우고, 사회를 만들어 갑니다.

아이들은 먼저 소라 소리가 나면 한곳에 모이자는 약속을 해요. 다음에는 불을 만들게 되죠. 또 그 불을 이용해 봉화를 피워요. 그리고 오두막도 짓고, 많은 규칙을 만들어 가요.

그런데 랠프 무리와 잭 무리 사이에 틈이 벌어집니다. 랠프는 봉화를 절대로 꺼뜨리지 않고 지켜야 한다고 생각했어요. 그것만이 하루빨리 구조되는 지름길이라고 생각했거든요. 하지만 잭은 사냥하는 것이 가장 중요하다고 맞섭니다. 먹을거리를 확보해야 하니까요.

대부분의 아이는 무력을 앞세운 잭의 무리에 들어가게 되죠. 갈등은 시간이 갈수록 커져만 갑니다. 잭의 무리는 랠프 편에 속하는 아이들을 잔인하게 죽이기에 이릅니다. 죄책감도 없이 말이죠. 또 랠프를 잡겠다는 목적으로 섬 전체에 불을 지릅니다. 섬에서 피어나는 연기를 보고 달려온 영국 군함에 의해 랠프와 아이들은 구조되죠. 불길에 타들어 가는 섬을 바라보며 랠프는 설움에 겨워 엉엉 울음을 터뜨립니다.

💬 영화 『스파이더맨 3』의 포스터를 본 적이 있나요? 포스터에서는 빨간 옷을 입은 스파이더맨과 검은 옷을 입은 스파이더맨이 마주 보고 있습니다. 검은 옷을 입은 스파이더맨은 더 이상 악당들을 물리치던 영웅이 아니에요. 전편에서 스파이더맨은 방사선에 누출된 거미에 물린 뒤 초능력을 갖게 됩니다. 보통 사람들과는 비교할 수 없을 정도로 감각은 예민해지고, 힘도 세지죠. 뿐만 아니라 손에서 거미줄이 튀어 나오고 벽을 기어오를 수도 있게 돼요. 스파이더맨은 자신의 상징과도 같은 빨간색과 파란색의 옷을 입고 그린 고블린, 닥터 옥토퍼스 등 악당들을 물리칩니다.

그런데 3편의 스파이더맨은 자신의 힘에 도취돼 점점 포악해져요. 용서할 수 있는 사람에게 복수를 하고 화해해야 할 사람과는 단절하게 됩니다. 스파이더맨은 더 이상 절대적으로 선한 존재가 아니게 돼요. 왜냐하면 세상에 해를 끼친 것은 스파이더맨의 내면에 있는 '악'이었으니까요.

위의 두 이야기는 모두 인간이 악하다는 입장을 가지고 있습니다. 그런데 이 악은 도대체 어디서 나온 것일까요? 골딩은 악은 환경이 아니라 인간의 마음속 깊숙한 곳에 숨어 있다고 봤어요. 내면의 악이 세상에서 버젓이 일어나고 있는 악한 일들의 근원이라는 것이죠.

초기 기독교의 대표적인 교부인 아우구스티누스는 '악은 선의 부재'라고 생각했습니다. 악은 그림자와 같아서 빛이 나타나면 사라진다는 생각이 서구 문명사회를 떠받치고 있었어요. 그래서 낙관적인 세계관을 가질 수 있었답니다. 언제든 선이 이긴다고 생각했거든요.

그러나 두 번의 세계대전을 거치면서 사람들의 생각은 바뀌었어요. 악이 그리 만만한 존재가 아니라는 것을 깨닫게 된 것이죠. 악은 인간의 내면에 깊게 뿌리 내리고 있기에 언제든 튀어 나올 수 있어요. 사람들은 종종 '선'의 이름으로 '악과 싸운다고 하지만 싸울 때의 모습을 보면 누구라도 선해 보이지는 않다는 걸 알 수 있어요. 결국 악과 싸우는 것은 악에 지나지 않는다는 것입니다.

문명의 발달은 사람들의 삶을 좀 더 편리하고, 편안하게 바꿔 주었습니다. 그런데 그 발달된 문명이 일으킨 것은 다름 아닌 전쟁이었어요. 기술의 발달은 인간의 생명을 앗아 가는 첨단 무기를 생산하는 데 사용된 것이죠. 스스로 이성적인 존재로, 만물의 영장이라 여겼던 인간들은 자신의 욕심을 채우기에 급급했습니다. 자신의 생애를 통해 이런 장면을 지켜보던 골딩은 『파리대왕』이라는 작품을 통해 인간의 이런 면을 지적하려고 한 것이고요.

　인간이 정말 악하다면 우리는 어떻게 해야 할까요? 할리우드 영화에서처럼 선이 악을 항상 이기는 세상이면 정말 좋을 텐데요. 이 물음에 답하는 것은 간단하지 않아요. 런던의 북해에서 청어를 잡아 런던까지 싣고 오는 어부들은 어항에 청어의 천적인 메기 몇 마리를 넣는다고 해요. 청어가 싱싱하게 살아있도록 하기 위한 조치라고 하는데, 항해 도중 몇 마리의 청어는 메기에게 잡아먹히게 되죠. 그러나 다른 청어들은 메기에게 잡아먹히지 않기 위해 열심히 헤엄치게 됩니다. 덕분에 나머지 청어들은 여전히 싱싱하게 살아 있게 되죠.

　우리에게 다가오는 혹은 우리 안에 있는 악으로 인해 괴로운 적이 있나요? 그러나 한 걸음 물러나 생각해 보면 그런 도전들이 있었기에 우리 인간이 인간으로서 존재할 수 있는지도 몰라요. 동물에게는 선과 악이라는 개념조차 없을 테니까요.

까마귀가 날면 배 떨어질까?

데이비드 흄 David Hume, 「오성에 관하여」

　인간 정신의 모든 지각은 서로 다른 두 종류로 환원될 수 있는데, 나는 그것을 인상과 관념이라고 부를 것이다. 이 둘의 차이는 지각들이 정신을 자극하며 사유 또는 의식에 들어오는 힘과 생동성의 정도에 있다. 최고의 힘과 생동성을 가지고 들어오는 지각에 우리는 인상이라는 이름을 붙일 수 있으며, 감각sensations, 정념passions, 그리고 정서emotions 등이 우리의 영혼에 최초로 나타나므로, 나는 이것들을 모두 인상이라는 이름에 포함시킨다. 나는 관념을 사유와 추론에 있어서 인상의 희미한 심상faint image이라는 뜻으로 쓴다. 예를 들어 시각이나 촉각에서 기인하는 지각을 제외하고, 또 담화에서 발생할 수도 있는 직접적인 기쁨이나 거북함 등을 제외하고, 현재의 담화에 의해 나타나는 지각은 모두 관념이다. 나는 이 구분을 설명하기 위해 많은 말이 필요하다고 생각하지 않는다. 사람들은 저마다 지각 작용feeling과 사고 작용thinking의 차이를 쉽게 파악할 것이다. 서로 아주 엇비슷할 수도 있는 사례들을 제외하면 그 구별은 불가능한 것은 아니며, 지각 작용과 사고 작용의 공통적 정도들은 쉽게 구별된다. 그러므로 잠잘 때, 초조할 때, 착란을 일으켰을 때 또는 영혼의 정서가 아주 격한 상태일 때, 관념은 인상과 비슷할 수도 있다. 반면에 때때로 인상이 관념과 구분할 수 없을 만큼 희미하고 약한 경우도 있다. 그러나 몇 가지 사례에서의 이러한 엇비슷함에도 불구하고, 인상과 관념은 대체로 아주 다르므로 그 지각들을 각각 다른 항목으로 분류하고, 또 그 지각들 각각에서 그 차이를 명시하는 고유의 이름을 부여하는 데 망설일 사람은 아무도 없다.

지각에 대한 또 다른 구분이 있는데, 이 구분은 쉽게 살펴볼 수 있으며 인상이나 관념 모두에 적용된다. 이것은 단순한 것과 복합적인 것이다. 단순 지각 또는 단순 인상과 단순 관념은 구별과 분리를 허용하지 않는다. 복합 지각은 단순 지각과 반대되며 부분으로 구별할 수 있다. 색, 맛, 향기는 이 사과에 모두 함께 합일되어 있는 성질이지만 그 성질들이 동일하지 않고 적어도 서로 구별될 수 있다는 것은 쉽게 알 수 있다.

『오성에 관하여』, 데이비드 흄 지음 / 이준호 옮김, 서광사, 1994년

해마다 11월이면 대학수학능력 시험이 있죠. 우스갯소리로 우리나라에서는 수능이 끝나면 붐비는 곳이 하나 있다고 해요. 바로 성형외과입니다.

대입을 앞둔 학생들은 물론, 취업을 준비하는 남녀 대학생들이 성형외과를 찾는 일도 빈번하다고 해요. 영국의 경제지 「이코노미스트」에 따르면 우리나라는 세계에서 성형한 사람의 비율이 가장 높은 나라라고 하네요.

그런데 정말 멋진 외모를 갖추면 성공할 수 있을까요? 멋진 외모를 갖추면 성공할 수 있다는 생각, 이런 사고방식을 '루키즘(외모 지상주의)'이라고 하는데 이것은 '연상' 작용의 결과입니다. 하나의 생각이 다른 생각을 불러오는 것이죠.

이런 연상의 원리를 처음으로 체계적으로 이론화한 사람이 18세기 철학자 데이비드 흄인데 그는 지독하게 의심이 많은 성격으로 유명했다고 해요.

그럼 기존 서구 철학의 전통을 송두리째 무너뜨렸다고 평가받는 흄의 사상을 알아볼까요?

> 옛날 어느 마을에 배 서방이라는 농부가 살고 있었어요. 이 배 서방은 동네에서 소문난 부지런한 농부였어요. 그래서 배 서방네 논에는 항상 잡풀 하나 없이 벼가 쑥쑥 자라났죠. 그런 배 서방네 집 마당에는 배나무가 한 그루 있었어요. 물론 그 배나무도 그 동네에서는 탐스러운 배를 열기로 소문이 났죠. 배 서방이 한시도 쉬지 않고 바지런히 거름도 주고, 가지도 쳐 주고 정성을 들이니까요.
>
> 그런데 어느 날 아침, 배 서방은 마당의 배나무에서 배가 서너 개 떨어져 있는 것을 발견했어요. 한창 탐스럽게 익어서 오늘쯤 배를 따야겠다고 생각하던 참

이었거든요. 그런데 다음 날도 그다음 날도 자고 나면 배가 떨어져 있었어요. 배 서방은 이상하게 생각했죠.

그러던 어느 날 오후였어요. 배 서방이 일을 마치고 마루에 걸터앉아 있는데, 까마귀 한 마리가 배나무 위에 앉아 있는 것이 보였어요. 배 서방은 '후다닥' 마당으로 나서며 '훠이' 하고 소리를 질렀어요. 까마귀가 '푸드덕' 날아올랐습니다. 이때 어디선가 바람이 '휘' 불어 왔어요. 그러자 배 하나가 '떼구루루' 바닥으로 나뒹굴었어요. 그러자 배 서방은 중얼거렸어요. '음, 그동안 배가 떨어진 것은 까마귀 탓이었군.' 하고 말이죠.

까마귀가 나는 것과 배가 떨어지는 것은 아무런 상관이 없는 일이에요. 그런데 이런 우연이 반복되면 사람들은 배 서방처럼 까마귀가 날면 배가 떨어진다는 식의 인과관계를 믿게 됩니다. 이런 사고방식을 인과론이라고 해요. 그런데 흄은 이전까지 서양 철학자들이 굳게 믿고 있던 이 인과론을 부정했어요. 사실 A와 B는 아무런 상관이 없는 독립적인 사건이라는 거예요. 다만 A가 일어나고 잠시 후 B가 일어나는 일이 반복되면서 우리의 머릿속에서는 습관처럼 A가 일어나면 으레 B가 일어나겠구나 하고 생각한다는 거예요. 사실은 시간적인 전후 관계밖에 없을 수 있는데 말이에요.

성형공화국이라 불릴 정도로 우리나라가 외모에 대한 관심이 많은 것도 이와 관련이 있습니다. 사실 외모가 곧 그 사람의 실력이나 성품을 보여 주는 것은 아니에요. 그럼에도 불구하고 사람들은 다른 조건보다도 외모를 중요하게 여깁니다. 이와 같은 현상을 가리켜 '루키즘' 또는 '후광효과'라고 해요.

'루키즘'은 뉴욕타임스의 칼럼니스트 윌리엄 사피어가 자신의 칼럼에서 사용한 말이에요. 사피어에 의하면 인류의 역사상 인종, 성, 종교, 이념에 이어 '외모'도 사람들을 차별하는 기준이 되고 있다고 합니다. 이렇게 외모로 인해 개인 간의 우열과 인생의 성패가 결정된다고 보고 외모에 지나치게 집착하는 경향이 나타나는 것을 지적한 단어가 바로 르키즘이죠.

'후광효과'란 마치 외모가 후광처럼 사람들의 본질을 달리 비춘다는 의미죠. 이 '후광효과' 때문에 외모에 호감이 가면 어쩐지 성격도 좋을 것 같고 머리도 좋은 사람일 것 같다는 생각을 하게 되는 것이에요. 그렇다면 왜 이런 현상들이 존재할까요?

이를 설명하는 데 흄의 철학은 아주 유용합니다. 흄에 따르면 원래 본질이라는 것은 없다고 해요. 우리가 생각하는 본질이란 으리의 머리가 만들어 낸 하나의 작품이라는 것이죠. 우리는 하나의 대상을 보면 머릿속에 여러 가지 이미지들을 떠올립니다. 그리고 그 이미지들은 우리의 머릿속에 따로따로 저장돼요. 그런데 다른 대상을 보면서도 우리는 따로따로 저장한 이미지들을 하나로 모으고, 거기서 공통된 생각들을 찾아 종합한 그것을 그 대상에 대한 본질이라고 믿게 됐다는 것이에요. 후광 효과나 루키즘처럼 말이죠.

> 멋진 축구선수가 그라운드를 누비고 있습니다. 많은 선수들을 제치고 드디어 골인! 사람들은 환호를 하고 그 선수는 영웅이 되죠. 그 순간 우리 눈에는 그 선수가 신은 운동화와 브랜드 이름이 들어옵니다. 이 운동화를 신으면 그

선수처럼 멋있어질 수 있을까요?

푸른 초원에 뭉게뭉게 구름이 피어나는 파란 하늘, 그곳에 나들이를 나온 한 가족이 있네요. 여유롭고 평화로운 그곳에서 아이들은 뛰놀고, 엄마 아빠는 그 모습을 사랑스러운 눈빛으로 바라보고 있습니다. 그런데 알고 보니 이건 금융회사 광고네요. 이 회사를 통해 투자하면 이렇게 행복한 가정을 꾸릴 수 있을까요?

흄은 이처럼 서양 철학의 신념과 같은 본질론과 인과론 모두를 부정했어요. 그러나 이후 흄의 이러한 지적 도전에 대해 누구도 확실한 답을 하지는 못하고 있었어요. 그러다 1902년 러시아 생물학자 파블로프의 개 실험을 통해 그의 철학이 과학적으로 검증됩니다. 파블로프는 개에게 밥을 주기 전에 종 치는 행위를 반복합니다. 처음에는 특별한 반응이 없던 개도 종을 친 다음에 밥을 주기를 여러 번 반복하자, 나중에는 종만 쳐도 밥을 생각하며 침을 흘립니다. 그러니까 개가 아무런 상관이 없는 종소리와 밥을 연결해서 받아들였다는 것이죠.

파블로프는 이러한 현상을 가리켜 '조건반사'라고 명했습니다. 후에 이 이론은 심리학과 교육학을 비롯하여 정치학, 광고 등 여러 분야의 핵심 이론이 됐는데 그 원조가 바로 흄인 셈이에요. 최근에는 인과론으로 설명이 되지 않는 물리학인 양자역학에 대한 연구가 많아지면서 다시 흄의 이론이 빛을 보기 시작하고 있고요.

인간은 희망을 기다리고 또 기다리는 존재

사뮈엘 베케트Samuel Barclay Beckett, 「고도를 기다리며」

에스트라공   멋진 경치로군. (블라디미르를 돌아보며) 자, 가자.
블라디미르   갈 순 없어.
에스트라공   왜?
블라디미르   고도를 기다려야지.
에스트라공   참 그렇지. (사이) 여기가 확실하냐?
블라디미르   뭐가?
에스트라공   기다려야 하는 게 여기냔 말야?
블라디미르   나무 앞이라고 하던데. (둘은 나무를 바라본다.) 다른 나무들이 보이냐?
에스트라공   이건 무슨 나무지?

블라디미르   버드나무 같은데.

에스트라공   잎이 없잖아?

블라디미르   죽었나 보지.

에스트라공   진이 다 빠진 거야.

블라디미르   제철이 아닐 수도 있잖아.

에스트라공   이건 버드나무라기보단 차라리 관목 같다.

블라디미르   교목이야.

에스트라공   관목이라니까.

블라디미르   교— (말을 고쳐서) 너 그런 말을 하는 속셈이 뭐냐? 우리가 장소를 잘못 알기라도 했다는 거야?

에스트라공   이리 오기로 돼 있는데.

블라디미르   딱히 오겠다고 말한 건 아니잖아.

에스트라공   만일 안 온다면?

블라디미르   내일 다시 와야지.

에스트라공   그리고 또 모레도.

블라디미르   그래야겠지.

에스트라공   그 뒤에도 죽.

블라디미르   결국….

에스트라공   그자가 올 때까지.

『고도를 기다리며』, 사뮈엘 베케트 지음 / 오증자 옮김, 민음사, 2000년

2012년 싸이는 뮤직비디오 한 편으로 하루아침에 세계적인 스타가 됐습니다. 많은 사람들이 '강남스타일' 뮤직비디오의 패러디 작품을 만들고, 싸이는 한 해를 기념하기 위해 미국 뉴욕 타임스퀘어에 마련된 무대에서 엄청난 환호를 받으며 공연하기도 했어요. 싸이가 외국에서 공연하는 영상을 봐 보세요. 공연장의 관객들은 너 나 할 것 없이 맞춤을 추고 있어요. 싸이의 뮤직비디오가 특히 미국 사람들에게 큰 반향을 일으킬 수 있었던 이유는 무엇일까요? 그것은 그의 음악의 무언가가 미국인들의 심성에 잠재돼 있는 본능을 건드렸기 때문입니다.

사뮈엘 베케트의 작품 『고도를 기다리며』 속에도 사람들의 마음 깊은 곳에 있는 무언가를 건드리는 것이 있어요. 그렇기 때문에 『고도를 기다리며』는 서구 현대문학 가운데 최고의 작품으로 평가되기도 합니다. 하지만 구성과 내용을 들여다보면 조금 당혹스럽기도 해요. 왜 그런지 작품 속으로 들어가 볼까요?

희곡 『고도를 기다리며』는 블라디미르와 에스트라공의 등장으로 시작돼요. 이 둘의 행동과 대화는 반복적이고 단순하기 그지없어요. 블라디미르는 계속해서 모자를 벗었다 썼다 하고, 에스트라공은 구두를 벗었다 신었다 해요. 그들은 이 행동을 멈추지 않고, 게다가 둘은 무엇인가를 열심히 이야기하는데 서로 잘 알아듣는 것 같지도 않아요. 각자 허공에 대고 독백하고 있다고 하는 편이 더 정확하겠네요.

이들에게 단 한 가지 공통점이 있다면 '고도'를 기다리고 있다는 것이에요. 고도가 무엇인지도 잘 모르는 채 말이에요. 하루가 끝나 갈 무렵, 한 소년이 와서 오늘도 고도는 오지 않는다고 알려 줘요. 그 다음날, 그들은 똑같은 행동을 반복하며 다시 고도를 기다려요. 하지만 고도는 그 다음날도 오지 않죠.

『고도를 기다리며』의 두 주인공, 블라디미르와 에스트라공은 마치 그리스 신화에 등장하는 프로메테우스와 에피메테우스 형제(프로메테우스는 이성적이고 사려 깊은 성격이고 동생 에피메테우스는 우둔하고 충동적이며 계획성이 없는 인물)와 같아요.

블라디미르가 벗었다 썼다 하는 '모자'는 바로 '생각'을 뜻해요. 한마디로 블라디미르는 프로메테우스와 같은 '사고 지향형 인간'인 거죠. 반면 에스트라공의 '구두'는 '행동'을 뜻하고 에스트라공은 에피메테우스와 같은 '행동 지향형 인간'을 대표해요.

어떤 상황이 닥쳤을 때 행동이 앞서는 사람과 깊이 생각하며 몇 수를 내다보는 사람이 만나서 대화하는 장면을 상상해 보세요. 아마 말은 하고 있어도 대화가 통하지는 않을 거예요. 세상을 인식하는 수단 자체가 다르니까요. 이렇게 서양 사람들은 블라디미르와 에스트라공을 보면서 익히 잘 알고 있는 그리스 신화 속 두 형제의 모습을 자신도 모르게 떠올렸던 거예요.

💬 블라디미르와 에스트라공은 여전히 간절하게 고도를 기다리고 있어요. 고도가 무엇인지 밝히고 있지는 않지만요. 사실 사람들은 누구나 자신만의 고도를 가지고 있어요. 간절히 이루어지기를 바라는 것 말이에요. 배고픈 자에게

는 그것이 '빵'이 되겠죠. 성공을 바라는 사람은 스스로 성공했다고 생각할 때까지 자신의 고도인 '성공'을 기다릴 거예요.

여러분의 고도는 무엇인가요? 사실 이 주제는 서구 문화의 바탕이 됐던 기독교의 핵심 교리예요. 인간을 위해 세상에 오신 예수는 십자가에 못 박혀 죽은 후, 사흘째 되는 날 부활해요. 이후 예수는 승천하면서 사람들에게 다시 올 것을 약속하죠. 예수가 다시 오는 날을 기다리는 것이 재림 사상이고, 사람들은 예수가 다시 와서 하나님의 나라가 이루어질 것을 기다려요.

이 작품은 기독교의 재림 사상을 가져와서 현대인들이 살아가는 모습을 비춰 주고 있어요. 사람들에게는 각자 간절히 바라는 희망이 있다고 본 거예요. 그런데 작품 속에서 고도는 오늘도 오지 않고, 내일 온다고 약속하는 것으로 끝나요. 매일 그렇게 말이죠. 베케트는 이를 통해 인간을, '혹시나' 하고 기대를 갖고 살다가 '역시나' 하고 실망하며 살아가는 존재로 여기고 있어요.

이 작품은 서구인들의 내면에 잠재돼 있는 서구 문명의 큰 두 줄기인 그리스 문명과 기독교 문명의 핵심 가치를 이야기하고 있어요. 작품의 두 주인공은 그리스 신화의 주인공을 패러디하고 있고, 기독교의 재림 사상이 작품 속에 녹아들어 있거든요. 이렇게 서구인들에게는 본능과도 같은 두 문명이 씨줄과 날줄로 엮여 있기에 이 작품에 그토록 감동한 거예요.

인생은 살아가는 것이 아니라 죽어가는 것이라는 말이 있어요. 참 슬픈 말이죠. 이 작품 속에 드러난 현대인의 모습이 바로 그래요. 각자 자신의 고도를 기다리며, 서로 알아듣지도 못하는 말을 나누며, 하루하루를 보내고 있는 것이죠.

　베케트는 이 작품으로 1969년 노벨문학상을 받았어요. 그러나 시상식에 나타나지 않은 것은 물론 모든 인터뷰를 거부했다고 해요. 누군가에게는 인생에서 가장 큰 기쁘고 영광스러울 수 있는 날이지만 베케트에게는 그렇지 않았나 봐요. 그가 작품 속에서 그리는 하루하루처럼, 그렇게요.

눈을 가리면 왜 양파가 사과처럼 느껴질까?

르네 데카르트 RenéDescartes, 「성찰」

내가 지금까지 아주 참된 것으로 간주해 온 것은 모두 감각으로부터 혹은 감각을 통해서 받아들인 것이다. 그런데 감각은 종종 우리를 속인다는 것을 이제 경험하고 있으며, 한 번이라도 우리를 속인 것에 대해서는 전적으로 신뢰하지 않는 편이 현명한 일이다.

그러나 감각이 비록 아주 작은 것과 멀리 떨어진 것에 대해 종종 우리를 속일지라도, 감각으로부터 알게 된 것 가운데는 도저히 의심할 수 없는 것도 많이 있다. 예를 들면 지금 내가 여기에 있다는 것, 겨울 외투를 입고 난로 가에 앉아 있다는 것, 이 종이를 손에 쥐고 있다는 것 등이 그것이다. 이 두 손이 그리고 이 몸통이 내 것이라는 것을 어떻게 부인할 수 있는가? 이것을 부인하는 것은 미치광이의 짓과 다름없을 것이기에 말이다. 미치광이는 검은 담즙에서 생기는 나쁜 증기로 인해 두뇌가 아주 혼란되어 있기 때문에 알거지이면서도 왕이라고, 벌거벗고 있으면서도 붉은 비단 옷을 입고 있다고, 머리가 진흙으로 만들어졌다고, 몸이 호박이나 유리로 되어 있다고 우겨 댄다. 그렇지만 이들은 한갓 미치광이일 뿐이다. 그래서 내가 니들의 언행 가운데 몇 가지만이라도 흉내 낸다면 나 역시도 미치광이로 보일 것이다.

그렇지만 나도 한 인간이다. 밤에는 으레 잠을 자고, 꿈속에서는 미치광이가 깨어 있을 때 하는 짓과 똑같은 것을, 아니 종종 더 괴상한 것을 그려 낸다. 옷을 벗고 침대에 누워 있건만, 평소처럼 내가 여기 있다고, 겨울 외투를 입고 난로 가에 앉아 있다고 잠 속에서 그려 낸 적이 어디 한두 번이었던가? 그러나 나는 지금 두 눈을 부릅뜨고 이 종이를 보고 있다. 내가 이리저리 움직여 보는 이 머리는 잠 속에 있지 않다. 나는 의도적으로 손을 뻗어 보고, 또 느끼고 있다. 내가 잠자고 있을 때 이런 것은 이처럼 판명하지 않았던 것 같다. 그러나 꿈속에서도 이와 비슷한 생각을 하면서 속은 적이 어디 한두 번이던가. 이런 점을 곰곰이 생각해 보면 깨어 있다는 것과 꿈을 꾸고 있다는 것을 확실히 구별해 줄 어떤 징표도 없다는 사실에 소스라치게 놀라게 된다. 이런 놀라움으로 인해 내가 지금도 꿈을 꾸고 있는 것은 아닌가 하는 생각에 빠져 들게 된다.

(…) 내가 만일 나에게 어떤 것을 설득했다면, 확실히 나는 있었을 것이다. 그러나 누군지는 모르지만 아주 유능하고 교활한 기만자가 집요하게 나를 항상 속이고 있다고 치자. 자 이제, 그가 나를 속인다면 내가 있다는 것은 의심할 수 없다. 그가 온 힘을 다해 나를 속인다고 치자. 그러나 나는 내가 어떤 것이라고 생각하는 동안 그는 결코 내가 아무것도 아니게끔은 할 수 없을 것이다.

이렇게 이 모든 것을 세심히 고찰해 본 결과, '나는 있다, 나는 현존한다.'는 명제는 내가 이것을 발언할 때마다 혹은 마음속에 품을 때마다 필연적으로 참이라는 결론에 이르게 된다.

『성찰』, 르네 데카르트 지음 / 이현복 옮김, 문예출판사, 1997년

"어릴 적부터 나는 많은 거짓된 것을 참된 것으로 받아들여 왔다. 내가 생각한 것들은 극히 의심스러운 것이다. 따라서 언젠가 학문적으로 확고부동한 이론을 세우려고 한다면 일생에 한 번은 지금까지 내가 받아들였던 모든 의견을 송두리째 무너뜨리고 처음부터 다시 토대를 쌓기 시작해야 한다."

프랑스의 철학자 데카르트는 의심이 많은 사람이었습니다. 그는 이전에 알고 있었던 모든 것을 뒤엎고, 세상 만물에 대한 모든 것을 처음부터 다시 깨달아야 한다고 말합니다. 기존의 서양 철학자들과는 완전히 다른 태도를 취하고 있었던 것이죠.

대부분의 철학자는 탐구를 통해 대상의 진정한 본질을 알 수 있다고 믿었어요. 하지만 데카르트는 생각이 달랐습니다. 대상의 본질은 알 수 없다고 했어요. 대상을 바라보는 우리의 '렌즈', 즉 감각이 잘못돼 있기 때문이라면서요.

💬 여기 세 가지 문제가 있습니다. 잘 읽고 답해 보세요.

문제1. 여기 두 개의 선이 있습니다. 둘 중 어느 것이 더 길까요?

문제2. 다음 글을 읽고 내용을 파악해 보세요.

캠릿브지 대학의 연결구과에 따르면, 한 단어 안에서 글자가 어떤 순서로 배되열어 있는가 하것는은 중하요지 않고, 첫째번와 마지막 글자가 올바른 위치에 있것는이 중하요다고 한다. 나머지 글들자은 완전히 엉진창망의 순서로 돼 있지을라도 당신은 아무 문없제이 이것을 읽을 수 있다. 왜하냐면 인간의 두뇌는 모든 글자를 하나 하나 읽것는이 아니라 단어 하나를 전체로 인하식기 때문이다.

문제3. 다음은 어떤 상황일까요?

한 사람이 안대를 쓰고 앉아 있습니다. 여러 사람이 서서 그 사람을 바라보고 있습니다. 누군가 그의 귀에 '이것은 사과'라고 말하며 양파를 건넵니다. 안대를 쓴 사람은 양파를 크게 한 입 베어 먹으며 '사과가 참 맛있다.'고 말합니다.

인간은 외부에 있는 대상을 판단하기 전에 감각을 통해 먼저 받아들입니다. 다시 말해 느끼고 난 다음 생각하죠. 문제1을 보세요. 어느 선이 더 길던가요? 흥미롭게도 두 선의 길이는 똑같습니다. 그러나 많은 사람이 수직으로 서 있는 선이 더 길다고 느끼죠. 이를 '수평-수직 착시' 현상이라고 합니다. 문제2의 경우, 우리는 분명히 한글을 잘 읽을 줄 아는데도 불구하고 눈에 보이는 대로 읽지 않습니다. 이를 '단어 우월 효과'라고 해요. 문제3에서는 눈을 가린 사람이 양파를 먹으면서 이를 사과라고 말합니다. 눈만 가렸을 뿐인데 사과와 양파를 구별하지 못하는 것이죠.

이처럼 우리의 감각은 불완전합니다. 그렇기 때문에 데카르트는 인간의 감각을 신뢰하지 않고, 감각이 우리를 속일 수 있다고 생각했어요. 눈으로 보고, 귀로 듣고, 피부로 느낀 것을 바탕으로 만들어지는 감각이 불완전하다는 거예요.

데카르트는 감각기관이 불완전하다면 감각을 통한 느낌으로 사고한 생각도 믿을 수 없다고 결론지어요. 즉, 경험을 통해 들어온 생각은 전부 믿을 수가 없으니 모든 것을 '의심'해야 한다고 말합니다. 하지만 모든 것을 의심한다고 해서 데카르트가 의심쟁이나 불가지론(인간은 사물의 본질을 인식할 수 없다는 철학적 입장으로, 인간이 감각을 통해서 인식하는 것은 사물의 본질이 아니라 본질의 거짓 모습인 현상에 불과하다는 생각)자였다는 것은 아니에요. 진리에 도달하는 하나의 수단으로 '의심'이 필요하다고 여겼다는 것이죠. 데카르트는 이를 '방법적 회의methodic doubt'라고 했어요.

계속되는 의심 끝에 데카르트는 결국 모든 의심을 떨치고 자신만의 참

진리에 이르는 방법을 찾아내요. 모든 것을 의심하더라도 결코 의심할 수 없는 한 가지 즉, '사고하는 존재로서 자신'을 알게 된 것이죠.

💬 영화 「올드보이」와 「친절한 금자씨」 등으로 유명한 박찬욱 감독이 영화 「스토커」로 할리우드에 진출했어요. 니콜 키드먼 등 유명 외국 배우들은 물론 현장 스태프들도 모두 외국인이었다고 해요. 그는 최근 한 영화제에서 「스토커」 상영 후 가진 한 인터뷰에서 외국인들과의 작업에 대해 이렇게 털어놓았습니다.
"한국에서는 아주 중요한 문제만 아니면 '감독님 맘대로 하세요.'라고 해요. 하지만 할리우드에서는 뭐든 다 말로 해야 하고 논리적으로 납득을 시켜야 합니다. '그냥 난 이게 좋은데.'라고 하는 게 안 먹히는 거예요. (탁자 위에 있던 파란색, 분홍색, 흰색으로 포장된 1회용 설탕을 하나씩 늘어놓으며) 탁자 위에 뭔가를 놓을 때도 내가 분홍색을 놓고 싶으면 분홍색이 왜 다른 색보다 좋은지 논리적으로 설명해야 하는 거죠."

"그걸 꼭 말로 해야 알아?"
"척하면 삼천리 아니니?"
우리는 이렇게 따져 묻는 것을 중요하지 않게 생각하는 경향이 있어요. 그러나 합리적 사고를 하려면 대상에 대한 의심이 필요해요. 옳고 그름을 판단하는 것 자체보다 생각하는 과정을 중요하게 여겨야 해요. 물론 이성理性에 대한 신뢰는 기본 전제죠. 이렇듯 서구 사회에 이어져 오는 합리성의 전통은 곧바로 자기 자신에 대한 성찰로 이어집니다.

데카르트는 '나는 생각한다. 고로 존재한다.'라는 유명한 말을 남겼습니다. 생각을 의심하는 생각하는 사람, 즉 생각에 대해서 생각하는 자신을 발견한 겁니다. 생각은 감각을 통해서 만들어졌지만 그 생각에 대해서 생각하는 자신은 어떤 감각에도 의존하고 있지 않음을 발견할 때, 생각에 대해 생각하는 주체인 자신은 확실히 존재한다는 결론에 도달할 수 있는 것이죠. 그게 바로 "나는 생각한다. 고로 존재한다."라는 명제의 참뜻입니다.

데카르트는 철학뿐 아니라 수학에서도 새로운 틀을 만들었습니다. 허약한 체질이라 평소 침대에 누워 사색하는 시간이 많았던 그는 그날도 침대에 누워 천장을 바라보고 있었어요. 앵앵거리며 방구석을 오가는 파리 한 마리를 보며 데카르트는 세 개의 벽면이 교차하는 방의 모서리부터 파리가 앉은 곳까지의 거리를 수로 표현할 수 있다고 생각했습니다. 이렇게 해서 탄생한 것이 데카르트의 '좌표'입니다. 2차원인 평면에서의 한 점은 서로 직각인 가로 x축과 세로 y축으로부터의 거리로 나타내면 됩니다.

이처럼 우리는 알게 모르게 데카르트가 세운 기초 의에서 살고 있습니다. 그래서 사람들은 끊임없는 의심으로 진리를 추구했던 학자 데카르트, 그를 두고 '근대 철학의 아버지'라고 부르는 것이겠죠.

어려운 사람을 돕기 위해
악한 사람의 돈을 뺏는 건 죄일까?

도스토옙스키 Fyodor Mikhailovich Dostoevskii, 「죄와 벌」

"내가 지금 한 말은 물론 농담이야. 그러나 알겠나. 한편에는 무지하고 아무런 가치도 없는 심술궂고 병든 노파가 있어. 아무에게도 쓸모가 없는, 오히려 모든 사람에게 해로운, 자기 자신도 무엇 때문에 사는지 모르는, 더구나 내일이라도 혼자 죽어 갈 노파가 있단 말이야. 알겠나? 알아듣겠나?"

"그래, 알겠어." 열띤 친구의 얼굴을 유심히 바라보며 장교는 대답했다.

"자, 그다음 말을 들어 봐. 다른 한편에는 뒷받침이 없어서 무참히 쓰러져 가는 젊고 싱싱한 힘이 있어. 그것도 도처에 수없이 많단 말이야. 수도원에 기부하기로 한 그 노파의 돈만 있다면, 건설하고 복구할 수 있는 몇 백 몇 천 가지의 훌륭한 계획과 사업이 있단 말이야! 그것으로 몇 백 몇 천 생명이 올바른 길로 되돌아올 수도 있고, 또 몇 십 가정이 빈곤, 부패, 파멸, 타락, 성병환자 수

용소 등에서 구원받을 수도 있을 거야. 게다가 이 모든 것이 그 노파의 돈으로 가능하단 말이야. 노파를 죽이고 그 돈을 빼앗는 거야. 그러나 이후에 그 돈을 가지고 전 인류에 대한 봉사, 공공사업에 대한 봉사에 몸을 바친다는 조건하에서지. 자넨 어떻게 생각하나. 조그만 범죄가 몇 천의 좋은 일로 보상될 수는 없을까? 단 한 생명으로 몇 천 생명이 부패와 타락에서 구제되는 거야. 하나의 죽음이 백의 생명을 탄생시키는 거야. 이건 간단한 산수 문제가 아니냐 말이야! 게다가 그 무지하고 간악한 폐병쟁이 노파 하나의 목숨이 사회 전체의 무게에 대해서 도대체 얼마만큼의 가치가 있다고 생각하나? 뱀이나 바퀴의 목숨과 다를 게 뭐냐 말이야. 아니, 그만한 값어치조차 없어. 왜냐하면 그 노파는 해로운 존재니까. 그 노파는 남의 생명을 뜯어먹고 사는 거야. 요전에도 홧김에 리자베타의 손가락을 물어뜯어 하마터면 잘릴 뻔했지!"

"물론 그런 건 살아 있을 가치가 없지" 하고 장교는 말했다.

"그러나 그게 자연의 법칙이라는 거야."

"아니, 무슨 말을 하는 거야. 인간은 자연을 수정하면서 그 방향을 제시하고 있잖나 말이야. 그렇지 않다면 영영 편견 속에 빠져 버릴 수밖에 없지. 그렇지 않고서는 위대한 인물이 한 사람도 나오지 못할 거야. 사람은 흔히 '의무'니 '양심'이니 하지만—나는 구태여 의무나 양심에 대해 말하려는 건 아니야—우리는 그것을 어떻게 해석하고 있다고 생각하나? 잠깐, 자네한테 또 한 가지 문제를 제기하겠네. 들어 봐!"

"아니, 기다려, 내가 먼저 자네한테 문제를 내야겠어. 들어 보게!"

"좋아!"

"자네는 지금 열변을 토했는데 어떤가, 자네는 자기 손으로 노파를 죽일 수 있겠나?"

"물론 그럴 수는 없어! 나는 그저 정의를 위해서 말하는 거야. 그건 내가 상관할 문제가 아니거든⋯."

"그러나 내 생각으로는 자네가 스스로 결행하지 않는 이상 정의고 뭐고 있을 수 없어! 자, 가서 게임이나 다시 하세!"

『죄와 벌』, 도스토옙스키 지음 / 김학수 옮김, 문예출판사, 2013년

영웅이 등장하는 영화들을 떠올려 보세요. 주인공은 특별한 능력을 가진 선한 인물입니다. 그는 사회를 혼란하게 만드는 악한 존재들을 자신만의 방법으로 물리치고 사회는 평화를 되찾아요.

이런 영웅들이 실제로 존재한다면 어떨까요? 그들은 건물이나 개인 소유물을 훼손하기도 하고, 상대를 다치게 하거나 죽이기도 합니다. 하지만 엄연히 따지면 이것은 범죄 행위이죠. 그래도 악당이 사회의 질서를 어지럽히도록 내버려 두는 것보다 낫다고요? 러시아 대문호 도스토옙스키의 소설 『죄와 벌』의 주인공 라스콜리니코프의 결단도 이와 같은 고민에서 시작됩니다.

💬 농노 해방이 이루어진 1860년대 러시아. 자유의 몸이 된 수많은 농민은

새로운 직업을 얻기 위해 도시로 몰려들어요. 도시인 상트페테르부르크는 더 이상 그들을 감당할 수 없는 지경에 이르죠.

이런 도시에 대학생 라스콜리니코프가 있어요. 그는 그 사회의 지식인에 속하는 인물로, 훤칠한 키와 눈에 띄는 외모까지 갖추고 있죠. 그런데 그가 세 들어 사는 방은 좁은 것은 물론 천장도 낮아 숨이 막힐 지경이었어요. 그는 요즘 들어 겁이 많고 소심해졌어요. 이 작은 방의 방세마저 낼 수 없는 가난에 찌든 것이 그의 현실이었거든요. 라스콜리니코프는 어느 날 결심해요. 돈을 얻기 위해 전당포 노파를 죽이기로 말이죠.

전당포 노파는 어리석고 못된 인간으로, 가난하지만 젊고 선한 사람들로부터 피와 같은 돈을 이자까지 꼭 받아 내는 인물이에요. 라스콜리니코프는 노파를 바퀴벌레만도 못한 해로운 사람으로 여겼죠. 그는 악한 사람 하나를 죽여 선한 사람 여럿이 이득을 볼 수 있다면 그것은 인류를 위해 꼭 해야만 하는 일이라고 생각했어요. 그리고 결국 노파를 살해하고 말아요.

💬 당신은 시속 100킬로미터로 질주하는 열차를 운전하고 있어요. 그런 당신 앞에 다섯 명의 인부가 철로에서 일하고 있는 것이 보여요. 하지만 브레이크가 말을 듣지 않는군요. 이 속도로 들이받으면 인부들은 모두 죽고 말 거예요. 당신이 가고 있는 철로 오른쪽으로 비상철로가 보여요. 그곳에는 한 명의 인부가 있어요. 철로의 방향을 바꿔 오른쪽으로 간다면 그 한 명의 인부가 목숨을 잃게 되겠지요.

위의 이야기는 하버드대 교수 마이클 샌델이 쓴 책 『정의란 무엇인가』에 등장하는 상황이에요. 이런 상황에서 여러분은 1명을 희생시켜 5명을 살리는 것이 옳다고 생각하지 않았나요? 그렇다면 여러분은 '공리주의功利主義' 적인 생각을 갖고 있다고 할 수 있어요. 공리주의란 어떤 행위가 결과적으로 사회 전체의 총 유용성을 높이면 좋은 행위고 그렇지 않으면 나쁜 행위라고 보는 것이죠.

그럼 다시 라스콜리니코프의 상황으로 돌아가 볼까요? '사람을 죽여야겠다.'라는 라스콜리니코프의 생각도 바로 이 공리주의적 사상으로부터 비롯된 것이었어요. 세상을 변화시키기 위해서 라스콜리니코프는 살인도 정당하다고 생각했던 거예요. 그런데 공리주의가 과연 옳으냐의 문제는 둘째로 치더라도 라스콜리니코프에게 그런 행동을 할 권한이 있었을까요?

라스콜리니코프는 세상 사람들은 역사적으로 뛰어난 사람들과 보통 사람들로 나눌 수 있다고 생각했어요. 뛰어난 사람은 입법자로, 좀 더 나은 세상을 만들기 위해 피 흘리기를 두려워하지 않는 이들이에요. 보통 사람들은 이들의 추종자라고 할 수 있어요. 라스콜리니코프는 스스로 자신이 입법자 부류에 속한다고 생각했어요. 그러니 더 좋은 것을 위해 현재의 한계와 어려움을 뛰어넘어야 한다고 본 것이죠. 그것이 다른 사람을 해치는 일이라도 말이죠.

이렇게 생각이 이끄는 대로 죄를 짓고 방황하는 라스콜리니코프 앞에 한 여인이 나타나요. 그녀가 바로 '소냐'죠. 그녀의 삶은 라스콜리니코프의 삶과는 정반대였어요. 가족과 다른 사람들을 위해 자신의 모든 것을 바쳐 헌

신하는 사람이었죠. 그녀는 전통적인 기독교적 세계관을 갖고 있었거든요. 소냐와 라스콜리니코프는 서로가 이해할 수 없는 사람들이었어요. 그러나 소냐의 헌신적인 모습은 결국 라스콜리니코프의 마음을 움직여요. 사랑이라는 기독교적 가치관을 조금씩 받아들이게 된 것이에요. 이 소설에서는 한 사람을 변화시키는 힘을 소냐가 보여 준 사랑으로 표현하고 있어요.

영국의 웨스트민스터 대성당 지하 묘지에 있는 어느 성공회 주교의 묘비에는 이런 글이 적혀 있다고 합니다. "이제 죽음을 맞기 위해 자리에 누워 나는 문득 깨닫는다. 만약 내가 내 자신을 먼저 변화시켰더라면 그것을 보고 가족이 변화됐을 것을, 또한 그것에 용기를 내어 내 나라를 더 좋은 곳으로 바꿀 수 있는 것을, 그리고 누가 아는가, 세상까지도 변화됐을는지."

한 사람이 변하면 세상도 변할 수 있지 않을까요? 여러분은 정말 사랑의 힘을 믿고 있나요?

내가 따뜻하다고 느끼면 따뜻한 걸까?

프랜시스 베이컨Francis Bacon, 「신기관」

인간의 지성을 고질적으로 사로잡고 있는 우상과 그릇된 관념들은 인간의 정신을 혼미하게 할 뿐만 아니라, 우리가 얻을 수 있는 진리조차도 얻을 수 없게 만든다. 그러므로 인간의 모든 가능한 수단을 동원해 용의주도하게 그러한 우상들로부터 자신을 지키지 않는 한, 학문을 혁신하려고 해도 곤경에 빠지고 말 것이다.

인간의 정신을 사로잡고 있는 우상에는 네 종류가 있다. (편의상) 이름을 짓자면 첫째는 '종족의 우상'이요, 둘째는 '동굴의 우상'이요, 셋째는 '시장의 우상'이요, 넷째는 '극장의 우상'이다.

이러한 우상들을 몰아낼 수 있는 유일한 대책은 참된 귀납법으로 개념과 공리를 형성하는 것이다. 그러나 그러한 우상들을 찾아내는 것만 해도 대단히 유익한 일이다. 소피스트의 궤변을 연구하면 논리학 공부에 도움이 되는 것처럼, 우상에 대한 올바른 연구 역시 자연에 대한 해석에 도움이 된다.

'종족의 우상'은 인간성 그 자체에, 인간이라는 종족 그 자체에 뿌리박고 있다는 것이다. '인간의 감각이 만물의 척도이다'라는 주장을 생각해 보면 쉽게 이해가 갈 것이다. 이것은 물론 그릇된 주장이지만, 인간의 모든 지각은 감각이든 정신이든 우주를 준거로 삼는 것이 아니라 인간 자신을 준거로 삼기 쉽다는 것을 여실히 보여 주는 말이다. 표면이 고르지 못한 거울은 사물을 그 본모습대로 비추는 것이 아니라 사물에서 나오는 (반사)광선을 왜곡하고 굴절시키는데, 인간의 지성이 꼭 그와 같다.

'동굴의 우상'은 각 개인이 가지고 있는 우상이다. 즉 각 개인은 (모든 인류에게 공통적인 오류와는 달리) 자연의 빛을 차단하거나 약화시키는 동굴 같은 것을 제 나름으로 가지고 있다. 그것은 개인 고유의 특수한 본성에 의한 것일 수도 있고, 그가 받은 교육이나 다른 사람에게 들은 이야기에 의한 것일 수도 있고, 그가 읽은 책이나 존경하고 찬양하는 사람의 권위에 의한 것일 수도 있고, 첫인상의 차이(마음이 평온한 상태에서 생겼는지, 아니면 선입관이나 편견에 사로잡힌 상태에서 생겼는지)에 의한 것일 수도 있다.

그러므로 인간의 정신은 (각자의 기질에 따라) 변덕이 심하고, 동요하고, 말하자면 우연에 좌우되는 것이다. 헤라클레이토스가 '인간은 넓은 세계에서가 아니라 상당히 좁은 세계에서 지식을 구하고 있다'고 했는데 매우 정확한 지적이라 하겠다.

또한 인간 상호간의 교류와 접촉에서 생기는 우상이 있다. 그것은 인간 상호간의 의사소통과 모임에서 생기는 것이므로 '시장의 우상'이라고 부를 수 있겠다. 인간은 언어로써 의사소통을 하는데, 그 언어는 일반인들의 이해 수준에 맞추어 정해진다. 여기에서 어떤 말이 잘못 만들어졌을 때 지성은 실로 엄청난 방해를 받는다. 어떤 경우에는 학자들이 자신을 방어하고 보호할 목적으로 새로운 정의定義나 설명을 만들기도 하지만 사태를 개선하지는 못한다. 언어는 여전히 지성에 폭력을 가하고, 모든 것을 혼란 속으로 몰아넣고, 인간으로 하여금 공허한 논쟁이나 일삼게 하고, 수많은 오류를 범하게 한다.

마지막으로 철학의 다양한 학설과 그릇된 증명 방법 때문에 사람의 마음에 생기게 되는 우상이 있는데 나는 이를 '극장의 우상'이라고 부르고자 한다. 지금까지 받아들여지고 있거나 고안된 철학 체계들은 생각건대 무대에서 환상적이고 연극적인 세계를 만들어 내는 각본과 같은 것이다. 현재의 철학 체계 혹은 고대의 철학 체계나 학파만 그런 것이 아니다. 그와 같은 각본은 수없이 만들어져 상연되고 있는데, 오류의 종류는 전혀 다르지만 그 원인은 대체로 같다. 철학만 그런 것이 아니다. (철학 이외에) 구태의연한 관습과 경솔함과 태만이 만성화되어 있는 여러 분야의 많은 요소들과 공리들도 마찬가지다.

『신기관』, 프랜시스 베이컨 지음 / 진석용 옮김, 한길사, 2001년

깜깜한 어둠 속에서 사는 사람이 있습니다. 그는 제대로 볼 수 없기에 세상에 대해 잘 알지 못합니다. 그럼에도 그는 자신이 아는 것이 전부인 것처

럼 말합니다. 이 사람을 어떻게 하면 좋을까요? 고전 『신기관(새로운 학문의 도구라는 의미)』의 저자 영국의 철학자 프랜시스 베이컨은 이렇게 말할 거예요. "빛을 비추라."고요.

베이컨이 말하는 '빛'이 뭐냐고요? 그것은 바로 '이성理性'입니다. 베이컨은 17~18세기의 이른바 '계몽주의' 시대 대표 철학자입니다. 계몽을 영어로는 '엔라이튼먼트enlightenment'라고 합니다. 빛을 밝힌다는 뜻이죠. 당시 철학자들은 '이성'의 빛을 사람들에게 비춰야 사회가 발전한다고 생각했어요.

'아는 것이 힘이다'라는 말, 여러분도 여러 번 들어 봤을 거예요. 이 유명한 말을 남긴 사람이 바로 베이컨이에요. '이성'을 중시했던 베이컨이니 당연히 '아는 것을 힘'이라고 생각했겠죠? 그런데 여기서 '아는 것'이 무엇인지 생각해 본 적 있나요? 백과사전에 있는 내용을 다 알고 있고 인터넷에 있는 정보 중 모르는 게 없다면 잘 아는 사람일까요?

그렇지 않습니다. 그가 이야기하는 '앎'은 대상을 제대로 이해함으로써 이 세상을 꿰뚫어 알고, 우리가 속한 자연을 정복하고 활용할 수 있게 되는 것을 의미해요. 그리고 대상에 대한 이해는 자신이 주장하는 '신新귀납법'을 통해 가능하다고 이야기합니다.

> 💬 '신은 존재하는가?'라는 주제로 토론이 진행되고 있습니다. '신이 존재한다'고 생각하는 쪽과 '신은 존재하지 않는다'라고 생각하는 양쪽이 팽팽히 맞서고 있습니다.
> '신이 존재한다'는 측은 '신이 존재하지 않는다면 신이라는 말도 없었을 것'이

라고 말합니다. '신이 존재하지 않는다'는 측은 '마르크스', '니체'와 같은 학자가 '신은 없다고 주장했다'는 점을 근거로 듭니다.

여러분이 울퉁불퉁한 안경을 쓰고 부모님을 본다면 부모님의 얼굴이 왜곡돼 보이겠죠. 마찬가지로 우리가 어떤 생각을 갖고 있느냐에 따라 물건이나 상황, 사건 등도 다르게 해석될 거예요. 이처럼 베이컨은 인간이 객관적이 아닌, 자신의 일그러진 주관과 편견에 따라 세상을 보고 있다고 지적합니다.

그는 우리의 눈을 왜곡하는 편견들을 '우상'이라고 말했어요. 베이컨은 우상을 ①종족의 우상 ②동굴의 우상 ③시장의 우상 ④극장의 우상, 이렇게 4가지로 나눴습니다. 종족의 우상은 인간이 대상을 바라볼 때 인간을 기준으로 생각하는 한계를 말합니다. 동굴의 우상은 각자 개인이 살아온 경험에 비추어 대상을 인식하는 한계를 가리킵니다. 시장의 우상은 언어가 가지는 한계를 의미합니다. 명칭만 있고 존재하지 않거나 애매하게 정의한 표현이 혼란을 준다는 것이죠. 마지막으로 극장의 우상은 전통이나 유명인의 권위를 이용해 자기 논리가 정당하다고 주장하는 것을 말합니다.

위의 토론 참가자들은 편견 즉, 우상에 빠져 있습니다. 참가자들이 어떤 우상에 빠져 있을까요? 생각해 봤나요? 하지만 어떤 우상에 빠져 있는지 안다고 해서 바로 객관적이 되는 것은 아니에요. 객관적으로 볼 수 있는 도구가 있어야 하죠. 바로 그 도구가 베이컨이 주장하는 새로운 논리학인 '신귀납법'입니다.

💬 한 대학교 강의실에서 교수가 베이컨의 '신귀납법'에 대해 강의합니다. 교수는 강의실에 들어와 100명의 학생과 악수를 합니다. 그러면서 "내 손이 차가운가요 아니면 따뜻한가요?"라고 물었습니다. 차갑다고 하는 학생도 있고 따뜻하다고 대답한 학생도 있었어요. 어리둥절해하는 학생들에게 교수는 "여러분은 지금 객관적으로 얘기하지 못하고 있다."고 지적하며 이렇게 말했어요. "만약 여러분의 손보다 내 손의 온도가 높으면 따뜻하겠죠. 그 반대라면 차갑다고 느꼈을 테고요. 그러나 여러분처럼 자신의 감각에 따라 따뜻하거나 차갑다고 말하는 주관적 태도로는 베이컨의 철학에 다가갈 수 없습니다."

'신귀납법'은 기존의 귀납법과 다른 새로운 귀납법이라는 뜻이에요. 그렇다면 먼저 귀납법이란 무엇일까요? 귀납법은 여러 사례에서 공통분모를 뽑아내는 논리적 사고법입니다. 예를 들어 많은 백조를 관찰해 그들이 모두 하얗다면 '백조는 하얗다'고 결론을 내리는 것을 의미해요.

그러면 베이컨의 신귀납법이란 무엇일까요? 베이컨은 '열熱'이라는 대상을 들어 신귀납법을 설명합니다. 먼저 '열이 있는' 긍정적 사례를 모으고 다음으로 '열이 없는' 부정적 사례를 모읍니다. 그리고 열이 많거나 혹은 적은 정도에 따라 사례를 수집합니다. 그리고 이 세 종류의 사례를 분석해 열의 성질을 뽑아냅니다. 그리고 뽑아낸 성질 중 서로 일치하지 않는 것은 지워 나가죠. 예를 들어 '끓는 물은 열이 있는데도 빛이 나지 않는다. 그러므로 열의 성질 중 빛나는 성질은 제외한다.'는 식입니다. 그 결과 베이컨은 '열이란 사방, 특히 위쪽으로 팽창하는 운동'이라는 결론을 냅니다. 방대한 양의 긍정적, 부정적 사례를 분석해 질적으로 새로운 결론을 낸 것이죠.

베이컨은 기존의 귀납적 방법에 대해 "귀납법은 개미와 같이 오로지 모아서 사용하기만 한다."고 비판합니다. 그는 "신귀납법은 한 꿀벌이 다양한 꽃으로부터 얻어 온 재료로 완전히 새로운 꿀을 만들어 내는 것과 같다."며 "많은 자료를 통해 질적으로 새로운 사실을 찾아내는 것이 철학의 참된 임무"라고 말합니다.

국회에서 여당과 야당이 어떤 사안을 놓고 첨예하게 대립하는 상황을 자주 보게 됩니다. 하지만 국민의 생각은 여당이나 야당의 생각과는 전혀 다를 수 있어요. 이때 둘 중 어느 쪽을 선택해야 한다고 편협하게 생각하기보다 질적으로 새로운 사실을 찾아내야 합니다. 그래야 국민이 원하는 '본질'에 가장 가까운 정책을 만들 수 있겠죠.

자비의 리더십 VS 두려움의 리더십

니콜로 마키아벨리 Niccolo Machiavelli, 「군주론」

사랑을 느끼게 하는 것과 두려움을 느끼게 하는 것 중에서 어느 편이 더 나은가에 대해서는 논쟁이 있었습니다. 제 견해는 사랑도 느끼게 하고 동시에 두려움도 느끼게 하는 것이 바람직하다는 것입니다. 그러나 동시에 둘 다 얻는 것은 어렵기 때문에 굳이 둘 중에서 어느 하나를 포기해야 한다면 저는 사랑을 느끼게 하는 것보다는 두려움을 느끼게 하는 것이 훨씬 더 안전하다고 생각합니다.

이것은 인간 일반에 대해서 말해 줍니다. 즉 인간이란 은혜를 모르고 변덕스러우며 위선적인 데다 기만에 능하며 위험을 피하려고 하고 이익에 눈이 어둡습니다. 당신이 은혜를 베푸는 동안 사람들은 모두 당신에게 온갖 충성을 바칩니다. 이미 말한 것처럼 막상 그럴 필요가 별로 없을 때, 사람들은 당신을 위해서 피를 흘리고, 자신의 소유물, 생명 그리고 자식마저도 바칠 것처럼 행동합니다. 그렇지만 당신이 정작 그러한 것들을 필요로 할 때면 그들은 등을 돌립니다. 따라서 전적으로 그들의 약속을 믿고 다른 대책을 소홀히 한 군주는 몰락을 자초할 뿐입니다. 위대하고 고상한 정신을 통하지 않고, 물질적 대가를 주고 얻은 우정은 소유될 수 없으며, 정작 필요할 때 사용될 수 없습니다.

 인간은 두려움을 불러일으키는 자보다 사랑을 베푸는 자를 해칠 때에 덜 주저합니다. 왜냐하면 사랑이란 일종의 감사의 관계에 의해서 유지되는데, 인간은 악하기 때문에 자신의 이익을 취할 기회가 생기면 언제나 그 감사의 상호관계를 팽개쳐 버리기 때문입니다. 그러나 두려움은 항상 효과적인 처벌에 대한 공포로써 유지되면 실패하는 경우가 결코 없습니다.

 그럼에도 불구하고 현명한 군주는 자신을 두려운 존재로 만들되 비록 사랑을 받지는 못하더라도 미움을 받는 일은 피하도록 해야 합니다. 미움을 받지 않으면서도 두려움을 느끼게 하는 것은 얼마든지 가능하기 때문입니다. 그리고 이는 군주가 시민과 신민들의 재산과 그들의 부녀자들에게 손을 대는 일을 삼가면 항상 성취할 수 있습니다. 만약 누군가의 처형이 필요하더라도 적절한 명분과 명백한 이유가 있을 때로 국한해야 합니다. 그러나 무엇보다도 그는 타인의 재산에 손을 대어서는 안 됩니다. 왜냐하면 인간이란 어버이의 죽음은 쉽게 잊어도 재산의 상실은 좀처럼 잊지 못하기 때문입니다.

「군주론」, 니콜로 마키아벨리 지음 / 강정인·김경희 옮김, 까치, 2008년

신상필벌(信賞必罰, 공이 있는 사람에게는 상을 주고, 죄를 범한 자에게는 반드시 벌을 줌)을 주장했던 동양사상가를 기억하나요? 바로 '한비자'입니다. 이런 생각을 가진 사람은 한비자만이 아니었습니다. 서양의 한비자로 불리는 니콜로 마키아벨리의 『군주론』에도 그와 같은 통치의 원리가 담겨 있어요.

군주란 나라를 다스리는 최고 지위에 있는 사람을 말해요. 마키아벨리가 쓴 책 『군주론』은 '나라를 다스리는 최고 위치에 있는 사람은 어떠해야 하는가'에 대해 쓴 책이고요.

『군주론』을 읽은 후대의 사람들은 '국가의 유지, 발전을 위해서는 어떠한 폭력적 수단이나 비도덕적인 방법도 허용할 수 있다.'는 생각에 마키아벨리의 이름을 붙여 '마키아벨리즘'이라고 불러 왔어요. 대체 군주론에 어떤 내용이 담겨 있기에 마키아벨리즘이 이런 뜻을 갖게 된 것일까요? 또 마키아벨리는 어떤 배경에서 군주론을 쓰게 됐고 그가 생각하는 이상적인 군주란 어떤 사람이었을까요?

체사레 보르자는 르네상스 시대 이탈리아의 전제군주(나라의 모든 권력을 쥐고 그의 뜻에 따라 정치를 하는 사람)였던 인물이에요. 그는 권력을 얻기 위해 재물을 사용하여 귀족과 군대가 자신을 따르도록 했어요. 민심을 얻기 위해 계략을 세우고 사람을 이용하기도 했죠. 그는 자신이 정복한 로마냐 지방의 관리로, 잔혹하고 폭력적인 성격의 신하 오르코를 임명했습니다. 오르코는 폭정(폭력적인 정치)을 폈고 백성들은 반발했어요. 체사레의 예상대로였죠. 이때 체사레는 오르코를 처형합니다. 백성들은 "체사레가 우리를 괴롭혔던 오르코를 벌했다."며 체사레를 따랐죠. 체사레는 이처럼 자신이 원하는 권력을 얻기 위해 한 사람의 목숨을 빼앗는 일도 마다하지 않았습니다.

마키아벨리가 『군주론』에서 말하는 이상적인 군주의 모델이 바로 체사레였어요. 인격이 훌륭하고 자비로워 누구나 존경하는 사람보다 수단과 방법을 가리지 않고 권력의 유지와 나라의 안정을 추구하는 사람이 낫다고 봤죠.

마키아벨리가 살던 시대의 이탈리아는 여러 개의 나라로 나뉘어 매우 혼란스러웠어요. 그는 이런 사회에는 강력한 힘을 가진 군주가 있어야 나라를 통일해 안정시킬 수 있다고 생각했대요. 이것이 군주에게 필요한 것은 도덕적인 가치나 명분(일을 꾀할 때 내세우는 구실이나 이유)보다 실질적인 능력이라고 판단한 이유죠. 이빨과 발톱이 빠진 호랑이라면 누구도 두려워하지 않듯 군주도 마찬가지라고 생각한 거예요. 힘이 없는 군주는 아무도 따르지 않을 테니까요.

학자들은 마키아벨리를 근대 정치사상의 문을 연 인물로 평가해요. 그는 정치를 윤리와 도덕의 영역에서 분리했죠. 마키아벨리 이전의 학자들은 정치적 리더십이란 도덕적 기반이 있을 때에야 힘을 발휘할 수 있다고 봤어요. 물론 지금도 그 사실에는 변화가 없어요. 윤리성과 도덕성의 바탕이 되지 않으면 정치는 힘을 잃기 쉽죠.

하지만 마키아벨리의 생각은 조금 달랐어요. 그는 '대중은 매우 변덕스럽기 때문에 지도자는 존경보다는 두려움의 대상이어야 한다.'고 생각했습니다.

16세기 초 이탈리아에는 사보나롤라 신부라는 사람이 있었죠. 그는 교회를 혁신하고 정치를 개혁해야 한다고 주장했던 인물로 시민의 열렬한 지지를 받았습니다. 그러나 그가 교황과 교황청에 대한 신랄한 비판으로 파문(신자로서의 자격을 빼앗고 어떤 집단에서 내쫓는 일. 특히 가톨릭에서 공식적으로 행하는 일)을 당하자, 그를 지지하던 시민들은 그에게서 등을 돌렸어요. 심지어 그를 화형에 처해야 한다고 말하기도 했죠.

이 일을 계기로 마키아벨리는 변덕스러운 대중을 이끌기 위해서는 두려움의 리더십이 필요하다는 것을 알게 됐어요. 존경하는 사람을 배신할 수는 있지만 두려움의 대상에게는 그럴 수 없다고 본 거예요. 사랑과 자비로 대중을 대했다가는 자기 자신은 물론 나라도 위험에 처할 수 있다는 것을 깨달은 것입니다.

뉴스에는 때때로 "프랑스 파리의 에펠탑을 폭파하겠다."는 식의 테러 협박 전화가 와서 수많은 사람들이 대피하는 사건이 보도되곤 합니다. 다행히 폭발물이 없고 몇 시간의 소동으로 그치면 다행이지만 실제로 폭발물이 설치돼 있고 폭발물을 설치한 사람을 체포했다고 생각해 봐요. 폭발물이 터지기까지 시간이 얼마 남지 않은 상황에서 이 사람을 어떻게 대해야 할까요? 그의 인격을 존중하며 순순히 자백할 때까지 기다려야 할까요? 아니면 무고한 사람들을 살리기 위해서 고문 같은 폭력적인 수단을 써야 할까요? 마키아벨리라면 당연히 후자를 선택했을 거예요.

폭력적 수단은 정당화될 수 있을까요? 마키아벨리는 경우에 따라 폭력이 필요하다고 주장했어요. 특히 극단적인 상황이나 혼란스러운 상황에서 말이에요. 하지만 마키아벨리는 두려움의 대상이 되는 것은 좋지만 증오의 대상이 되는 것은 피하라고 조언하고 있어요. 증오의 대상이 되면 엄청난 저항에 부딪혀 오히려 나라가 위태로워질 수 있으니까요.

마키아벨리의 결론은 다음과 같아요. 양쪽을 다 가지되 필요에 따라 사용할 줄 알아야 한다는 거예요. 명분이 있어도 힘이 부족하거나 또 명분이 없는데 힘만 세면 무의미하다는 뜻이죠. 그러나 그는 두 가지 가운데 꼭 하나가 필요하다면 오히려 후자를 선택하는 게 낫다고 생각했어요.

귀수불심鬼手佛心이라는 말이 있어요. 귀신의 손과 부처님의 마음이라는 의미죠. 훌륭한 지도자는 이 두 가지를 모두 갖고 있어야겠죠. 사람을 사랑하는 자애로운 마음과 함께 어떤 것에도 연연하지 않는 강한 결단력과 의지가 필요해요. 이 두 가지를 상황에 맞게 적절히 사용할 수 있는 사람이라면 훌륭한 지도자가 될 수 있겠죠.

공자도 지키기 어려워한 덕목 '중용'

자사子思, 「중용」

공자가 다음과 같이 말하였다. "도가 행하여지지 않는 이유를 나는 안다. 지혜로운 사람은 너무 지나치고 어리석은 사람은 미치지 못하기 때문이다. 도가 밝게 드러나지 않는 이유를 나는 안다. 현명한 사람은 너무 지나치고 못난 사람은 미치지 못하기 때문이다."

공자가 다음과 같이 말하였다. "온 세상이나 나라 하나 정도는 잘 다스릴 수도 있고, 작위와 관록을 사양할 수도 있으며, 서슬이 퍼런 칼날을 밟을 수는 있어도 중용은 잘할 수 없다."

군자는 자신의 직위에 바탕을 두고 행동한다. 자신의 처지에 벗어난 일을 바라지 않는다.

부귀한 상태에 있으면 부귀함에 맞게 행동하고, 빈천한 상태에 있으면 빈천

함에 맞게 행동한다. 오랑캐들과 함께 생활하게 될 상황에서는 오랑캐들의 생활에 맞게 행동한다. 그리고 전쟁과 같은 힘든 상황을 만났을 때는 힘든 상황에 맞게 행동한다. 군자는 어디서든 항상 그에 맞게 행동한다.

성실함은 하늘의 도이며 성실해지려고 함은 사람의 도이다. 성실한 사람은 힘쓰지 않아도 딱 들어맞고 생각하지 않고도 파악할 수 있어서 차분하게 도에 맞으니 성인이다. 성실해지려고 하는 사람은 선한 것을 택해서 굳게 그것을 잡는 사람이다.

성실함은 스스로 이루어지게 하고, 도는 스스로 이끌어 간다.

성실함은 사물의 처음이자 끝이다. 성실하지 않으면 어떠한 사물도 없다. 그러므로 군자는 성실함을 가장 귀하게 여긴다.

『대학·중용』, 주희 엮음 / 김미영 옮김, 홍익출판사, 2005년

'군자는 중용을 행하고, 소인은 중용을 반대한다.'는 말이 있습니다. 군자는 유교에서 덕과 학식이 높은 사람으로 행실이 점잖고 어질다고 하죠. 이런 사람이 따르는 '중용의 도'란 무엇일까요? 공자의 손자 자사가 남긴 것으로 알려진 고전『중용』을 통해 알아봅시다.

『중용』은 유교 기본 경전인 사서四書 중 하나로 '유교 철학 개론서'라고 불린답니다. '중中'은 치우치지 않음을, '용庸'은 바뀌지 않는 것을 뜻하는데 먼저 '중'에 대해 알아보겠습니다.

'중용'이란 말은 보통 너무 과하지도, 부족하지도 않은 중간 지점을 의미하거나 적당하다는 뜻으로 사용하곤 해요. 우리나라는 튀는 것을 경계하는 경향이 있어요. 혼자서 튀기보다는 두루두루 어울리는 것이 더 좋다고 생각하고, 돌출 행동을 하는 사람을 좋아하지 않곤 하죠. 이런 맥락에서 볼 때 중용의 '중'은 현실과 적당히 타협한다는 의미로 이해할 수 있는데, 오늘날처럼 창의성을 요하는 시대에 '중'의 도를 따르는 것은 창의적 행동을 막는 걸림돌이 될 수도 있을 거예요.

하지만 그것이 '중'의 참된 의미는 아니에요. '중'은 '대상의 본질, 사람의 본성을 아는 것'이며 '각자 주어진 현실 속에서 자신이 해야 할 바를 아는 것'입니다. 임금은 임금다워야 하고 신하는 신하다워야 하며, 아비는 아비다워야 하고 자식은 자식다워야 하는 것君君臣臣父父子子을 뜻하죠.

본질을 제대로 파악하고 각자 현실에서 역할을 제대로 하기란 쉽지 않아요. 세상 사람들이 자신의 본성을 파악하고 있어야 할 위치를 정확히 알아 자리를 지킨다면 갈등이나 분쟁이 없는 평화롭고 조화로운 세상이 될 거예요. 세상이 소란하다는 것은 곧 사회 구성원이 '중'을 제대로 파악하고 있지 못한 것이죠. 스스로에 대해 생각해 보세요. 여러분은 자기 자신에 대해 잘 알고 있나요? 자녀로서, 학생으로서, 대한민국 국민으로서 가장 알맞은 역할이 무엇인지 생각해 본 적 있나요?

💬 최근 '상황인식기술'이 세상을 바꾸는 미래혁신기술 중 하나로 꼽히고 있대요. 사용자가 있는 현실공간을 가상공간과 연결해 현실 속 사용자의 상황

을 정보화하고, 이를 토대로 사용자에게 필요한 서비스를 제공하는 기술이죠. 여행지에서 가장 적합한 경로를 알려 준다거나, 가게에 들어섰을 때 내가 살 만한 물건을 추천하는 식이에요. 질병이나 재해, 범죄 발생을 감지해 사전에 경고하는 등의 기술로도 활용할 수 있을지 몰라요.

상황에 맞게 정확히 예측하는 기술이라니, 사람뿐 아니라 기계까지 '중'의 도를 취하는 세상이 왔나 봐요. 비록 기계는 상황에 맞는 판단을 하더라도 대상의 본질 자체는 이해할 수 없다는 한계가 있긴 하지만요.

이어 중용의 '용'을 알아볼까요? 용은 '바뀌지 않는다는 것'을 의미해요. 이는 곧 꾸준함을 뜻해요. '중'이 무엇인지 제대로 알았다면 성실히 행해야 겠죠. 그러나 아는 것을 실천하는 것은 쉽지 않아요. 학생은 열심히 공부해야 한다는 것을 알고 있지만 실제로 행하기 어려운 것처럼요.

> 군자의 도 네 가지 중에 나는 아직 하나도 제대로 하지 못한다. 자식에게 바라는 것으로써 부모를 섬기지도 못하고, 신하에게 바라는 것으로써 임금을 섬기지도 못하며, 동생에게 바라는 것으로써 형을 섬기지도 못하고, 친구에게 바라는 것을 먼저 베풀어 주지도 못한다 君子之道四丘未能一焉所求乎子以事父未能也所求乎臣以事君未能也所求乎弟以事兄未能也所求乎朋友先施之未能也.

유교의 큰 스승이며 세계 4대 성인으로 꼽히는 그조차도 "자신이 아는 것을 제대로 행하지 못했다."고 하네요. 자식에게 바라는 대로 아버지를 섬기면 될 텐데 그렇게 하지 못했고, 자신이 놓인 다른 자리에서도 마찬가지였다면서요. 무언가를 알았으면 누가 보든 그렇지 않든 반드시 행동으로 옮기는 것을 '성誠'이라고 해요.

> 중국의 시진핑(習近平) 국가주석은 중국 공산당 간부들에게 '3신(愼, 신중함)'을 갖추고, '4가지를 멀리 할 것(4판 운동)'을 강조했대요. '3신'이란 신시(愼始), 신독(愼獨), 신미(愼微)를 의미해요. 신중하게 시작하고, 혼자 있을 때도 삼가고 신중하며, 작은 일도 신중하라는 뜻이죠. 4판(反) 운동은 형식주의, 관료주의, 향락주의, 사치풍조를 멀리해 부패 척결에 힘쓰자는 의미예요. 시진핑은 결국 '중용의 도'를 실천할 것을 요구했다고 볼 수 있어요.

중용의 도는 예나 지금이나 사람이 걸어야 할 길이에요. 자기의 위치를 정확히 파악하고, 그 위치에서 생각하는 바를 실천하기 위해 최선을 다하는 것 말이에요. 우리가 각자의 위치에서 온전히 중용을 이루면 이 사회가 바로 서고, 나아가 온 천하가 조화로워질 수 있어요.

여러분이 앞으로 하고 싶은 일은 무엇인가요? 여러분은 자신 앞에 주어진 인생을 어떻게 살아가게 될까요? 무엇보다 중요한 것은 자신에게 잘 맞는 사람, 자신에게 가장 적합한 일이 무엇인지를 찾는 거예요. 중용은 인간 본성에 기초를 둔 것이어야 해요. 나의 타고난 본성에 따라 인간 본연의 취할 바를 취하는 것, 그것이 곧 중용입니다.

사람을 시험하려면
'권력'을 갖게 하라

윌리엄 셰익스피어 William Shakespeare, 「맥베스」

맥베스 이 일을 더 이상 추진하지 맙시다. 그는 최근 나에게 영예를 내렸고, 난 온갖 사람들의 금빛 찬사 받았는데 새롭게 반짝이는 지금이 입을 때라 빨리 벗고 싶진 않고.

맥베스 부인 당신이 입고 있던 그 희망은 취했어요? 그 후로 잠잤어요? 이제야 깨어나 자진해서 했던 일을 창백하게 바라보고 있나요? 지금부터 당신 사랑 그런 줄 알겠어요. 욕망만큼 행동력과 용맹심을 같이 가진 사람이 되는 게 두려워요? 금상첨화라고 당신이 생각하는 그것을 가지고 싶지요? 그런데 속담 속의 불쌍한 괭이처럼 "하고 싶어." 그 말에 "감히 못해." 대꾸하며 스스로 비겁자로 살 거예요?

맥베스 제발 그만. 남자다운 일이면 난 무엇이든 감행하오. 더 할 사람 없을 거요.

맥베스 부인 그럼 무슨 짐승이 내게 이 계획을 발설하게 시켰어요? 이 일을 감행코자 했을 때 당신은 남자였고 전보다 더 과감해져 훨씬 더 큰 남자가 되려고 했어요. 당시엔 시간과 장소가 안 맞아도 당신이 맞추려고 했는데 저절로 맞춰지니 이젠 그 적절함 자체가 당신 기를 꺾는군요. 난 젖 빨린 적 있어서 내 젖 먹는 아기 사랑 애틋함을 알아요. 난 고것이 내 얼굴 보면서 웃더라도 이 없는 잇몸에서 젖꼭지를 확 뽑고 골을 깼을 거예요. 내가 만일 당신처럼 이 일 두고 맹세했더라면.

맥베스 우리가 실패하면?

맥베스 부인 실패해요? 용기를 꽉 붙들어 요지부동 만들면 실패하지 않아요. 덩컨이 잠잘 때(종일 힘든 여행으로 곤하게 그쪽으로 빠져 들겠지만) 침실 시종 두 명을 포도주 폭음으로 쭉 뻗게 만들게요. 그러면 두뇌의 감시원인 기억력은 연기로 화하고 이성을 담아야 할 그릇은 증류기가 됩니다. 술에 전 인간들이 돼지 잠에 푹 빠져 죽은 듯이 누웠을 때 무방비인 덩컨에게 당신과 또 내가 못할 일이 뭐겠어요? 엄청난 시역 죄를 만취한 시종들이 떠맡게 되도록 뒤집어씌우면 어때요?

맥베스 사내애만 낳으시오! 당신의 그 담대한 기질은 남성만을 빚어내기 때문이오. 그 방에서 졸고 있는 두 침실 시종에게 핏자국을 남기고 그들의 단검 쓰면 그자들의 소행으로 받아들이지 않겠소?

맥베스 부인 누가 감히 달리 받아들여요. 우리가 그 죽음에 요란한 비탄으로 아우성을 칠 터인데?

> 맥베스 결정을 내렸소, 이 무서운 모험 위해 온 힘을 모으리다. 자, 가장 고운 모습으로 세상사람 현혹하고 알고 있는 못된 것은 가면으로 가립시다.
>
> 『맥베스』, 윌리엄 셰익스피어 지음 / 최종철 옮김, 민음사, 2004년

권력은 인간을 세우기도 하지만 넘어뜨리기도 합니다. 동서고금을 막론하고 권력 앞에 무릎 꿇는 인간을 찾는 일은 어렵지 않죠. 인간이 그토록 갈망하는 권력은 어떤 속성이 있는 걸까요? 셰익스피어의 비극 『맥베스』를 통해 권력과 그 앞에 선 인간에 대한 이야기를 나눠 보도록 해요.

인간은 자신이 갖고 있지 않거나 부족한 점으로 인해 유혹에 빠지곤 합니다. 가난한 사람에게 돈은 큰 유혹이 되곤 하잖아요. 하지만 실제로 많은 경우에 유혹은 사람의 장점을 흔듭니다. 내가 잘났다고 생각하는 순간, 바로 그것 때문에 유혹에 빠지게 되죠.

괴테가 쓴 『파우스트』에서는 주인공 파우스트 박사가 진리 탐구의 허무에 빠져 있을 때 악마가 다가옵니다. 악마는 그의 약점을 모두 알고, 부족한 것은 무엇이든 채워 주겠다고 유혹하죠. 사람들은 이런 유혹에 어떻게 반응할까요? 견디기 쉽진 않겠지만 의외로 사람들은 유혹을 잘 이겨 냅니다. 파우스트는 유혹을 넘어서 위대해지기까지 하죠.

이와 대조적인 인물이 바로 맥베스입니다. 그는 전쟁에서 승리하고 돌아오는 길에 마녀들을 만납니다. 마녀들은 그의 강점을 이용해 그를 부추겼

어요. 권력의 맛을 아는 그를 권력으로 유혹한 거예요.

"맥베스를 환영하라! 글래미스의 영주이시다!"

"맥베스를 환영하라! 코도의 영주이시다!"

"맥베스를 환영하라! 왕이 되실 분이다!"

마녀들이 말하는 처음 두 가지는 사실에 근거한 것이었어요. 이미 글래미스의 영주였던 그는 왕의 신뢰를 얻고 반역자를 대신해 코도의 영주까지 됐죠. 마녀들은 그런 그에게 '이제 당신은 왕이 될 것이다.'라고 말합니다. 성공의 순간에 마녀가 찾아와 '너는 더 크게 성공할 수 있다.'고 유혹한다면 어떻게 될까요? 여러분은 그 유혹에 넘어가지 않을 준비가 돼 있나요?

프랑스인 페르디낭 드 레셉스는 1869년 이집트의 수에즈 운하를 성공적으로 건설합니다. 이로써 세계적인 영웅이 된 레셉스는 1879년 파나마운하 건설에 도전합니다. 이집트 운하와는 지형과 기후 조건이 크게 달랐음에도 레셉스는 동일한 방식의 운하 건설을 추진했습니다. 건설 방식이 부적절하다는 다른 전문가의 제안도 무시했죠. 게다가 열대우림이라는 기후적 특성으로 황열병과 말라리아가 극성을 부리기 시작했습니다.

레셉스는 이 질병의 원인이 '개미'라고 여기고, 건설 인력 보호를 위해 침대 다리를 물그릇에 담가 개미가 기어오르지 못하도록 하는 조치도 취했습니다. 그러나 이들 질병을 옮기는 것은 모기였기에 물그릇에서 더 많은 모기가 번식하여 8년 동안 2만 여명의 희생자가 나왔다고 합니다. 결국 레셉스는 9년 만에 파산하고, 파나마운하 건설은 다른 이에게 손에 넘어가게 됩니다.

가장 위험한 순간은 바로 성공한 순간입니다. '휴브리스hubris'라는 말이 있어요. 보통 '자만심', '오만' 등으로 번역하는 단어인데, 성공했다고 자만하는 순간 함정에 빠지게 된다는 의미가 있죠.

과거의 성공에 길든 사람은 미래도 당연히 그렇게 될 것이라고 생각합니다. 일종의 착시죠. 철학자 데이비드 흄은 "A란 사건이 일어나고, 다음에 B란 사건이 일어나는 일이 반복되면 우리는 이 두 사건 사이에 인과관계가 있다고 믿게 된다."고 했습니다. 맥베스도 마찬가지였어요. 성공이 반복되면서 미래의 성공도 당연히 자신의 것이라고 믿고 자만하게 된 거죠.

유혹에 약해진 맥베스에게는 어떤 사람이 필요했을까요? 그의 곁에는 왜곡된 시각을 교정해 줄 존재가 있어야 했어요. 어떤 경우에도 진실을 이야기해 줄 충직한 친구나 용기 있는 가족이 필요했죠. 그러나 그의 옆에는 그의 자만심과 욕심을 충동질하는 아내가 있었습니다. 아내는 맥베스보다 더 권력에 현혹돼 그를 부추깁니다. 두 사람은 하나의 조직이 돼 하나의 눈으로 세상을 봅니다.

한 집단의 구성원이 모두 같은 생각을 한다는 것은 위험한 일이 되곤 합니다. 모두 같은 생각을 한다는 것 자체가 자신들이 옳다는 근거가 되기 때문이죠. 맥베스 부부는 왕을 죽이고 스스로 왕이 됩니다. 둘은 거리낌 없이 모든 일을 처리합니다. 왕좌라는 목표를 위해서는 그 어떤 것도 거칠 것이 없었습니다.

원하던 왕위에 오른 맥베스는 왕으로서 권력을 행사하며 행복한 삶을 살았을까요? 셰익스피어는 권력을 손에 쥔 맥베스의 모습을 통해 권력의 본성을 날카롭게 파헤쳤어요. 왕을 죽인 맥베스는 밤마다 악몽에 시달립니다. 마음속 깊은 곳에 숨어 있던 양심이 그를 괴롭히기 시작한 거예요. 그는 왕을 죽이면서 동시에 자신의 잠을 죽였다고 고백합니다. 잠이 주는 안식을 취하지 못하는 그에게 남은 것은 두려움과 불안뿐이었어요. 권력의 허무함을 깨달은 맥베스는 이렇게 이야기합니다.

"꺼져라, 짧은 촛불! 인생이란 그림자가 걷는 것, 배우처럼 무대에서 한동안 활개치고 안달하다 사라져 버리는 것…."

> 리비아의 카다피는 1969년 쿠데타로 대통령의 자리에 올랐습니다. 그리고 2011년까지 42년 동안 집권했죠. 그는 리비아가 아프리카 빈국에서 벗어나도록 하기 위해 경제 개발 정책을 추진하고 엄격한 이슬람 율법에 기초를 둔 문화혁명을 주도했습니다. 그러나 그는 **철권통치**를 하고, 독재를 유지하기 위해 자신의 아들들을 정·계 요직에 앉혔어요. 장기 집권 기간 동안 축적한 개인 재산도 엄청났죠. 2011년, 카다피에 반대하는 반정부 시위가 크게 일어났고 같은 해 10월, 그는 잔혹하게 살해됐습니다.

맥베스 역시 비극적 결말을 맞습니다. 높은 자리에 오르고 큰 성공을 거둘수록 더 많은 유혹이 다가올 것입니다. 이때 맥베스를 기억하세요. 권력을 향한 인간의 본성을 이해하고, 성공의 함정에 빠지지 않는 지혜를 발휘하고, 권력의 속성을 잘 알고 모든 사람에게 유익이 되도록 권력을 활용할 줄 아는 훌륭한 지도자가 되길 바랍니다.

혼자선 도덕적,
모이면 비도덕적?

라인홀드 니버 Karl Paul Reinhold Niebuhr, 「도덕적 인간과 비도덕적 사회」

개개의 인간은 자신들의 이해관계뿐만 아니라 다른 사람들의 이해관계도 고려하며 또한 때에 따라서는 행위의 문제를 결정함에 있어 다른 사람들의 이익을 더욱 존중할 수도 있다는 의미에서 도덕적moral이다. 그들은 본성상 자신들과 비슷한 사람들에 대한 공감과 이해심을 갖고 있다. 이 경우 동류의식을 느끼는 범위는 사회교육에 의해 얼마든지 확장된다. 그들은 이성적 능력을 통해 정의감을 키워 간다. 이 정의감은 교육적 훈련에 의해 연마되고, 그 결과 자신의 이해관계가 얽혀 있는 사회적 상황을 공정한 객관성의 척도로 바라볼 수 있을 정도로 이기주의적인 요소들을 정화시킨다. 그러나 이 모든 성과들은 인간 사회와 사회집단에서는—전혀 불가능한 것은 아니지만—개인들에 비해 훨씬 획득하기 어렵다.

모든 인간의 집단은 개인과 비교할 때 충동을 올바르게 인도하고 때에 따라 억제할 수 있는 이성과 자기 극복 능력, 그리고 다른 사람들의 욕구를 수용하는 능력이 훨씬 결여되어 있다. 게다가 집단을 구성하는 개인들이 개인적 관계에서 보여주는 것에 비해 훨씬 심한 이기주의가 모든 집단에서 나타난다.

집단의 도덕이 이처럼 개인의 도덕에 비해 열등한 이유는, 부분적으로는 자연적 충동들—사회는 이 자연적 충동들에 의해 응집력을 갖는다—에 버금갈 만한 합리적인 사회세력을 형성하기가 힘들기 때문이며, 이는 오직 개인들의 이기적인 충동으로 이루어진 집단 이기주의group egoism의 표출이기도 하다. 왜냐하면 개인들의 이기적 충동은 개별적으로 나타날 때보다는 하나의 공통된 충동으로 결합되어 나타날 때 더욱 생생하게, 그리고 더욱 누적되어 표출되기 때문이다.

『도덕적 인간과 비도덕적 사회』, 라인홀드 니버 지음 / 이한우 옮김, 문예출판사, 2006년

💬 평소 마음이 넉넉하고 좋은 사람으로 잘 알려진 이가 우리나라 대통령으로 당선됐다고 상상해 보세요. 그가 일본 총리와 정상회담을 하네요. 일본 총리가 "독도 문제 때문에 골치가 아프다."라는 말을 전하자 대통령은 이렇게 답합니다. "아이고, 어떻게 해요? 그럼 그냥 가지세요. 마음이 불편하시도록 하면 안 되겠죠. 혹시 더 필요한 건 없으신가요?"

이렇게 말한 대통령은 아마 우리나라에 다시 발붙일 수 없겠죠?

💬 아버지는 아주 엄한 분입니다. 어떤 경우에도 약속한 것은 꼭 지키셔야 해요. 하루는 하굣길에 아버지와 교문에서 만나 집에 가기로 약속했어요. 그런데 친구들과 이야기하면서 나오다 보니 약속한 시각보다 3분 정도 늦었어요. 아버지가 보이지 않아 기다렸지만 한참이 지나도록 나타나지 않으셨기에 혼자서 집으로 갔어요. 집에 가니 아버지는 "약속을 지키지 않는 사람은 기본이 되지 않은 사람이니 이야기도 하지 말아야 한다."고 하시며 그날부터 저와는 어떤 대화도, 약속도 하지 않으셨어요.

첫 번째 이야기의 대통령은 사회윤리적으로 행동해야 하지만 개인윤리적으로 행동했어요. 두 번째 이야기의 아버지는 개인윤리를 적용해야 할 때에 사회윤리를 적용했죠. 이런 상황이 실제로 일어난다면 어떻게 될까요? 개인윤리와 사회윤리에 대해 깊이 있는 분석을 한 라인홀드 니버의 『도덕적 인간과 비도덕적 사회』를 통해 이 문제에 대해 깊이 생각해 봅시다.

인간 본성에는 이기심과 이타심이 있어요. 니버가 사용한 '도덕적'이라는 말은 곧 '이타적'이라는 의미고, '비도덕적'이라는 말은 '이기적'이라는 의미예요. 이 고전의 제목을 다시 쓰면 '이타적 인간과 이기적 사회'라고 할 수 있겠네요. 이기심과 이타심이라는 두 마음은 인간 안에서 충돌하게 됩니다. 그럼에도 불구하고 우리가 이타적으로 행동할 수 있는 까닭은 무엇일까요?

종교적 이상주의자들은 종교로 교화해 이타심을 확대할 수 있기 때문이라고 말합니다. 합리주의자들은 교육이라는 수단을 통해 인간의 이성을 고양하고 이기심을 통제해 인간이 이타적으로 행동할 수 있게 된다고 이야기하죠. 어느 쪽의 의견이 맞든지 개인은 이타적으로 행동할 수 있다는 의미에요. 이는 개인에게 '양심'이 있기 때문입니다.

그러나 사회나 국가와 같은 조직은 달라요. 집단은 개인이 모여서 구성되고 집단이 되는 순간, 그 속에는 이기적 행동에 제약을 가할 양심이 존재하지 않게 됩니다. 혹시 길을 혼자 걸을 때 깨끗한 거리에 쓰레기를 버리는 것은 왠지 꺼려지지만 쓰레기가 마구 쌓여 있는 곳에 친구들과 함께 쓰레기를 버리는 건 아무렇지 않았던 적 있나요?

종교적 이상주의자들이나 합리주의자들은 조직 역시 개인처럼 종교나 교육을 통해 도덕적으로 만들 수 있다고 주장해요. 그러나 니버의 생각은 달라요. 조직이 움직이는 원리는 개인의 그것과 다르다는 것이죠. 개인윤리의 핵심은 '사랑'이에요. 이것만큼 사람을 움직이는 강력한 힘은 없죠. 그러나 사회윤리는 '정의'의 원칙에 따라 움직입니다. 이 영역을 혼동하면 큰 문제가 생길 수 있어요. 앞서 본 두 이야기에서처럼 말이에요.

그렇다면 집단의 비도덕성, 즉 집단 이기주의 문제는 어떻게 해결할 수 있을까요? 니버는 집단 이기주의를 해결할 수 있는 것은 '힘power'뿐이라고 생각했어요. 따라서 힘의 논리에 의해 움직이는 '정치'로 문제에 접근해야 한다고 생각했죠.

그러나 집단 이기주의 자체를 무조건 나쁜 것으로 몰아세우는 것은 위험한 생각일 수 있어요. 그러면 더 큰 이기심을 불러일으킬 수 있으니까요. 집단 이기주의의 대표적인 현상은 님비(NIMBY, not in my back yard) 현상이에요. 동네에 쓰레기 소각장이나 원자력발전소가 생긴다고 하면 마냥 좋아하는 사람은 없는 것처럼요.

이 문제를 해결하려면 이성을 통한 비례의 원칙을 적용해야 해요. 사회에는 비용은 치르지 않고 혜택만을 누리는 사람들이 있어요. 소위 사회의 '무임승차자'가 있는 것이죠. 반대로 늘 비용만 치르고 혜택은 누리지 못하는 사람들도 존재해요. 이런 경우 경제적 원칙에 따라 손해를 보는 사람들에게 그만큼의 보상을 해 줘야 해요. 비용 없이 이득을 얻는 사람들에게 비용을 거둬들여 충당하는 것이 바람직한 해결책이겠죠.

여러분도 개인윤리와 사회윤리 사이에서 고민해 본 적이 있나요? 예를 들어 친구로서의 역할과 학급회장으로서의 역할이 충돌하는 때는 없었나요?

개인윤리의 영역과 사회윤리의 영역을 정확하게 나누는 것은 어려운 일이에요. 하지만 어느 상황에서 어느 쪽에 더 비중을 두고 판단하고 행동할지에 대한 기준은 있어야 해요. 훌륭한 지도자는 중용의 도를 잘 아는 사람이죠. 사회윤리에 너무 비중을 두면 '피도 눈물도 없다'는 평을 받는 비정한 지도자가 될 수 있고, 개인윤리에 치우치면 '사람은 좋으나 능력이 부족하다'는 이야기를 듣는 나약한 지도자가 될 수 있어요.

세상의 여러 문제 중에는 개인이 저지르는 문제도 있어요. 하지만 그보다 더 심각한 것은 조직과 조직 간의 갈등으로 생겨나는 문제이고, 이를 제어하기는 쉽지 않죠. 이때 조직이 움직이는 원리를 알면 조직을 이해하고 갈등을 조정하는 데 기여할 수 있습니다.

사회윤리의 영역과 개인윤리의 영역을 움직이는 원리가 서로 다르다는 사실을 밝힌 니버의 입장을 익히는 것은 현대를 살아가는 현실적인 지혜 중 하나라고 할 수 있겠네요.

사회의 질서는
'괴물' 때문에 유지됐다?

토머스 홉스 Thomas Hobbes, 『리바이어던』

자연은 인간을 육체적·정신적으로 평등하게 창조했다. 비록 때때로 어떤 사람이 다른 사람보다 신체적으로 더 강인하다거나 정신적으로 더 기민하다 할지라도 모든 것을 종합적으로 고려해 볼 때 인간들 사이의 차이점은 그다지 크지 않다. 왜냐하면 신체의 강인함이란 면에서 볼 때 가장 약한 사람이라 할지라도 음모를 꾸미거나 자신과 같은 처지에 놓여 있는 다른 사람들과 연대하면 가장 강력한 힘을 지닌 자를 죽이기에 충분한 힘을 갖출 수 있기 때문이다.

또 내가 보기에 정신적 능력의 경우 육체의 힘보다 더 평등하다. 분별력이란 것은 경험과 다를 바 없고, 경험은 (모두 다 똑같이 집중한다면) 모든 사람에게 평등하게 부여되기 때문이다.

인간이 평등하다는 사실을 믿지 않는 것은 인간의 헛된 자만심에 불과하다.

사람들은 거의 대부분 자신이 다른 사람보다 더 지혜롭다고 생각한다. 왜냐하면 자신의 지혜는 가까이에서 바라보는 반면 다른 사람의 지혜는 멀리서 바라보기 때문이다. 하지만 이것 또한 인간이 평등하다는 사실을 증명할 뿐이다.

이와 같은 '능력의 평등'에서 목적을 성취하고자 하는 '희망의 평등'이 생겨난다. 그러므로 만약 두 사람이 동일한 사물을 욕구하는데 둘 다 원하는 것을 얻을 수 없다면 그들은 서로 적이 된다. 그리고 자신의 목적을 달성하는 과정에서 (이 목적은 주로 자기 자신의 보존을 의미하며, 때로는 자기 자신의 기쁨을 의미할 뿐이다) 상대방을 멸망시키거나 복종시키려고 노력하게 된다.

이와 같은 서로에 대한 '확신의 결핍' 때문에 자기 자신을 지키기 위해서는 자기가 먼저 선수를 치는 것보다 더 적절한 방법이 없다. 즉 사람들은 자신에게 위협이 되는 힘이 더는 없다는 것을 확신할 수 있을 때까지 폭력이나 책략을 통해 모든 사람을 지배하고 정복하려 든다. 이런 행위는 자기 자신을 보존하기 위해 필요한 아주 자연스러운 일이다.

그러므로 우리는 분쟁이 일어나는 세 가지 기본적인 원인을 인간의 본성에서 발견하게 된다. 첫째는 경쟁이며, 둘째는 '확신의 결핍'이며, 셋째는 명예에 대한 욕구다.

경쟁은 인간이 원하는 것을 얻기 위해 상대방을 공격하게 만든다. 자기 확신의 결핍은 안전을 확보하기 위해 상대방을 공격하게 만든다. 명예는 명성을 얻기 위해 상대방을 공격하게 만든다.

경쟁은 폭력을 사용해 타인의 인격(신체)은 물론이고 아내와 아이들, 가축을 지배하도록 만든다. 자기 확신의 결핍은 폭력을 사용해 자기 자신을 보호하게 만든다. 명예는 말 한 마디, 미소 한 번, 상이한 견해, 가치를 평가 절하하는 특정한 표시 등 사소한 일 때문에 폭력을 사용하게 만든다.

결국 모든 사람을 떨게 만드는 공공의 힘이 없는 상태에 사는 한 인간은 누구나 전쟁 상태에 놓이게 되는 것이다. 이와 같은 전쟁은 '만인의 만인에 대한 투쟁'이라 할 수 있다.

『리바이어던』, 토머스 홉스 지음 / 신재일 엮어 옮김, 서해문집, 2007년

'만인에 대한 만인의 투쟁 The war of all against all.'

이것은 영국의 철학자이자 정치사상가인 토머스 홉스가 저서 『리바이어던』에 쓴 문구랍니다. 그는 어떤 의미를 담아 이런 말을 했을까요?

우리는 먼저 인간이 왜 서로 적대시하며 싸우는지 이해할 수 있어야 합니다. 이는 인간의 본성과 밀접한 관련이 있어요. 보통 '인간 본성은 어떠하냐?'라고 물으면 선하다거나 악하다고 자신의 생각을 밝히곤 하잖아요. 하지만 홉스는 그 당시 다른 사상가들과는 달랐어요. 그는 인간의 본성에 대해 1차원적이 아닌 입체적으로 이해하려 했습니다.

그는 인간이 외부의 대상을 어떻게 느끼고 그것을 통해 어떻게 생각하며 그 생각이 어떻게 행동으로 연결되는지를 먼저 규명했어요. 세상이 빨갛거나 파랗다고 1차원적으로 말하는 것이 아니라, 빨간 안경이나 파란 안경을 쓰고 있기에 그렇게 보이는 것임을 설명한 거예요. 차원을 한 단계 높여 인

간을 바라본 것이죠. 그래서 홉스의 사상은 철학사적으로도 높이 평가되며, 우리가 공부했던 철학자 데이비드 흄의 사상의 기초가 된답니다.

> 저 멀리서부터 멋진 사람이 걸어온다거나 지저분한 쓰레기통 옆을 지나가는 상황을 상상해 보세요. 대상이 우리에게 영향을 미치는 순간 우리의 감각은 이를 느낍니다.
> 홉스는 이렇게 대상을 받아들이는 것을 '이미지(image)'라고 여겼어요. 이미지는 상상(imagination)의 바탕이 되고 상상이 희미해지는 것이 기억(memory)이라고 했죠. 같은 대상을 경험하더라도 사람마다 이미지는 물론 생각도 다른데, 이는 생각의 틀이 다르기 때문이에요. 자신의 생각을 말로 표현하는 것이 언어이며, 생각에서 의도가 생기고 결과적으로 행동의 근거가 됩니다.

이런 본성이 '만인에 대한 만인의 투쟁'과 무슨 상관이 있느냐고요? 홉스는 인간이 서로 갈등하고 투쟁하는 이유가 본성이 악하기 때문이라고 단정 짓지 않았어요. 생각의 틀은 각자 달라도 인간은 근본적으로 동일한 방식으로 느끼고 생각하고 행동한다고 봤죠.

자연 상태state of nature에서 인간은 무제한의 자유를 누릴 수 있고 모두가 평등해요. 그래서 같은 본성을 가진 인간들은 각자 자신의 권리를 추구하고자 합니다. 제한된 외부의 재화를 두고 싸우기 시작하는 것이죠. 단 하루도 자신의 안전을 보장할 수 없고, 죽음에 대한 공포가 팽배한 상태가 됩니다.

결국 인간들은 자신의 안전을 도모하고 죽음의 공포에서 벗어나기 위해 강력한 힘을 가진 합의체를 만들게 돼요. 홉스는 그것을 '리바이어던 Leviathan'이라고 했어요. 리바이어던은 원래 성경에 나오는 바다 괴물의 이름이에요. 정치철학자로서 그는 한 나라의 군주가 곧 리바이어던이라고 봤어요. 막강한 힘을 가진, 그러나 인간이기에 유한한 존재인 군주는 질서를 확립하고 사회를 평화롭게 이끌 수 있다고 생각했습니다. 시민은 강력한 권한을 가진 군주에게 자신의 권리를 넘겨주죠. 시민은 이전보다 제한된 수준의 자유만 누리는 대신, 자신의 생명과 재산을 보호받을 수 있게 돼요.

특별히 혼란한 상황이라면 강력한 힘을 가진 자가 있어야 질서를 유지할 수 있다는 것이 홉스의 생각이었고 그의 이론은 사회계약설의 이론적 기초가 됩니다. 우리가 누리는 민주주의로 진입하는 데 사상적 초석을 놓은 것이죠.

그러나 홉스의 이론을 직접적으로 적용하는 데는 어려움이 있어요. 사회가 아주 혼란한 상황이라면 강력한 군주가 나타나 상황을 정리하고 시민을 통제하는 것이 더 좋을 수도 있어요. 춘추전국시대 중국을 한 나라로 만든 진시황도 법가 사상에 따라 통일 제국의 질서를 잡아 나갔으니까요. 그러나 극단적이지 않은 상태에서 이런 방법은 적절하지 않아요. 다소 혼란스럽더라도 장기적으로는 자발적 의사로 참여하도록 하는 편이 더 좋죠.

'액시엄'이라는 미국 회사가 있습니다. 개인 정보를 수집하는 이 회사는 미국에서만 3억 명, 전 세계적으로 5억 명의 개인 상세 정보를 가지고 있다고 해요. 어디에 살고, 직업은 무엇이며, 수입은 얼마나 되는지 뿐만 아니라 키나 몸무게, 왼손잡이인지 오른손잡이인지까지 개인의 일거수일투족을 파악합니다. 심지어는 가족 관계와 정치 성향, 즐겨 보는 텔레비전 프로그램까지도 알고 있다고 해요. 액시엄의 개인 정보는 고객 정보를 원하는 백화점이나 자동차 회사, 신용카드 회사 등에 제공되며 지난 미국 대통령 선거에서도 사용됐다고 합니다.

홉스의 시대에 아주 강한 힘을 가진 군주가 리바이어던이었다면 오늘날에는 개인의 사생활까지 파고드는 거대 권력, 거대 기업의 위험성이 바로 리바이어던 아닐까요? 홉스는 군주의 통치를 지지했지만 기본적으로 시민의 민주적 의식이 기반이 돼야 한다고 주장했답니다. 홉스 시대의 리바이어던과 달리 21세기 리바이어던은 시민을 민주적 의식을 가진 존재로 여기지 않고 도구로 삼는다는 면에서 더 위협적일 수도 있어요.

홉스 사상의 깊이가 남달랐던 것은 무엇보다도 '인간 본성에 대한 이해'에서 출발했기 때문이라고 할 수 있어요. 여러분도 마찬가지예요. 앞으로 여러분이 어떤 공부를 하고 어떤 일을 하든지 인간 본성에 대한 이해를 하기를 바라요. 단순히 상대가 좋거나 나쁘다고만 판단하지 말고 그가 어떻게 느끼고 생각하는지를 파악하고 그가 왜 그렇게 행동하는지를 이해해야 해요. 그래야 다른 사람들이 보지 못하는 이면도 꿰뚫어 볼 수 있을 테니까요.

인간에 대한 넓고 깊은 이해를 가지고 사회를 바라볼 때, 차원 높은 이해와 통찰을 가진 여러분이 될 수 있을 것입니다.

PART 2
고전을 통해 배우는 삶의 지혜

우리는 모두
색안경을 끼고 있어

노자老子, 「도덕경」

'도'라고 할 수 있는 '도'는 영원한 '도'가 아닙니다.
이름 지을 수 있는 이름은 영원한 이름이 아닙니다.

세상 모두가 아름다움을 아름다움으로 알아보는 자체가
추함이 있다는 것을 뜻합니다.
착한 것을 착한 것으로 알아보는 자체가
착하지 않음이 있다는 것을 뜻합니다.
그러므로 가지고 못 가짐도 서로의 관계에서 생기는 것.
어렵고 쉬움도 서로의 관계에서 성립되는 것.
길고 짧음도 서로의 관계에서 나오는 것.

높고 낮음도 서로의 관계에서 비롯하는 것.

악기 소리와 목소리도 서로의 관계에서 어울리는 것.

앞과 뒤도 서로의 관계에서 이루어지는 것.

따라서 성인은 무위(無爲)로써 일을 처리하고,

말로 하지 않는 가르침을 수행합니다.

휘면 온전할 수 있고,

굽으면 곧아질 수 있고,

움푹 파이면 채워지게 되고,

헐리면 새로워지고,

적으면 얻게 되고,

많으면 미혹을 당하게 됩니다.

그러므로 성인은 '하나'를 품고 세상의 본보기가 됩니다.

스스로를 드러내려 하지 않기에 밝게 빛나고,

스스로 옳다 하지 않기에 돋보이고,

스스로 자랑하지 않기에 그 공로를 인정받게 되고,

스스로 뽐내지 않기에 오래갑니다.

겨루지 않기에 세상이 그와 더불어 겨루지 못합니다.

옛날에 이르기를 휘면 온전할 수 있다고 한 것이 어찌 빈말이겠습니까?

진실로 온전함을 보존하여 돌아가십시오.

『도덕경』, 노자 지음 / 오강남 풀이, 현암사, 1995년 뉴스에서는 '왕따'를 당해 고민하는 학생들의 얘기가 끊이지 않고 있습니다. 이런 일은 왜 일어나는 것일까요? 이 문제를 해결하기 위한 방법은 없는 것일까요?

기원전 6세기경 중국 초나라에서 활동한 것으로 알려진 노자의 가르침은 오늘날 이러한 현실에서 더 큰 의미를 가집니다. 이 말이 무슨 뜻인지 알기 위해 노자의 생각 속으로 여행을 떠나 봅시다.

> 어느 날 노자가 길을 가다가 세 명의 남자가 다투는 것을 보게 됐습니다. 궁금해진 노자는 그들 곁으로 다가갔습니다. 첫 번째 남자가 말했어요. "이 세상은 빨갛다니까." 그러자 두 번째 남자가 "아니야, 저 하늘을 봐. 이 세상은 파랗다고!" 하며 대꾸했습니다. 세 번째 남자는 얼굴에 핏대까지 세우며 "이런 바보들 같으니라고. 니들 눈에는 이 세상이 노란 게 안 보이니?"라고 되받아쳤습니다. 세 남자는 서로 자기 말이 옳다고 주장하며 싸움을 그칠 기세를 보이지 않았어요.
>
> 노자는 갑자기 큰 소리로 웃기 시작했어요. 놀란 세 남자는 노자를 쳐다봤죠. 노자는 말없이 세 남자에게 다가가 그들의 얼굴에서 무언가를 벗겨 냈습니다. 그것은 색안경이었어요. 첫 번째 남자는 빨간색 색안경, 두 번째 남자는 파란색 색안경, 세 번째 남자는 노란색 색안경을 쓰고 있었던 거예요.
>
> 노자는 세 남자를 향해 말했어요. "이 바보들아, 너희가 각각 다른 색안경을 쓰고 있으니 세상이 달라 보이지. 그걸 벗으면 싸울 일이 없잖아." 이 말을 들은 세 '바보'는 그제야 싸움을 멈췄습니다.

이 바보들이 우습다고요? 하지만 우리가 바로 저 바보들처럼 살고 있다면 믿을 수 있겠어요? 사람들은 누구나 자신만의 렌즈를 통해 세상을 봅니다. 자신이 렌즈를 끼고 있다는 사실은 모른 채 말입니다. 그래서 각자 자신의 생각만이 '진리'라고 여기며, 자신이 옳다고 주장하죠. 하지만 한 가지 깨달아야 할 것은 세상이 실제로 파랗거나 빨간 것이 아닐 수 있다는 것입니다. 여기서 생각의 차원을 높여 보세요. 즉, 우리가 세상에 대해 그렇게 생각한 것은 '그런 렌즈를 끼었기 때문'이라고 말이죠.

> 정민이는 요즘 학교 가기가 싫습니다. 지방에서 전학을 와서 아직 친한 친구가 하나도 없기 때문이에요. 매일 아침 교실에 들어가면 친구들은 정민이에게 인사는커녕 눈길조차 주지 않아요. 주눅이 든 정민이는 친구들에게 점점 말을 걸기가 어려워졌죠. 같은 반 친구들은 이런 정민이의 모습을 보고 건방지다며 하나둘씩 외면하기 시작했어요.
> 전학 온 지 6개월, 정민이의 모든 행동은 건방진 행동이 되고 말았어요. 수업 시간에 선생님 질문에 답을 해도 건방진 대답이 되고, 친구를 보고 웃어도 건방진 웃음이 되고 말았죠.

이 이야기에서 정민이의 반 친구들은 정민이를 무슨 렌즈로 바라보고 있나요? 바로 '건방지다'는 렌즈로 바라보고 있어요. 사실 정민이는 말수가 적고 소심하기는 하지만 생각이 깊고 침착한 성격을 지녔는데도 말이죠. 첫 번째 이야기에서 노자의 가르침은 오늘날 정민이의 반 친구들에게도 똑같이 적용됩니다. 친구들이 보는 정민이의 모습은 정민이라는 사람의 전부는 아닌 거죠.

노자가 살았던 시대를 가리켜 우리는 '춘추전국시대(중국 기원전 770~221년까지 춘추와 전국시대를 아울러 부르는 말)'라고 부릅니다. 그리고 이 시대에 활약했던 학자와 학파를 '제자백가('제자'는 여러 학자, '백가'는 수많은 학파를 의미)'라고 해요. 이렇게 많은 학자와 학파는 제각기 '이런 것이 도道'라며 세상을 움직이는 원리에 대한 자신의 생각을 펼쳐 나갔습니다.

그런데 이들 사이에서 노자는 그 사람들이 이야기하는 '도'는 모두 각자의 렌즈에서 비롯된 것이라는 점을 지적하며 그런 것은 진정한 도가 될 수 없다고 이야기합니다. 그래서 '도라고 할 수 있는 도는 영원한 도가 아니다 道可道非常道.'라고 말했답니다. 더 나아가 노자는 자신의 렌즈의 한계를 깨닫는 것을 넘어, 자신이 보고 있는 대상이 그 대상의 전체가 아니라 전체의 부분임을 깨달아야 한다고 했어요.

여러분의 가장 친한 친구를 떠올려 보세요. 그리고 그 친구에 대해 가능한 자세히 이야기해 보세요. 여러분이 말한 것이 그 친구의 전부라고 할 수 있을까요? 아무리 친구와 가깝다고 해도 그러기는 힘들 거예요. 노자는 바로 이런 점에 대해 이야기한 것이고요.

노자는 높은 것이 있으면 낮은 것이 있고, 어려운 것이 있으면 쉬운 것이 있다는 것을 알라고 말합니다. 보이는 면만 보는 것이 아니라 보이지 않는 부분도 동시에 볼 수 있는 지혜를 갖도록 노력해야 한다는 것이죠.

도를 실천할 때 비로소 덕德스럽게 살 수 있다고 해요. 구체적으로 어떻게 해야 한다는 의미일까요?

　노자는 우리에게 위무위(爲無爲, 하되 하지 않는다는 의미)의 삶을 살라고 이야기합니다. '무위'는 아무것도 하지 않는 것을 의미해요. 아무것도 하지 않는 것을 하라니 도대체 무슨 말일까요? 노자가 말한 '무위'는 '하되 하지 않는 것처럼'이라는 뜻입니다. 따라서 위무위는 하되 하지 않는 것처럼 하라는 것이죠.

　노자는 어려운 일을 하려면 그것이 쉬울 때 해야 하고, 큰일은 그것이 작을 때 하라고 합니다. 예를 들어 큰 시험을 앞두고 있다면 보통은 시험 결과에 대한 부담에 짓눌려 친구도 안 만나고 잠도 줄이고 지나치게 공부'하게' 됩니다. 그러나 그런 생각을 버리고 매일 오늘 하루에 해야 할 일만 작게 '하라'는 의미예요. 이것이 바로 하되 하지 않는 것이죠. 이렇게 하면 많은 것을 이룰 수 있다고 노자는 말합니다.

어린왕자에게도 SNS 친구가 있었다면?

생텍쥐페리 Antoine de Saint Exupery, 「어린왕자」

"'길들인다'는 게 무슨 뜻이니?"

어린왕자가 말했다.

"그건 너무 잊혀져 있는 일이지. 그건 '관계를 맺는다'라는 뜻이야."

여우가 말했다.

"관계를 맺는다고?"

"그래. 넌 아직까지 나에게는 다른 수많은 꼬마들과 똑같은 꼬마에 불과해. 그러니 나에겐 네가 필요 없지. 그리고 너에게도 내가 필요 없겠지. 네 입장에서는 내가 다른 수많은 여우와 똑같은 여우에 지나지 않을 테니까. 그러나 만일 네가 날 길들이면 우린 서로를 필요로 하게 돼. 나에게는 네가 세상에 하나밖에 없게 될 거고, 너에게는 내가 세상에 하나밖에 없게 될 거야…."

여우가 말했다.

"이제 좀 알겠어. 꽃이 하나 있는데… 그 꽃이 날 길들였던건가 봐…."

어린왕자가 말했다.

"그럴 수 있지. 지구에는 별의별 것이 다 있으니까…."

여우가 말했다.

"아냐! 지구에 있는 게 아냐."

어린왕자가 말했다.

여우는 상당히 궁금한 기색이었다.

"다른 별에 있어?"

"그래."

"그 별엔 사냥꾼들이 있니?"

"아니."

"거 괜찮은데! 병아리는?"

"없어."

"완전한 건 하나도 없군."

여우가 한숨을 내쉬었다.

그러나 여우는 제 이야기로 말머리를 돌렸다.

"내 생활은 단조로워. 난 병아리를 사냥하고 사람들은 나를 사냥하지. 병아리들은 전부 비슷비슷하고 사람들도 전부 비슷비슷해. 그래서 약간 심심해. 하지만 네가 날 길들이면 내 생활은 환해질 거야. 여느 발소리와는 다르게 들릴 발소리를 알게 될 거야. 다른 발소리는 나를 땅 속으로 들어가게 하지만 네 발소리는 음악소리처럼 나를 굴 밖으로 불러 낼 거야. 그리고 저걸 봐! 저기 밀밭이 보이지? 난 빵을 먹지 않아. 나에겐 밀이 소용없는 거야. 밀밭을 봐도 난 떠오르는 게 없어. 그게 슬프단 말이야! 하지만 넌 금발이야. 그러니까 네가 나를 길들이면 기막힐 거야! 밀밭도 금빛이니 네 생각이 나게 할 거야. 그렇게 되면 밀밭을 지나가는 바람 소리를 좋아하게 될 거야….”

여우는 입을 다물고 오랫동안 어린왕자를 바라보았다.

"제발 날 길들여 다오.”

『어린왕자』, 생텍쥐페리 지음 / 장진영 옮김, 미래사, 2002년

『어린왕자』의 저자 생텍쥐페리는 '이 책을 어른에게 바친다.'는 서문으로 책을 시작합니다. 그래서 『어린왕자』를 '어른들을 위한 동화'라고 말하기도 하죠.

아직 어른이 되지 않은 여러분도 한 번쯤 이 책을 읽어 봤을 거예요. 어린왕자의 옷차림, 코끼리를 삼키는 보아 뱀, 여우, 꽃 등이 떠오르지요? 하지만 앞으로 『어린왕자』를 생각할 때는 '관계'라는 말을 떠올렸으면 해요. '관계'라는 단어 속에 저자가 전하고 싶은 메시지가 들어 있으니까요.

『어린왕자』는 1943년 출간됐습니다. 당시 산업화와 도시화는 사람들을 외롭게 만들었어요. 사람들은 도시라는 거대한 기계 속에서 각자 맡은 일만 하는 하나의 부품에 불과한 존재로 여겨졌죠. 자신이 사라져도, 그 자리를 채

울 수 있는 새로운 부품(자신을 대신할 수 있는 사람)이 나타나면 도시는 아무 일 없다는 듯 돌아가니까요. 삶은 점점 더 삭막하고, 팍팍해져 갔어요.

생텍쥐페리는 『어린왕자』를 통해 사막과 같은 현대인의 삶에 온기를 불어 넣어 줍니다. 바로 '관계'의 비밀을 통해서요.

> 세은이와 영주는 단짝입니다. 등하교를 할 때도, 학교에서도 늘 함께하죠. 세은이는 영주 때문에 플루트를 배우고, 영주는 세은이 때문에 봉사 활동을 시작했어요. 주말에는 세은이네 가족과 영주네 가족이 함께 여행을 떠나기도 하죠. 어느 주말 오후, 세은이와 영주는 놀이터 그네에 앉아 이야기를 나눕니다. 세은이가 새삼스레 영주에게 물었죠.
> "영주야, 우리가 처음에 어떻게 만났는지 기억나?"
> "우리 처음에? 3학년 때 같은 반 되면서 아닌가?"
> "그래, 맞아. 그런데 처음부터 친해진 않았잖아."
> "그러네. 그러고 보니 처음엔 너랑 친해질 줄 몰랐어. 그때 네가 나한테 연필을 빌려 주면서부터인 것 같다. 내가 필통 안 갖고 왔던 날 말이야."
> "맞아! 난 잊고 있었어…. 신기하지 않니? 내가 연필을 빌려 주지 않았다면 우린 친해지지 못했을 거야."

관계가 만들어지고 나면 이렇게 됩니다. 세은이와 영주가 그렇듯 서로에게 '많은 사람 중 하나one of them'가 아닌 '유일한 존재only one'가 되죠. 여러분의 부모님도 그래요. 세상에 절반은 남자고, 나머지 절반은 여자라고 하잖아요. 그렇게 많은 사람 중에 한 명의 남자와 여자가 만나 단 하나뿐인 남편과 아내가 된 것입니다. 이렇게 관계가 만들어지면 대상에 대한 이해가 달라져요.

> 2013년 지구를 다시 찾은 어린왕자는 달라진 세상에 깜짝 놀랍니다. 스마트폰과 컴퓨터를 통해 지구 반대편에 있는 사람들과 소통하는 모습이 낯설게 느껴졌어요. 지구인처럼 소셜 네트워킹 서비스(SNS)를 이용한 어린왕자는 수천 명과 친구가 됐어요. 그리고 SNS를 이용해 쇼핑몰에서 물건을 사기도 하고요. 가격도 싸고 SNS 친구들이 좋은 제품이라고 추천했기 때문에 망설임이 없었죠. 하지만 며칠 뒤, 신문 기사를 본 어린왕자는 너무나 놀랐어요. 자신이 산 제품은 모조품, 즉 가짜 상품이었거든요. 쇼핑몰은 보상해 주겠다고 했지만 어린왕자의 마음에 난 상처는 보상금으로 회복되지 않았어요.

관계가 형성된다는 것은 중요해요. 그러나 그것으로 끝이 아니에요. 관계가 형성되면 상대에 대해 책임을 져야 해요. 어린왕자는 여우로부터 관계의 소중함을 배운 뒤 자기가 살던 별에 두고 온 꽃을 생각해요. 자신을 귀찮게 했지만 직접 물도 주고 바람도 막아 주며 소중히 돌보던 꽃 한 송이를요. 그런 다음 자신이 직접 꽃을 돌봐야 하기에 다시 별로 돌아갈 결심을 합니다. 그리고 별로 돌아가기 위해 뱀에게 발꿈치를 물려요.

이처럼 관계에는 '책임'이 따라요. 우리는 활발한 SNS 활동을 통해 수시로 많은 사람과 관계를 맺어요. 그러나 관계가 진정 소중한 것인지를 생각해 봐야 해요. 정말 서로 책임을 질 수 있는 관계인지 말이에요. 때로는 위의 이야기처럼 우리가 관계를 이용하는 것은 아닌지 말이죠.

관계는 세상을 아름답게 만들어 줘요. 똑같아 보이던 하늘의 별도, 어린왕자가 살고 있는 소혹성 B612호라고 여기면 더욱 빛나고 아름답게 보이죠. 여우는 어린왕자에게 이야기합니다. 아무 의미 없었던 밀밭이지만 어린왕자를 알게 되고 나서 밀밭 사이를 지나가는 바람 소리마저 사랑하게 될 거라고. 또 어린왕자가 오후 네 시에 온다면 오후 세 시부터 행복해지기 시작할 거라고요.

하지만 아름다운 관계는 아무런 노력 없이 만들어지지 않아요. 여우는 "'길들임'에는 참을성이 필요하다."고 말해요. 좋은 관계를 만들려면 서로 오랜 '시간' 애써야 해요. 내가 노력하는 만큼 눈앞의 상대가 더욱 소중해지니까요. 그러다 보면 둘이 함께 걷던 골목길, 함께 먹었던 음식에 의미를 부여하게 돼요. 이렇게 마음의 눈이 밝아져 보이지 않던 것이 보이는 순간, 세상은 아름답게 변한답니다.

돌아가신 할머니 사진을 보며 눈물을 흘리거나 웃음 짓는 아버지의 모습을 본 적이 있나요? 아버지는 빛바랜 사진에서 할머니와의 소중한 추억을 보는 거예요. 할머니와의 관계, 즉 사랑을 느끼는 것이죠.

『어린왕자』를 읽으며 눈시울이 붉어지지 않는다면 아마도 삶의 연륜이 덜 쌓였거나 마음을 다해 사랑한 사람이 아직 나타나지 않았기 때문일지도 모르겠어요. 오늘 저녁, 가족들과 함께 『어린왕자』를 읽고 마음속 이야기를 나눠 보는 건 어떨까요.

아첨하는 딸과 진실한 딸

윌리엄 셰익스피어William Shakespeare, 「리어왕」

리어 그동안 짐은 숨은 뜻을 밝히리라. 그 지도를 가져오라. 짐은 이 왕국을 셋으로 나누었고, 노년의 걱정거리 힘 좋은 어깨 위로 훌훌 털어 넘겨주고 가벼운 마음으로 죽음 향해 천천히 기어갈 결심을 굳혔노라. 짐의 사위 콘월과 못지않게 사랑하는 사위인 올바니여, 짐은 이제 앞날의 분쟁을 막기 위해 짐의 딸들 각자의 지참금을 지금 공표하기로 마음을 정했노라. 오랫동안 이 궁정에 구애하며 체류했던 막내딸의 두 연적, 프랑스 국왕과 버건디 공작도 답을 듣게 될 것이다. 딸들아 말해 봐라. 짐은 이제 통치권과 영토의 소유권 및 국사의 근심을 떨치려고 하니까 누가 짐을 이를테면 가장 사랑하는지, 그래서 효성과 자격 갖춰 요구하는 딸에게 최고상을 내릴 수 있도록. 짐의 맏딸, 고너릴이 먼저 하라.

고너릴 전하, 제 사랑은 말로 표현 못합니다. 시력이나 걸림 없는 자유보다 소중하게, 가장 값지다거나 희귀한 것 이상으로, 은총, 건강, 미와 명예 갖춘 삶에 못지않게, 일찍이 자식은 사랑하고 아버지는 받은 만큼, 입 열고 말하면 빈약해질 사랑으로 모든 한계 다 넘어 전하를 사랑하옵니다.

코딜리아 (방백) 코딜리안 뭐라 하지? 사랑으로 침묵하라.

리어 이 모든 영토에서 이 선부터 이 선까지, 그늘진 산림과 풍요로운 들판에다 풍부한 강 드넓은 평야가 있는 땅을 네 소유로 해 주마. 너와 네 올바니의 자식들이 영원히 상속토록. 짐의 둘째, 콘월 부인, 짐이 가장 사랑하는 리간은 뭐라 하지?

리간 전 언니와 타고난 자질이 같사오니 사랑도 같은 값이옵니다. 진심으로 언니는 제 사랑을 조목조목 밝혔어요. 다만 크게 빠뜨린 부분은, 저는 가장 민감한 인간의 감각이 누리는 다른 모든 기쁨을 적이라 공언하고 오로지 전하의 귀중한 사랑 속에서만 행복해진다는 사실이옵니다.

코딜리아 (방백) 불쌍한 코딜리아! 하지만 안 그래, 왜냐하면 내 사랑은 분명히 내 입보다 더 무거울 테니까.

리어 너와 네 후손에게 영구히 세습으로 고너릴이 하사 받은 땅보다 크기나 값어치, 기쁨 또한 못지않은, 짐의 고운 왕국의 방대한 삼분의 일 남으리라. 자 이제, 막내지만 내 즐거움, 네 사랑과 인연을 프랑스는 포도로 버건디는 우유로 맺자는데 언니들 것보다 더 비옥한 삼분의 일을 위해 네가 할 수 있는 말은? 말하라.

코딜리아 없습니다, 전하.

리어   없습니다?

코딜리아   없습니다.

리어   없음은 없음만 낳느니라. 다시 해 봐.

코딜리아   소녀 비록 불운하나 제 마음을 입에 담진 못하겠습니다. 전 전하를 도리에 따라서 사랑하고 있을 뿐, 더도 덜도 아닙니다.

리어   뭐, 뭐라고, 코딜리아? 말을 좀 고쳐 봐라, 네 행운을 망치지 않으려면.

코딜리아   아버님은 저를 낳아 기르시고 사랑해 주셨기에 전 그에 합당한 의무로 보답고자 복종하고 사랑하며 가장 존경합니다. 언니들이 아버님만 사랑한다 말할 거면 남편들은 왜 있지요? 제가 만일 결혼하면 제 서약을 받아들일 그분은 제 사랑과 걱정과 임무의 절반을 가져갈 것입니다. 전 분명코 언니들처럼 아버님만 사랑하는 결혼은 절대로 않겠어요.

리어   하나 그게 진심으로 한 말이냐?

코딜리아   예, 전하.

리어   어린 것이 그렇게도 무정하냐?

코딜리아   어린데도, 전하. 진실하옵니다.

리어   그래라, 그럼 네 진실이 네 지참금이다. 왜냐하면 태양의 성스러운 광명과 헤카테의 비밀 의식과 밤에게 맹세코 우리가 존재하고 없어지는 근원인 저 모든 천체들의 영향에 맹세코 나는 네 부모로서 걱정근심 모두와 근친 혈연관계를 여기에서 부인하고, 지금부터 영원히 너를 나와 내 마음의 이방인 취급할 테니까. 스키타이 야만족 아니면 자신의 식욕을 채우려고 제 새끼를 잡아먹는 놈이라도 내 가슴엔 지난날의 딸자식, 너만큼 가까울 것이며 내 동정과 구원을 얻으리라.

『리어왕』, 윌리엄 셰익스피어 지음 / 최종철 옮김, 민음사, 2005년

나이가 많은 왕은 자신의 세 딸에게 통치권과 영토를 나눠 주기로 결심합니다. 왕은 딸들을 불러 '아버지를 향한 효심'을 표현해 보라고 합니다. 아버지에 대한 사랑과 효심의 정도에 따라 재산을 나눠 주겠다는 것이었죠. 첫째와 둘째 딸은 아버지만을 사랑한다고 말합니다. 왕은 흡족해하며 두 딸에게 영토를 나눠 줘요. 하지만 셋째 딸은 달랐어요. 그녀는 '나는 자식 된 도리로 아버지를 존경하지만 언니들처럼 아버지만을 사랑하지는 않는다.'라고 말합니다. 왕은 화를 내며 셋째 딸에게 '네가 말한 그 진실만이 너의 것'이라며 화를 냅니다. 그리고 셋째 딸에게 주려 했던 재산을 다른 두 딸에게 나눠 줘 버리죠. 하지만 재산을 물려받은 첫째와 둘째 딸은 아버지를 돌보지 않습니다. 두 딸의 배신에 분노한 왕은 미치광이가 돼 갑니다. 그런데 그런 아버지를 돌본 건 다름 아닌 아버지께 아무런 재산을 물려받지 못한 셋째 딸이었어요.

이 이야기는 영국의 극작가 윌리엄 셰익스피어의 '4대 비극(인생의 슬픔과 비참함을 다루면서 주인공의 파멸, 패배, 죽음 등 불행한 결말을 맺는 셰익스피어의 희극 『햄릿』, 『리어왕』, 『오셀로』, 『맥베스』를 일컬음)' 중 하나인 『리어왕』의 줄거리입니

다. 이 작품에서 셰익스피어는 인간의 본성 그리고 권력과 재물의 속성을 예리하게 나타냅니다. 400여 년 전 셰익스피어가 그려 낸 비극은 오늘날까지 계속되고 있죠.

> 뉴스에서는 종종 내로라하는 기업의 경영자와 그 형제가 재산 싸움으로 법적 소송까지 벌이는 소식이 보도되곤 합니다. 또 기업의 경영권 승계를 두고 기업 대표의 자녀들끼리 분쟁을 벌이기도 하죠. 이들 사이에서 형제간에 마땅히 갖춰야 할 덕목인 '우애'는 찾아볼 수 없어요. '재물'과 '권력'이 개입되면 형제도 원수가 되고 마는 것이죠.

아버지 리어왕은 순진했고, 권력과 재물의 속성을 이해하지 못했습니다. 그는 딸들에게 가진 모든 것을 내 주겠노라고 말합니다. 딸들을 그만큼 사랑했기 때문이죠. 하지만 그는 중요한 사실을 잊고 있었어요. 딸들도 결국 권력에 대한 욕망을 가진 인간이자 '신하'라는 것을요.

첫째 딸과 둘째 딸은 '나에 대한 사랑을 표현해 보라.'는 아버지의 제안에 아버지가 듣고 싶어 하는 말만 합니다. 아버지의 돈과 권력에 눈이 멀었기 때문이에요. 두 딸의 말에 넘어간 리어왕은 결국 권력의 핵심인 왕권(인사권)과 영토(재정권)를 내 주고 아무 힘도 없는 종이호랑이가 되고 말아요. 반면 진심을 전한 막내 코딜리아에게는 '진실' 이외에는 어떤 것도 남기지 않았어요. 코딜리아의 진가를 알아봤다면 자신도 비참해지지 않았겠죠. 코딜리아는 아버지를 사랑하지 않았던 것이 아니라 자신의 진심을 있는 그대로 표현했을 뿐이에요.

어떤 조직이든 코딜리아와 같은 정직한 사람이 꼭 필요하고, 조직과 사회를 이끄는 지도자는 아랫사람들이 하는 말에 귀를 기울여야 해요. 듣고 싶은 말만 들으려는 지도자는 주변 사람들의 아첨에 쉽게 넘어가 결국 자신이 가진 것을 잃게 되거든요. 지도자는 어떠한 비판과 비난이라도 달게 받고 조직에 어떤 문제가 있는지 냉정하게 분석해 고쳐 나가야 해요.

> 제갈량이 위나라를 공격할 무렵의 일입니다. 제갈량의 공격을 받은 조조는 명장 사마의를 내보냅니다. 사마의의 능력을 아는 제갈량은 어떻게 그를 막을지 고민하죠. 그때 제갈량의 친구이자 참모 마량의 아우 '마속'이 나서 "사마의의 군사를 막겠다."고 자원합니다. 주저하는 제갈량에게 마속은 "실패하면 내 목을 내 놓겠다."고 약속하고 제갈량은 그에게 전술과 전략을 알려 줍니다. 하지만 마속은 제갈량의 명령을 어겨 전쟁에서 지고 말아요. 결국 제갈량은 약속대로 '마속'의 목을 '읍참', 즉 눈물을 머금고 베야 했습니다. 이 이야기가 고사성어 '읍참마속(泣斬馬謖)'에 담긴 이야기로, 지도자는 사적인 감정을 억누르고 말한 바를 지키는 것이 중요하다는 의미를 담고 있습니다.

리어왕은 아버지이자 한 나라의 왕이었습니다. 그런 그는 나라를 셋으로 갈라 딸들에게 나눠 주겠다고 했죠. 국가를 강하게 키울 생각은 없었습니다. 이로써 리어왕은 나라를 위태롭게 하고 혼란에 빠뜨렸어요. 조직의 지도자로서 부적절한 자세죠. 아버지로서의 '개인 윤리'와 왕으로서 지켜야 할 '사회적 윤리'를 혼동했기 때문이에요. 이 두 가지를 구분하지 못하면 비극이 발생하게 됩니다.

물론 개인 윤리의 영역에서 사랑은 중요합니다. 그래서 아버지는 자신의 모든 것을 사랑하는 딸들에게 조건 없이 줄 수 있죠. 그러나 사회 윤리의 영역은 '정의'가 지배하는 영역입니다. 비단 자식이라도 법을 어겼다면 가차 없이 처벌할 수밖에 없는 비정함이 존재하는 곳이죠.

하지만 우리는 사회 지도층이 이 두 영역을 구분하지 못하는 일을 종종 보게 돼요. 조직의 지도자가 갖춰야 할 필수 덕목인 분별력을 잃은 것이죠. 달콤한 말로 나를 즐겁게 하더라도, 눈에 넣어도 아프지 않은 소중한 자식이라도 예외는 없어야 합니다. 조직을 운영하는 데 '개인적 관계'가 걸림돌이 돼서는 안 되죠.

셰익스피어의 작품이 오늘날까지 영원한 '고전'으로 불리는 이유는 인간의 본성을 정확하게 꿰뚫어 보는 거울이 되기 때문이에요. 여러분도 이 책을 읽으면서 『리어왕』이 전해 주는 삶의 교훈과 지혜를 배우기 바랍니다.

공자는 폴리페서를 어떻게 평가했을까?

공자孔子, 「논어」

　공자께서 말씀하시기를 "배우고 때로 익히면 또한 기쁘지 않겠는가? 벗이 있어 먼 곳으로부터 찾아오면 또한 즐겁지 않겠는가? 남이 나를 알아주지 않더라도 노여워하지 않음은 어찌 군자의 도리가 아니겠는가."

　공자께서 말씀하시기를 "벼슬이 없음을 근심하지 말고 그런 자리에 설 능력을 근심할 것이며, 남이 자기를 알아주지 않는 것을 근심하지 말고 내가 남에게 알려질 수 있는 능력을 구하라."

　공자께서 말씀하시기를 "도를 아는 자는 좋아하는 자만 같지 못하고, 좋아하는 자는 즐기는 자만 같지 못하느니라."

　공자께서 말씀하시기를 "그 지위에 있지 않으면 그 정사를 꾀하지 말지니라."

자공이 정사에 관하여 묻자 공자께서 말씀하시기를 "식량을 풍족히 하고 군비를 충족하게 하여 백성이 믿게 하여야 하느니라."

자공이 다시 묻기를 "부득이하여 버려야 한다면 이 셋 중에서 어느 것을 먼저 버려야 합니까?"

"군비를 버려야 하느니라."

자공이 묻기를 "또 부득이하여 버려야 한다면 나머지 둘 중에서는 어느 것을 먼저 버려야 합니까?"

"식량을 버려야 하느니라. 예로부터 사람에게는 다 죽음이 있게 마련이거니와, 백성의 믿음이 없으면 나라가 서지 못하는 법이니라."

제나라 경공이 공자에게 정사에 관하여 묻자 공자께서 대답하시기를 "임금은 임금다워야 하고 신하는 신하다워야 하며, 아비는 아비답고, 아들은 아들다워야 하나이다."

섭공이 공자께 말하기를 "우리 마을에 행실이 정직한 사람이 있습니다. 그 아비가 양을 훔친 것을 아들이 증언하였나이다."

공자께서 말씀하시기를 "우리 마을의 정직한 사람은 그와 다릅니다. 아비는 자식을 위해서 숨기고 자식은 아비를 위해서 숨기나니, 그 가운데 정직함이 있는 것입니다."

「논어」, 이기석·한백우 역해, 홍신문화사, 1983년 매년 연말이 되면 교수신문에는 교수들이 뽑은 '올해의 한자성어'가 실립니다. 2012년에는 올해의 한자성어로 '거세개탁擧世皆濁'이 선정됐습니다. '거세개탁'이란 모든 세상이 탁해 홀로 깨어 있기 힘들다는 뜻으로, 중국 초나라 충신 굴원(기원전 3~4세기 활동한 중국 전국시대 초나라의 시인이자 정치가)이 지은 '어부사'에 실린 고사성어라고 해요.

공자가 살았던 춘추전국시대도 이렇게 혼탁했어요. 여러 제후가 세력을 장악하기 위해 치열하게 전쟁을 하던 시기였으니까요. 하지만 이런 혼란기에는 오히려 사상의 꽃이 피게 돼요. 공자의 『논어』는 그중 손꼽히는 사상서로 평가되죠.

'임금은 임금답고, 신하는 신하답고, 아비는 아비답고, 자식은 자식다워야 한다君君臣臣父父子子.'

공자는 각자 자신의 자리에서 자신의 역할을 잘할 때, 이 세상에 혼돈과 무질서가 사라질 것이라는 믿음을 갖고 있었어요. 공자는 심지어 자신의 위치를 벗어나 엉뚱한 짓을 하는데서 모든 문제가 생겨난다고 봤어요.

> 💬 '폴리페서(polifessor)'라는 말이 있어요. 정치(politics)와 교수(professor)를 뜻하는 두 영어 단어의 합성어로 현실 정치에 적극적으로 참여하는 교수를 일컫는 말이에요. 실제로 '폴리페서'는 교수로서의 학문적 소양과 전문성으로 사회발전에 도움을 줄 수 있어요.
>
> 그러나 자신의 본분을 망각한 채 이름을 알리거나 관직을 얻는 것에만 열성을 다하는 사람이 많은 것도 현실이죠. 그래서 선거 때가 되면 강의실보다 선거

운동 현장에 더 자주 등장하는 교수들에 대한 비판적인 보도를 심심치 않게 볼 수 있어요.

공자라면 이 '폴리페서'를 긍정적으로 평가하지는 않았을 거예요. 공자는 그 지위에 있지 않으면 그 정사를 꾀하지 말라고 했으니까요. 즉 사람에게는 각자 자신에게 맞는 직분이 있고, 자신의 맡은 바 직분을 다하지 않으면 안 된다고 생각했어요. 공자라면 이러한 생각에 바탕을 두고 교수에게 학문 연구라는 직분이 우선이라고 말하지 않았을까요? 제 역할을 다하려면 공자는 벼슬이 없음을 근심하지 말고 그런 자리에 설 능력을 근심하라고 했어요.

그런데 공자의 탁월한 혜안은 이런 능력이 '잘 아는 것'으로부터 나온다고 했다는 점이에요. 그래서 태어나면서부터 아는 사람이 제일 위고, 배워서 아는 사람은 그다음이고, 괴로움을 참아 가며 애써 배우는 사람이 그다음이라고 했어요. 물론 애써 배우지도 않는다면 최하의 사람이죠. 즉 잘 알기 위해서는 배워야 한다고 생각한 것이에요.

하지만 여기서 끝이 아니에요. 공자는 아는 자는 좋아하는 자만 같지 못하고, 좋아하는 자는 즐기는 자만 못하다고 했어요. 자신의 위치에서 역할을 제대로 하려면 그 일을 좋아하라는 것이죠. 더 나아가 그 일을 즐길 수 있어야 진정한 프로라는 거예요.

이 '프로 정신'은 공자 시대로부터 수천 년이 지난 오늘날에 더욱 강조되고 있어요. 이러한 프로의 자세를 가져야 자신의 역할을 제대로 할 수 있으니까요. 이 단계에 이르면 일과 놀이가 구별되지 않는다고 해요.

어떤 사람이 한 노벨상 수상자에게 물었대요. "어떻게 밤낮을 가리지 않고 그렇게 일을 할 수 있었습니까?" 그러자 노벨상 수상자는 "I've never worked in my life(저는 평생 동안 일을 해 본 적이 없습니다)."라고 답했어요. 한 번도 일을 해 본 적이 없다니 아무것도 하지 않고 노벨상까지 탔다는 말일까요? 이 말은 바로 그 사람은 일을 하되 일처럼 하지 않고 놀이처럼 즐겁게 했다는 뜻입니다. 진정한 프로인 것이죠.

> 초등학교 4학년 학급의 모둠(초, 중등학교에서 학생들을 작은 규모로 묶은 모임)장인 소연이는 고민이 하나 있어요. 총 5명으로 구성된 소연이 모둠 중 2명은 매번 자신이 맡은 일을 잘해 오지 않고 항상 핑계만 대요. 다음번엔 꼭 하겠다고 다짐하지만 매번 다짐뿐이에요. 소연이를 제외한 나머지 2명은 자기 역할을 열심히 해요. 그러나 서로 상대방의 역할을 침해해서 충돌하곤 하죠. 소연이는 이 친구들 사이에 갈등이 생길까 봐 늘 걱정을 합니다. 그래서 요즘 소연이는 표정이 어두워졌다는 얘기를 많이 듣게 됐어요.

공자라면 소연이에게 어떤 충고를 했을까요? 공자가 하루는 미생고라는 사람의 이야기를 자기 제자들에게 들려주었어요. 미생고는 마음이 정직하기로 소문난 사람이었죠. 어떤 사람이 미생고의 집에 식초를 빌리러 갔는데 마침 미생고의 집에도 식초가 다 떨어졌어요. 그러자 미생고는 이웃집까지 가서 식초를 구해다 주었어요.

미생고는 착해서 그런 행동을 한 것일까요? 아니면 남들에게 좋은 평판을 듣기 위해 그렇게 한 것일까요? 공자는 없으면 없다고 하고, 있으면 빌려 주면 되는 것이라고 했어요. 남에게 빌려서까지 선행을 베푸는 것은 자신의 분수를 벗어난 행위라고 봤기 때문이에요.

공자의 말에 따르면 소연이는 모둠장이기는 하지만 자신의 능력과 분수에 맞는 한도에서 친구들을 이끌면 되는 거예요. 나머지는 그들 스스로 행동하도록 지켜보는 것이 소연이의 할 일이죠.

이처럼 공자의 『논어』는 공자가 죽은 후 제자들이 공자의 언행을 기록한 책으로, 소연이 같은 어린이부터 나라 정책을 결정해야 하는 정치인들에게까지 귀중한 자산이 될 수 있어요. 따라서 소연이의 고민이나 폴리페서 문제처럼 그때그때 문제들을 해결하도록 돕는 지침서라고 할 수 있겠죠.

『논어』를 통해 본 공자는 원칙을 중요하게 생각했어요. 그래서 공자가 살아 있을 때는 그의 지침을 실천하겠다는 왕들이 별로 없었다고 해요. 그러나 혼탁한 세상을 살아가는 동안 우리가 절대 놓으면 안 되는 법을 이야기하고 있다는 점에서 『논어』는 시간이 갈수록 귀중한 가치를 지니는 책이랍니다.

시시포스는 정말 불행하기만 했을까?

알베르 카뮈Albert Camus, 「시시포스의 신화」

시시포스 신화에 있어서는 다만 거대한 돌을 들어 올리지만 다시 굴러 떨어지는, 그리하여 수백 번 되풀이하여 올리려는 긴장된 육체의 노력이 보일 뿐이다. 경련하는 얼굴, 바위에 비벼대는 뺨, 진흙으로 덮인 돌덩어리를 떠받드는 어깨, 그 돌덩어리를 멈추게 하기 위해 버티는 다리, 그 돌을 꽉 쥐고 있는 팔끝, 흙투성이가 된 인간의 믿음직한 두 손이 보인다. 하늘이 없는 공간과 깊이 없는 시간으로 측정되는 이 긴 노력 끝에 목표는 달성된다. 그때 시시포스는 돌이 순식간에 하계下界로 또다시 굴러 떨어지는 것을 보며, 다시 돌을 산꼭대기로 끌어올려야만 한다. 그는 다시 들로 내려간다.

시시포스가 나의 관심을 끄는 것은 이 되돌아옴, 이 정지인 것이다. 바로 바위 곁에서 괴로워하고 있는 모습은 이미 바위 그 자체다. 나는 이 인간이 무거운, 그러나 종말을 모르는 고통을 향해 똑같은 걸음으로 다시 내려가는 것을 본다. 호흡과도 같은 이 시간, 그리고 그의 불행처럼 어김없이 되찾아오는 이 시간, 이 시간은 의식의 시간이다. 그가 산꼭대기를 떠나 조금씩 조금씩 신들의 은신처로 내려가는 순간순간에 시시포스는 그의 운명의 면에서 볼 때보다 우세해지는 것이다. 그는 바위보다 더 굳세다.

이 신화가 비극적이라면 그것은 이 영웅이 의식적이기 때문이다. 만약 걸음을 옮길 때마다 성공의 희망이 그를 지지한다면 그의 고통은 과연 어디에 있겠는가? 오늘날의 노동자들은 그 삶의 매일 매일을 같은 일에 종사하는데 그 운명도 역시 부조리다. 그러나 이것은 그들의 의식적이 되는 그 드문 순간에 있어서만 비극적이다. 신들의 프롤레타리아인 무력하고도 반항적인 시시포스는 그의 비참한 조건의 전모를 알고 있다. 산에서 내려오는 동안 그가 생각하는 것은 바로 이 비참한 조건에 대해서다. 아마도 그의 괴로움을 이루었을 그 통찰이 동시에 그의 승리를 완성시킨다. 멸시로써 극복되지 않는 운명은 없는 것이다.

『시시포스의 신화』, 알베르 까뮈 지음 / 이가림 옮김, 문예출판사, 1999년

우리는 살면서 많은 어려움에 부딪칩니다. 인생의 목표는 크고 위대한데, 그 꿈을 이루기 위해 아무런 노력도 하지 않는 자신의 모습에 화가 날 때도 있죠. 이번 시험에서는 꼭 좋은 성적을 얻어서 지난번에 구겨진 자존

심을 회복하고 여기저기 자랑도 하고 싶은데, 시험이 며칠 남지 않는 지금 이 순간도 공부보다는 자꾸 게임이 하고 싶어지는 이 현실이 너무 싫지 않나요? 그래도 이런 문제는 노력하면 충분히 해결할 수 있는 문제예요.

정말 견디기 힘든 것은 내가 어떻게 할 수 없는 현실이에요. 반 친구들과 정말 잘 지내고 싶은데 친구들이 나의 흉을 보면서 놀리고 같이 놀아 주기는 커녕 나를 따돌린다면 정말 견디기 힘들 거예요. 다른 사람들을 배려하며 착하게 살려고 애쓰는 나에게는 어려운 일이 일어나기 일쑤인데, 나쁜 짓만 골라하는 사람들에게는 왜 좋은 일만 생기는 걸까요?

이렇게 이치에 맞지 않고 불합리한 상황을 가리켜 '부조리'하다고 표현해요. 살다보면 부조리한 일들이 참 많이 일어나곤 하죠. 그럴 때 우리는 어떻게 해야 할까요?

💬 그리스 로마 신화 속 코린토스의 왕 시시포스(Sisyphus)는 교활한 인물이에요. 사람들뿐 아니라 신들의 왕인 제우스까지 간사한 꾀로 속였답니다. 이렇게 못된 짓을 많이 한 그는 죽은 뒤 '영원한 형벌'을 받습니다. 커다란 바위를 산꼭대기까지 밀어 올리는 벌이죠. 하지만 시시포스가 힘겹게 바위를 산꼭대기에 올리면 바위는 다시 산 밑으로 굴러 떨어집니다. 시시포스는 산 아래로 다시 내려가 바위를 밀어 올려야 하죠.

시시포스가 받은 '영원한 형벌'은 우리의 '인생'과 같다고들 해요. 시시포스가 계속 돌을 굴려 올리듯 우리도 매일 반복되는 일상을 살고 있으니까요. 이 일상 속에는 견디기 어려운 일들이 발생하죠. 이때 사람들은 어떤 선택을 할까요. 카뮈의 관찰 결과, 이 가운데 일부는 스스로 목숨을 끊습니다. 하지만 카뮈는 우리를 죽음으로 이끄는 많은 일이 결코 삶을 포기할 만큼 중요한 일이 아니라고 합니다. 또 현실에 희망이 없다며 종교나 신앙에 의지하는 사람들도 있었습니다. 카뮈는 이런 행동은 '종교적 도피'로, 비겁한 행동이라고 말했죠.

> 어떤 사람이 소화가 잘 안 되고 배가 아픈 증상이 계속돼 병원에 갔어요. 약을 먹으면 나을 거라고 생각했지만 병원에서는 뜻밖에 여러 가지 검사를 권유합니다. 검사 결과 의사는 이 사람에게 암이라는 진단을 내립니다. 그러면서 앞으로 살날이 얼마 남지 않았다는 말도 전하죠.
> 병원 문을 나설 때, 이 사람 앞에 펼쳐진 세상은 병원에 들어설 때와는 전혀 달랐습니다. 매일 당연하게 뜨고 지던 태양도 더는 익숙한 태양이 아니고, 늘 타던 지하철도 더는 예전의 지하철이 아니었죠. 자신만 세상과 뚝 떨어진 것 같은 낯선 느낌을 받았습니다.

죽음을 눈앞에 둔 이 사람은 많이 괴로울 거예요. "왜 하필이면 내게 이런 힘든 일이 생길까?"라며 억울하고 분한 마음도 들겠죠. 하지만 이때 자신을 추스르고 삶의 의미에 대해 깊이 생각한다면 이전보다 더 뜻깊은 삶을 살게 됩니다. 누구나 죽음의 순간을 마주하게 된다는 사실을 인정하고 현실을 받아들이는 순간 세상이 달라 보이는 것이죠.

💬 대학교수 A씨의 아내는 몇 해 전 교통사고로 세상을 떠났습니다. A씨는 아내가 살아 있을 때를 떠올리며 힘겨운 날들을 보냈어요. 아침을 먹을 때도, 출근을 할 때도 혼자였습니다. 집에 돌아와 초인종을 눌러도 아무도 나오지 않는 외로움을 견디다 못한 그는 결국 스스로 목숨을 끊었습니다. 그를 떠나보낸 동료 교수들은 그가 며칠 전 내뱉은 말을 흘려들은 것을 후회합니다. "사람이 혼자 사느니 차라리 죽는 게 나아."

우리나라는 수년 째 OECD(경제협력개발기구. 선진국이 회원으로 참여하는 세계적인 국제기구로 우리나라는 1996년 가입했으며, 현재 총 34개국이 가입해 있음) 국가 가운데 자살률 1위를 기록하고 있어요. 연예인이나 유명인의 비극적인 선택은 뉴스거리가 되고, 일부 청소년들은 이를 모방하기도 하죠.

카뮈는 이런 선택을 피하려면 스스로 삶이 얼마나 가치 있는지 깨달아야 하는 것은 물론 곁에 있는 사람들이 서로에 대해 관심을 갖는 것이 필요하다고 했어요. 만일 동료 교수가 A씨에게 "나와 영화 한 편 보지 그래?"라며 말을 건넸다면 어땠을까요? A씨는 '세상은 역시 살 만하다.'며 극단적인 선택을 하지 않았을지 모릅니다. 이처럼 따뜻한 말 한마디는 마음이 아픈 사람들이 삶을 포기하지 않도록 도울 수 있어요.

소설 『변신』의 저자 카프카와 카뮈는 모두 폐결핵을 앓았어요. 당시로서는 고치기 어려운 병이었죠. 하지만 카뮈와 카프카의 병에 대한 태도는 서로 달랐습니다. 카프카는 『변신』의 주인공이 죽는 것으로 소설을 마무리했고 자신도 폐결핵으로 사망합니다. 그러나 '그럼에도 열심히 살아야 함'을 주제로 한 『시시포스의 신화』를 쓴 카뮈는 폐결핵에 무릎을 꿇지 않았습니다. 이렇듯 우리의 삶을 결정하는 것은 삶에 대한 태도입니다.

카뮈는 『시시포스의 신화』에서 산꼭대기에 올려놓자마자 다시 들판으로 굴러 떨어지는 커다란 바위를 바라보며 내리막길을 걷는 시시포스에게 주목했습니다. 이 시간은 그에게 허락된 유일한 휴식 시간이었어요. 이 시간이 주는 해방감에 그는 다시 바위를 산꼭대기까지 올려놓을 수 있었던 것이죠.

여러분도 시시포스와 같은 휴식의 시간을 누리고 있나요? 그 시간이 아무리 짧다고 해도 반드시 이런 시간을 가지길 바랍니다. 그 시간은 분명 자신이 주어진 삶에 정면으로 맞서는, 인생의 주인이 되도록 하는 큰 힘이 돼 줄 거예요.

왕의 법을 따를 것인가, 신의 뜻을 따를 것인가

소포클래스Sophocles, 「안티고네」

크레온 (파수병에게) 너는 이제 자유로워졌으니 가고 싶은 곳으로 가거라. (안티고네에게) 자, 말해 봐라. 장황하게 말고 짤막하게. 매장을 금한다는 포고를 알고 있었느냐?

안티고네 네. 알고 있었습니다. 제가 그 명령을 지킬 수 있었을까요? 세상이 다 알고 있는 일입니다.

크레온 그렇다면 네가 정녕 그 법을 감히 위반했단 말이지?

안티고네 네, 그 법은 제우스 신께서 만든 법이 아니니까요. 하계의 신들과 함께 계신 정의의 신도 이런 법을 세상에 반포하신 적이 없습니다. 인간의 글로 씌어지지는 않았으나 영원한 하늘의 법을 어길 수가 있을까요? 저는 왕께서 정하신 법이 하늘의 법과 같은 힘을 지니고 있다고는 생각지 않습니다. 하늘의 법은 어제, 오늘에 생긴 것이 아니며 아무도 그 법이 언제 생겼는지 알지 못합니다. 저는 인간의 자존심은 두려워하지 않지만 신 앞에서 하늘의 법을 어겼노라고 대답할 수는 없습니다. 왕의 포고가 아니더라도 저는 죽어 마땅하다는 것을 잘 알고 있습니다. 어찌 모르겠어요? 그러나 저는 제 명을 다 살지 못하더라도 그것을 은혜라고 생각합니다. 저처럼 온갖 불행을 겪으며 산 사람이라면 죽음은 은혜가 아니고 무엇이겠습니까?

따라서 이런 운명을 맞이한 것도 저에게는 보잘 것 없는 슬픔입니다. 어머님의 아들을 묻지도 못하고 땅 위에 놓여 있게 한다면 그것이야말로 저에게는 슬픈 일입니다. 그리고 왕께서 보시기에는 이번의 제 행등이 어리석겠지만 어리석은 재판관만이 저의 어리석음을 탓할 수 있을 거예요.

코러스 성미 급한 아버지의 성미 급한 딸이구나. 재난이 다가와도 굽힐 줄 모르는구나.

크레온 그러나 지나친 고집은 가장 초라한 것임을 가르쳐 주마. 불에 달궈 다진 가장 단단한 쇠가 잘 부러지고 잘 휘는 것을 너도 자주 보았겠지. 사나운 말도 작은 재갈 하나로 순해진다는 것을 나는 알고 있다. 네가 이웃집 노예라면 자존심은 허락되지 않는다. 공포된 법을 위반했을 때 이 계집애는 이미 건방지기 그지없었다. 그런데 보라. 또다시 무례한 말을 하는구나. 이렇게 자랑을 하며 자기의 행동에 기뻐 날뛰다니.

만일 이 계집애가 승리를 즐기며 편히 쉴 뿐, 아무런 벌도 받지 않는다면 정녕 내가 사내가 아니라 이 계집애가 사내다. 비록 이 계집애가 내 누이의 자식이고 내 집 제단에서 제우스 신을 예배하는 자 중에서는 나와 혈연상 가장 가까운 애이긴 하지만, 이 계집애와 그 동생은 가장 무서운 운명을 면하지 못할 것이다.

『오이디푸스 왕 (외)』, 소포클래스 지음 / 황문수 옮김, 범우사, 1998년

군대에 가는 것은 우리나라 헌법에 규정돼 있는 4대 의무(우리나라 국민이라면 반드시 지켜야 하는 헌법에 규정돼 있는 의무로 국방의 의무, 납세의 의무, 근로의 의무, 교육의 의무를 말함) 중 하나입니다. 하지만 일부 사람들은 군에 입대하거나 총을 드는 것이 자신이 가진 신념과 종교와 다르다며 이를 거부합니다. 이를 '양심적 병역 거부'라고 해요. 그들은 국가의 '법'보다 자신이 가진 종교적 신념이 더 중요하다고 판단했기 때문에 이러한 행동을 합니다. 하지만 우리나라 법원은 양심적 병역 거부자들의 주장은 국민의 의무를 저버린 것으로, 인정할 수 없다고 판결하고 있습니다.

과연 한 국가의 법이 우선일까요? 아니면 자신이 믿는 신념이 우선일까요? 고대 그리스 작가 소포클레스의 희곡 『안티고네』에서도 이 두 가치가 대립하는 상황이 펼쳐집니다.

💬 고대 그리스의 도시국가 테베의 왕이었던 오이디푸스는 처남인 크레온에게 왕위를 물려주고 세상을 떠납니다. 오이디푸스에게는 두 아들과 두 딸이 있었는데, 그중 큰 딸의 이름이 안티고네였습니다. 두 아들은 아버지 오이디푸

스가 세상을 떠난 후 다투기 시작하죠.

큰아들 폴리네이케스는 다른 도시와 연합해 테베를 공격합니다. 둘째 아들인 에테오클레스는 테베를 방어하죠. 승리는 테베의 것이 되지만 오이디푸스의 두 아들은 모두 목숨을 잃습니다. 테베의 왕 크레온은 에테오클레스를 위해 성대한 장례식을 치르지만 테베를 공격한 폴리네이케스의 시체는 들판에 그대로 방치해 짐승의 밥이 되게 하라고 명령을 내립니다. 그리고 이 명령을 어기는 사람은 누구든 돌에 맞아죽는 벌을 받게 될 것이라고 경고합니다.

하지만 안티고네는 오빠의 죽음을 모른 척할 수 없었습니다. 당시 그리스인들은 죽은 사람을 매장하지 않으면 영혼이 평안한 휴식을 누릴 수 없다는 종교적 믿음을 갖고 있었습니다. 안티고네는 '신(神)의 법'이 '사람의 법'에 우선한다고 믿고 폴리네이케스의 장례를 치르려 하죠.

안티고네는 왕의 명령보다는 하늘의 뜻 즉, 신의 법을 지키는 것이 중요하다고 말합니다. 양심적 병역 거부를 주장하는 사람들의 주장과 비슷한 논리죠. 안티고네는 목숨을 잃을지라도 왕의 명령 즉, 사람의 법을 지키기보다 신의 뜻을 따르겠다고 말합니다. 결국 안티고네는 사형에 처해지기 전 스스로 목을 매 목숨을 끊습니다.

지금까지 안티고네의 입장에서 이 작품을 살펴봤습니다. 이번에는 이 작품의 또 한 축인 테베의 왕이자 안티고네의 외삼촌인 크레온의 입장에서 한 번 생각해 볼 필요가 있습니다. 그는 한 나라의 왕으로서 나라에 반역(나라를 다스리는 권한을 빼앗으려 하는 것)한 사람을 용서할 수는 없습니다. 자신의 조카라도 말이죠. 그래서 폴리네이케스의 시신을 방치한 것이고, 그 시신을 거두려는 안티고네도 잡아들여야 했던 것입니다.

> 고구려의 대무신왕은 아들인 호동을 유달리 아꼈습니다. 그는 대무신왕의 둘째 부인의 아들이었습니다. 첫째 부인은 왕이 자신의 아들 대신 호동을 후계자로 만들까 두려웠어요. 그래서 왕에게 '호동이 나에게 예의 없이 행동한다.'고 거짓말을 합니다. 왕은 호동을 의심하고 벌을 내리려 했습니다. 억울해하는 호동에게 누군가 '왕에게 너는 잘못이 없다고 말하라.'고 했어요. 하지만 호동은 "그러면 아버지가 근심하실 것이고 이는 효도가 아니"라며 스스로 목숨을 끊었다고 합니다. 이에 대해 『삼국사기』의 저자 김부식은 이렇게 해석했어요. '개인적 관계인 '효(孝)'에 신경 쓰다가 왕에 대한 '충(忠)'을 저버린 사건'이라고요.

미국의 장군 맥아더나 중국의 지도자 모택동은 달랐습니다. 제2차 세계대전 후 일본에 간 맥아더는 피점령지인 일본의 부녀자를 강탈한 미군을 사형시켰습니다. 모택동 역시 자신의 부하가 국민의 재산이나 부녀자를 괴롭히면 사형을 내렸죠. 개인적인 측면보다 조직의 기강을 세우기 위해 원칙에 따른 것입니다. 이렇게 리더에게는 자신이 말한 바와 기준을 엄격하게 지키고 그에 따라 행동하는 능력이 있어야 합니다. 그렇지 않다면 구성원들에게 신뢰를 얻지 못할 테니까요.

3·1절은 일제(일본 제국주의)의 폭압(폭력으로 억압하는 것)적인 지배에 저항

하기 위해 만세를 부르며 일제로부터의 독립을 외친 우리 선조들의 운동을 기념하는 국경일입니다. 일제가 우리나라를 점령하고 있을 당시 주기철 목사는 일제가 요구하는 신사참배(일제가 일본 왕실의 조상신 등을 모셔 놓은 사당인 신사를 참배하도록 한 것으로, 일제는 우리 민족을 말살하기 위해 전국에 신사를 세우고 강제로 참배하게 함)를 거부했습니다. 자신의 신앙적 양심에 따른 행동이었어요. 그는 끝까지 타협하지 않았고 결국 고문을 받다 감옥에서 순교합니다. 하지만 그의 정신은 역사에 빛을 발하고 많은 사람을 변화시키는 원동력이 됩니다.

한 가지 흥미로운 사실은 일제가 주 목사를 재판하는 과정에서 그가 일본의 왕을 부정하고 일본을 무너뜨리려는 의도를 갖고 있다고 판단했다는 거예요. 일제가 가장 두려워했던 인물들은 바로 그와 같은 신념을 가진 사람들이었습니다. 자신의 양심이나 신앙에 따라 움직이는 사람들과는 어떤 타협도 하기 어렵기 때문입니다.

이렇게 가치의 충돌이 일어나면 결정을 내리기 어렵습니다. 생각해 보세요. 만일 권력을 가진 사람이 여러분에게 양심에 어긋나는 일을 강요한다면 어떻게 해야 할까요? 또 여러분이 리더라면 자신의 신념을 따르느라 법을 어기고 저항하는 사람을 어떻게 처리할 건가요?

힘을 쓸 때는 한 걸음 물러나야 한다

『주역』

    역의 근원은 태극太極이다. 태극에서 양의兩儀가 생겨나고陰陽, 양의에서 사상(四象: 老陽, 少陽, 老陰, 少陰)이 생겨나며 사상에서 8괘가 생겨난다. 8괘는 길흉을 예측한다. 길흉 예측으로 인간의 활동은 전진하는 것이다.

    최대의 형상은 천지이며, 변통變通의 가장 큼은 사계四季다. 천상天象 가운데 가장 빛나는 것이 일월日月이고 인간사회에서 가장 존귀한 것이 부귀다.

    물자를 풍부하게 하고 문물제도를 갖추어서 천하의 복리를 이룩하는 데 가장 공적이 큰 것은 성인聖人이며, 깊이 감추어진 도리를 찾아내고 길흉을 예고해서 인간 활동을 왕성하게 하는 데 가장 큰 공헌을 한 것은 시책蓍策, 귀갑龜甲이다.

    역은 인위적으로 만들어진 것은 아니다. 하늘이 만들어 낸 시구蓍龜에 따라

천지의 변화를 배우고 하늘이 가리키는 길흉을 찾아내며, 하도河圖 낙서洛書에 따라서 성인이 이를 체계화한 것이다.

건괘(1) ☰

대상大象 하늘의 운행은 건전하고 적극적이어서 잠시도 쉬지 않는다. 군자는 괘상卦象을 보고 잠시도 마음을 놓지 않도록 노력하고 힘써야 한다.

초양初陽 물속에 잠복한 용. 꾸준히 힘을 기르며 때를 기다린다. 양陽의 힘이 충만한 용이지만 지금은 밑에 있는 것이다.

이양二陽 땅 위에 나타난 용. 덕의 영향이 천하에 널리 퍼진다. 그러나 뛰어난 인물의 지도를 받는 것이 좋다.

삼양三陽 행운을 타고 지나치게 움직이는 경향이 있다. 위태로울 것이다. 온종일 쉼 없이 노력하고 저녁에는 반드시 반성하여, 삼가고 조심하면 위태롭지만 허물을 면할 수 있다.

사양四陽 용이 마침내 날기 시작했을 때, 한 번 솟았다가 다시 못 속으로 잠겨 힘을 축적한다. 나아가고 물러가는 것을 이처럼 신중을 기하며 삼간다면 위태롭지만 허물을 면할 수 있다.

오양五陽 솟아오르는 용이 하늘에 도달한다. 건의 극치다. 덕이 높은 사람이라야만 비로소 할 수 있는 일이다. 그러나 아직은 뛰어난 인물의 지도를 받는 게 좋다.

상양上陽 절정까지 다 올라간 용. 차면 기우는 것이 자연의 법칙. 영원은 바랄 수 없다. 뉘우치는 일이 있을 것이다.

용양用陽 무리를 지은 용들이 구름 속에 그 목을 감추고 있다. 위대한 하늘의 덕도 그것을 과시하지 않고 사람에게 미칠 때에는 길한 것이다. 양의 힘을 쓸 때는 위대하기 때문에 오히려 한 걸음 물러서는 겸손한 마음가짐이 필요하다.

『주역』, 노태준 역해, 홍신문화사, 2009년

'사서삼경四書三經'이란 말을 들어 본 적이 있나요? 유교의 경전인 『논어』, 『맹자』, 『대학』, 『중용』의 '사서四書'와 『시경』, 『서경』, 『주역』의 '삼경三經'을 일컫는 말입니다. 그 가운데 하나인 『주역』은 지금으로부터 약 3,000년 전인 중국 주周나라 때 지어진 것으로 알려졌습니다. 공자는 『주역』을 감고 있던 가죽 끈이 세 번이나 끊어질 때까지 반복해 읽었다고 해요.

주역은 주나라 때 미래를 '점占'치기 위해 사용하던 책이었어요. 그러나 『주역』은 단순히 점을 치는 기술만을 가르쳐 주는 책이 아니에요. 세상의 이치를 설명해 주는 책이죠.

주역은 세상이 8개의 이치로 구성돼 있다고 말하고 이를 '8괘卦'라고 합니다. 이 원리는 우리나라의 국기인 태극기에도 잘 나타나 있어요. 태극기를 보면 중앙에는 태극무늬가 있고, 네 모서리에는 검은 선으로 4개의 괘가 그려져 있죠. 이 네 가지 괘를 건곤감리乾坤坎離라고 하고, 하늘, 땅, 물, 불을 가리킵니다.

이 8괘 즉, 여덟 가지 이치가 서로 만나 우주 만물이 움직이는 64가지 규칙이 만들어진다고 합니다. 세상이 변화하는 방식이 64가지라는 뜻이죠. 이를 '64괘卦'라고 부릅니다. 각 괘는 총 6단계를 가진다고 합니다. 이 주역의 64괘 가운데 으뜸가는 괘가 건괘와 건괘가 만나 만들어진 '건위천괘'입니다. 주역의 여러 괘 가운데 이 '건위천괘'의 여섯 단계에 대해 알아보겠습니다.

> 일본의 전자제품 브랜드인 '내쇼날', '파나소닉' 등이 속한 마쓰시타 그룹을 일군 고(故) '마쓰시타 고노스케'는 능력 있는 사업가로 일본에서 큰 존경을 받는 인물이었습니다. 마쓰시타는 성공의 비결을 묻는 직원에게 이렇게 말했다고 합니다.
> "나는 세 가지 하늘의 은혜를 입고 태어났다네. 첫째는 '가난', 둘째는 '허약한 몸', 셋째는 '못 배운 것'이지. 나는 가난했기에 부지런히 일하지 않고서는 잘살 수 없다는 진리를 깨달았고, 허약했기에 건강의 소중함을 알아 늘 운동했지. 초등학교도 졸업하지 못했기에 많은 이에게 배우려 노력했다네. 내 불행한 환경에 늘 감사하고 살았지."

건위천괘의 첫 단계는 깊은 물속에서 힘을 기르는 용의 단계, 즉 '잠룡潛龍' 상태입니다. 누구든 위대한 사람이 되고 싶다면 먼저 실력을 쌓아야 한다는 뜻이죠. 성공의 길에는 어렵고 힘든 일들이 밑바탕이 됩니다. 마쓰시타와 같은 인물이 탄생할 수 있었던 것도 고난과 역경을 거름 삼아 노력했기 때문입니다. '잠룡'의 상태가 바로 이 고난과 역경을 겪는 상태를 가리키는 말입니다. 역경을 디딤돌로, 자신의 능력을 계발하고 강하게 단련할 수 있으니까요.

'개천에서 용났다'는 말이 있죠. 흔히 하는 말이지만 사실 개천에서는 용이 날 수 없습니다. 개천에서 용이 나려면 개천을 깊은 바다로 만드는 작업이 우선돼야 합니다. 그래야 용이 살 수 있죠. 만약 개천에서 용이 났다면 그곳은 개천이라고는 하지만 정신적으로는 깊은 바다였을 가능성이 높습니다. 어렵고 척박한 환경은 개천이 아닌 깊은 바다인 셈입니다.

두 번째 단계는 물속에서 뭍으로 올라오는 '현룡現龍' 상태입니다. 이때는 대인 즉, 위대한 이의 지도를 받아야 합니다. 실력은 혼자 힘으로 쌓을 수 없습니다. 좋은 선생님을 만나 지도를 받아야 하죠. 실제로 노벨상을 받은 스승 밑에서 노벨상을 받는 제자들이 많이 나옵니다. 1904년 노벨 물리학상을 받은 레일리의 제자 톰슨이 1906년 노벨 물리학상을 받았고 그의 제자 8명도 노벨상을 받았다고 합니다. 1908년 노벨 화학상을 받은 러더퍼드의 제자 중 11명 역시 노벨상을 받았다고 해요.

이제 세 번째 단계네요. 실력도 쌓았겠다, 선생님의 지도도 받았으니 아무것도 두려울 것이 없고, 이제 갈고닦은 실력을 발휘하면 되겠군요. 그러나 이럴 때일수록 조심해야 합니다. 이 단계에 이르면 주변을 주의 깊게 살피지 않고 설불리 행동하기 쉽거든요. 그러면 자칫 위기가 올 수 있어요. 위기는 자신감이 넘칠 때 찾아오는 법입니다. 스스로 반성하는 시간이 꼭 필요한 이유죠.

이제 용은 하늘을 날 준비를 합니다. 네 번째 단계죠. 그러나 용은 갑자기 날 수 없습니다. 물과 땅에 머무르던 용이 하늘을 날려면 연습이 필요합니다. 얕게 날았다가 내려오고, 조금 더 높이 날았다가 내려오는 작업을 반복합니다. 그렇게 해서 자신이 제대로 하늘을 날 수 있는지를 점검하고 점검하는 것이죠.

아이폰, 아이패드 등을 만든 애플의 고故 스티브 잡스는 프레젠테이션의 달인으로 프레젠테이션 때마다 사람들의 관심과 시선을 사로잡는 연설을 선보이며 화제를 불러 일으켰습니다. 하지만 그는 타고난 말재주를 가진 사람이 아니었다고 해요. 한 번의 연설을 위해 수개월 간 치밀한 시나리오에 따라 복장, 음향, 무대 구성 등 모든 요소를 감안하여 철저하게 준비했다고 합니다.

이제 용이 날기 시작합니다. 다섯 째 단계인 '비룡飛龍'의 상태입니다. 용은 하늘을 날아올라 인생의 최고점 즉, 성공에 이르게 됩니다. 더 오를 곳이 없는 용은 다시 내려와야 합니다. 그러나 사람들은 최고의 자리에 영원히 머무르고 싶어 합니다. 욕심이죠. 그러나 욕심이 화근이 돼 자신을 집어 삼킬 수도 있습니다.

이제 마지막 여섯 번째 단계는 스스로 올라간 길을 내려오는 것입니다. 자신의 운명을 알고 평소에 내려오는 연습을 꾸준히 해야 내려올 수 있습니다. 올라가는 법만 알았지 내려오는 법을 몰라 개인의 인생이나 조직이 비극적 결말을 맞는 경우가 참 많습니다. 그렇지 않기 의해서는 올라갈 때 미리 내려올 때를 인식하여 그것을 예비하고, 차세대 인물들을 미리 키워 권력 승계가 자연스럽게 되도록 사전에 조치를 취할 필요가 있습니다.

지금까지 건위천괘의 6단계를 따라가 봤습니다. 여러분은 지금 어느 단계에 있나요? 학생인 여러분은 아마도 첫째 단계에 있을 가능성이 큽니다. 실력을 쌓는 시기 말이에요. 나머지 63개의 괘에도 세상과 삶의 변화 과정이 담겨 있습니다. 주역이 전해 주는 삶의 단계를 이해한다면 좀 더 지혜롭게 앞으로의 시간을 살아갈 수 있을 거예요.

달은 꿈,
6펜스는 현실

서머싯 몸 William Somerset Maugham, 「달과 6펜스」

"그림을 그릴 줄 아십니까?"

"아직은 안 돼요. 하지만 될 거요. 여기 온 것도 그 때문이지. 런던에서는 바라는 걸 얻을 수 없었소. 아마 여기서는 가능할 거요."

"당신 나이에 시작해서 잘될 것 같습니까? 그림은 다들 십칠팔 세에 시작하지 않습니까?"

"열여덟 살 때보다는 더 빨리 배울 수 있소."

"어째서 그런 재능이 있다고 생각하십니까?"

잠시 대답이 없었다. 눈길은 지그시 오가는 인파를 향해 있었지만 나는 그가 인파를 보고 있었다고는 생각지 않는다. 그는 엉뚱한 대답을 했다.

"나는 그려야 해요."

"승산 없는 도박을 하자는 것입니까?"

그러자 그는 나를 쳐다보았다. 두 눈에 야릇한 빛을 띠고 있어 나는 어쩐지 불안했다.

"나이가 몇이오? 스물셋?"

그 질문은 엉뚱하게 느껴졌다. 내 나이쯤이면 모험을 할 수 있다고 하겠지만 그는 벌써 청년기를 넘기고 버젓한 사회적 지위를 지닌 증권 중개업자이며, 아내와 두 아이까지 거느린 사람이다. 내게라면 자연스러운 선택일지 모르지만 그에게는 터무니없는 길이 아니겠는가. 나는 어디까지나 공평한 입장에 서고 싶었다.

"하기야 기적이란 것도 있으니, 훌륭한 화가가 되지 말란 법도 없지요. 하지만 그럴 가능성은 아주 희박하다는 걸 잘 아시지 않습니까? 나중에 가서 일을 그르쳤다고 후회하면 큰 낭패가 아닙니까?"

"난 그려야 해요."

그는 되뇌었다.

"잘해야 삼류 이상은 되지 못한다고 해 봐요. 그걸 위해서 모든 것을 포기할 가치가 있겠습니까? 다른 분야에서는 별로 뛰어나지 않아도 문제되지 않아요. 그저 보통만 되면 안락하게 살 수 있지요. 하지만 화가는 다릅니다."

"이런 맹추 같으니라고."

"제가 왜 맹추입니까? 분명한 사실을 말하는 게 맹추란 말인가요?"

"나는 그림을 그려야 한다지 않소. 그리지 않고서는 못 배기겠단 말이요. 물에 빠진 사람에게 헤엄을 잘 치고 못 치고가 문제겠소? 우선 헤어 나오는 게 중요하지. 그렇지 않으면 빠져 죽어요."

그의 목소리에는 진실한 열정이 담겨 있었다. 나도 모르게 감명을 받았다. 그의 마음속에서 들끓고 있는 어떤 격렬한 힘이 내게도 전해 오는 것 같았다. 매우 강렬하고 압도적인 어떤 힘이, 말하자면 저항을 무력하게 하면서 꼼짝할 수 없도록 그를 사로잡고 있음을 느낄 수 있었다. 이해할 수 없었다. 정말이지 그는 악마에게라도 사로잡혀 있는 것 같았다. 악마가 느닷없이 달려들어 그를 갈가리 찢어 놓을 것만 같았다.

『달과 6펜스』, 서머싯 몸 지음 / 송무 옮김, 민음사, 2000년

런던의 능력 있는 주식 중개인 찰스 스트릭랜드는 아내와 아들, 딸을 둔 40대 가장입니다. 그는 어느 날 돌연 직장을 그만두고 프랑스 파리로 떠나 편안하고 안정된 삶을 포기한 채 낡은 호텔방을 전전하며 살아갑니다. 그가 그런 삶을 선택한 이유는 단 하나였습니다. "그림을 그리고 싶다. 그리지 않고는 견딜 수 없다!"

사람은 누구나 두 가지 마음을 품고 있습니다. 평온하고 안락하게 살고 싶은 마음과 보다 모험적이고 도전적인 것을 추구하는 마음이죠. 즉 현실을 추구하는 욕구와 꿈을 향해 나아가려는 욕구가 동시에 존재합니다. 소설가 윌리엄 서머싯 몸은 그러한 이야기를 『달과 6펜스』에 담았어요. '달'은 꿈을, 당시에 사용되던 동전인 '6펜스'는 현실을 의미하죠.

💬 스탠퍼드 대학의 졸업식에서 스티브 잡스는 이런 말을 했습니다.
"제가 17살이었을 때 이런 글을 읽었습니다. '오늘이 너의 마지막 날인 것처럼 하루를 산다면 언젠가는 모든 것이 잘 돼 있을 것이다.' 감동적이었죠. 그리고 그때부터 33년 동안 아침마다 거울을 보며 스스로 물었습니다. '만일 오늘이 내 생의 마지막 날이라면 오늘 내가 하려는 일을 해야 할까?' 며칠 동안 대답이 '아니다.'라면 변화가 필요한 때라는 의미죠."

많은 돈을 벌고 높은 사회적 지위를 가진다면 성공한 것일까요? 『달과 6펜스』는 성공이란 무엇인지를 다시 한 번 생각해 보게 합니다. 성공의 기준은 지금 자기가 하는 일을 얼마나 좋아하고 그 일에서 얼마나 보람을 느끼는가에 있다는 것이죠. 오늘이 나의 마지막 날이라고 할 때 하고 싶은 일, 그 일이 바로 자신의 천직(타고난 일이나 직업)인 것입니다. 그런 일을 하고 살아온 이의 인생이 성공한 인생 아니겠어요?

주인공 스트릭랜드는 마음 깊은 곳에서부터 들려오는 음성에 귀를 기울이고 꿈을 이루기 위해 격정적인 변화를 선택합니다. 그리고 주위의 시선에 아랑곳하지 않고 자신이 선택한 길을 꿋꿋하게 걸어갑니다. 그런 면에서 그는 엄청난 용기를 가진 도전적인 인물이라고 할 수 있습니다.

시간이 지나 파리를 떠나 타히티에 이른 스트릭랜드는 도시와는 다른 원시의 자유로움을 맛보고 거기서 아타라는 여인을 만나 함께합니다. 진정한 만족과 영혼의 안식을 얻은 그는 그곳에서 자신의 예술을 꽃피웁니다. 이곳에서 스트릭랜드는 더는 괴짜이거나 이상한 사람이 아니었습니다.

💬 한 오디션 프로그램에서 우승한 '악동뮤지션'이라는 그룹을 알고 있나요? 솜씨가 수준급인 그들이 더 특별했던 것은 이들이 부른 노래의 대부분이 자작곡이었다는 데 있었어요. 탁월한 작곡 실력에 재치 있는 가사는 이들만의 매력을 보여 주기에 충분했죠.

그런데 이들은 음악을 시작한 지 1년 정도밖에 되지 않았다고 해요. 몽골에서 부모님과 함께 홈스쿨링(학교에 다니지 않고 집에서 공부하는 것)으로 공부하며 또래들과 달리 성적 경쟁을 하느라 스트레스를 받지 않았죠. 자유롭게 하루를 지내고 피아노와 기타를 이용해 작사와 작곡을 하며 시간을 보냈다고 해요. 한 인터뷰에서 그들은 여느 친구들처럼 공부에만 매진했다면 지금의 '악동뮤지션'은 있을 수 없었을 거라고 말했어요.

'창의성이 중요한 시대'라고 말을 합니다. 창의성이 무엇인지 연구하기도 하고 창의성을 기르기 위한 교육을 하기도 하죠. 그러나 창의적인 인재를 만들기 위해 정말 필요한 것은 창의성을 기를 수 있는 환경입니다. 스트릭랜드도 타히티에 가기 전까지는 예술적 능력을 모두 발휘하지 못했어요. 그는 타히티라는 자유로운 환경 속에서 빛을 발했죠.

비로소 자신이 있어야 할 곳을 찾은 스트릭랜드에게 예상치 못한 고통이 찾아옵니다. 한센병(피부와 말초신경을 주로 침해하는 만성 전염성 질환으로 나병이라고도 함)에 걸려 손이 문드러지기 시작했고 시력마저 점점 잃게 되죠. 하지만 고통이 커질수록 그는 더 위대한 작품을 만들어 냅니다. 열정과 기쁨, 두려움이 느껴지는 그의 창작물을 보는 사람들은 작품의 아름다움에 감탄

합니다. 예술가의 고통은 작품의 미적 가치에 대한 대가인지도 모릅니다. 작가가 겪는 고통 속에서 창의성은 자라는 것인지도 모르죠.

> 미국의 작곡가인 존 케이지의 '4분 33초'. 이 작품이 처음 무대에 올랐을 때 사람들은 무척이나 당황했습니다. 연주는 시작됐는데 연주자의 손은 움직이지 않고 아무 소리도 들리지 않았거든요. 관객들은 수군대기도 하고 바스락거리며 무언가를 만지기도 했습니다. 문을 열고 나가는 소리도 들리고, 공연장 바깥의 소음도 들렸습니다. 어느덧 4분 33초가 지나고 연주는 끝났습니다.
> 존 케이지는 "침묵의 시간 동안 들려오는 모든 소리가 음악"이라고 이야기했습니다. 존 케이지의 작품에 야유를 보내던 사람들이 이제는 그의 작품에 찬사를 보냅니다. 우리가 소음이라고 하는 것들조차도 아름다운 음악이 되도록 했다는 것입니다.

『달과 6펜스』의 스트릭랜드는 앞을 보지 못하면서부터 보이지 않는 눈으로 하루에도 몇 시간씩 그림을 바라봤습니다. 눈이 보이지 않기에 보이는 것 너머의 더 많은 것을 볼 수 있었을지도 모르죠.

여러분은 달의 중력이 이끄는 '달'의 세계에 살고 있나요, 아니면 지구의 중력에 따라 '6펜스'의 세계에 살고 있나요? 우리도 스트릭랜드처럼 모두 현실을 벗어나 달의 세계로 떠나야 하는 걸까요? 여러분이 어디에 있든 어떤 상태이든 그것은 중요하지 않습니다. 지금 내가 만족스러운 곳, 지금 내가 살아 있음이 느껴지는 곳이 바로 여러분이 있어야 할 곳이니까요.

세상을 다스리는 법은
자신을 다스리는 법과 같다

「대학」

　예전에 온 세상에 밝은 덕을 밝히고자 한 사람은 먼저 자신의 나라를 다스렸다. 그리고 자신의 나라를 다스리고자 하는 사람은 먼저 자신의 집안을 반듯하게 하였다. 자신의 집안을 반듯하게 하고자 하는 사람은 먼저 자신의 몸을 닦았다. 자신의 몸을 닦고자 하는 사람은 먼저 자신의 마음을 바로잡았다. 자신의 마음을 바로잡고자 하는 사람은 먼저 자신의 의지를 성실하게 하였다. 자신의 의지를 성실하게 하고자 하는 사람은 먼저 자신의 앎을 극한까지 확충시켰다. 그와 같은 앎의 확충은 사물을 탐구하는 데 있다.
　자신의 의지를 성실하게 한다는 것은 자신을 속이지 않는 것이다. 악을 싫어하기를 마치 악취를 싫어하듯이 하고, 선을 좋아하기를 마치 예쁜 여자를 좋아하듯이 하는 것, 이것이 스스로 만족하면서 흔쾌히 선을 행하고 악을 제거한다고 하는 의미다.

"몸을 닦음은 자신의 마음을 올바로 하는 데 있다"라고 하는 것은 자신의 마음에 분노하는 감정이 있으면 마음의 올바름을 얻을 수 없고, 두려워하는 감정이 있어도 마음의 올바름을 얻을 수 없으며, 좋아하고 즐거워하는 감정이 있어도 마음의 올바름을 얻을 수 없고, 우환이 있어도 마음의 올바름을 얻을 수 없음이다.

"자신의 집안을 가지런하게 하기 위해서는 자신의 몸을 닦아야 한다"고 하는 의미는 다음과 같다. 즉 사람들은 자신이 친근하게 여기고 좋아하는 대상에 빠져들고, 멸시하고 싫어하는 대상에 지나치게 편견을 가지며, 두려워하고 공경하는 대상에 지나치게 치우치고, 슬퍼하고 불쌍히 여기는 대상에 지나치게 마음을 쏟으며, 오만하고 나태한 것에 대하여 치우친다. 그러므로 좋아하는 것에서 그것의 나쁜 점을 알고, 싫어하는 것에서 그것의 좋은 점을 파악하는 사람은 천하에 매우 드물다.

"나라를 다스리려면 반드시 먼저 자신의 집안을 가지런히 해야 한다"는 것은 다음과 같은 의미다. 즉 자신의 집안사람들을 가르칠 수 없으면서 다른 사람을 가르칠 수 있는 사람은 없다. 그러므로 군자는 집안을 나가지 않고서도 백성을 교화할 수 있다. 효란 임금을 섬기는 방법이고 공손함은 연장자를 섬기는 방법이며 자애로움은 대중을 부리는 방법이다.

"천하를 태평하게 함은 자신의 나라를 다스리는 데 있다"고 하는 것은 다음과 같은 의미다. 즉 지도층에서 나이 든 노인을 공경하면 백성은 효성스런 마음을 일으키고, 지도층에서 연장자를 높이면 백성은 공손함을 일으키며, 지도

층에서 보살펴 줄 사람이 없는 외로운 사람을 불쌍하게 여기면 백성들은 배반하지 않는다. 그러므로 군자에게는 '자신의 마음으로 미루어서 헤아려 보는 도'가 있다.

『대학·중용』, 주희 엮음 / 김미영 옮김, 홍익출판사, 2005년

'대학교大學校'란 무엇일까요? 또 무엇을 위해 존재하는 것일까요? 사람들은 왜 대학교에 가는 걸까요? '대학교'의 사전적 의미는 '여러 학문 분야를 연구하고 전문적인 교육을 하는 고등 교육기관'입니다. 대학교의 '대학大學'을 '큰 학문'으로 볼 수 있지 않느냐고요? 여러분의 생각처럼 오래전에 '대학'이란 무엇인지, 왜 배워야 하는지 명쾌하게 설명한 책이 있습니다. 그 책이 바로 『대학』이랍니다.

> 우리나라 고등학교 졸업자의 대학교 진학률은 84퍼센트에 이른다고 해요. 이토록 많은 사람이 대체 무엇을 위해 대학교에 진학하는 걸까요? 많은 사람들이 "좋은 직장에 취직하기 위해서."라고 대답할지 몰라요. 실제로 오늘날 많은 대학생은 취업이 잘되는 전공을 선택하고 취업에 유리한 자격 조건을 만드느라 애쓰고 있죠. 하지만 과연 학생이 좋은 직장에 들어가기 위해서 대학교가 존재하는 것일까요? 대학교에서 배우는 수많은 학문이 모두 취업을 위해서만 존재하는 것일까요?

유교의 기본 경전을 사서삼경四書三經이라고 해요. 『대학』은 그중 하나랍니다. 『대학』은 인간 마음 안에 있는 좋은 본성(明德, 명덕)을 밝히고, 백성을 새롭게 하는 것(新民, 신민)에 목적을 둬요. 백성과 친애하는 것(親民, 친민)이라고 쓰기도 해요. 마지막으로 지극히 선한 데(至善, 지선) 머무르도록 하기 위해 대학이 존재한다고 말합니다. 그렇다면 어떻게 해야 인간의 내면에 있는 좋은 모습을 끌어 낼 수 있을까요? 그 방법이 8조목입니다.

먼저 격물格物과 치지致知입니다. 격물은 '이치를 연구해 한없이 다가가는 것'을, 치지는 '원리를 파악하게 됨'을 의미해요. 어떤 대상을 끝까지 파고들면 한순간에 깨달음이 온다는 것이죠. 우리는 무엇을 하든 지적 호기심을 가지고 끝까지 파고드는 열정을 가져야 합니다. 그래야 대상의 원리를 파악할 수 있죠. 사람과 세상을 꿰뚫어 보는 통찰력은 어느 날 갑자기 생기지 않아요. 오랜 시간 꾸준히 축적돼 있을 때 비로소 나올 수 있죠.

치지의 단계를 거치면 성의誠意와 정심正心의 단계에 이르러요. 성의는 '뜻이 한결같아야 한다'는 뜻이에요. 누가 지켜보면 열심히 하고 그렇지 않을 때에는 대충한다면 뜻이 한결같다고 할 수 없겠죠. 시험을 앞둘 때에만 열심히 한다면 한두 번은 좋은 성적을 거둘 수 있지만 그것이 진정한 실력이 되기는 어려운 것처럼 말이에요. 한결같은 사람은 '정심', 즉 마음을 바르게 가질 수 있습니다. 사람이 근심과 두려움, 노여움과 기쁨과 같은 감정에 휘둘리면 사물을 제대로 볼 수 없죠. 마음의 상태가 바를 때 대상을 제대로 이해할 수 있습니다.

혹시 이유를 알 수 없는 불안감이나 슬픔에 휩싸인 적이 있나요? 왜 이런 일이 일어날까요? 인간의 뇌에는 '편도체'라는 부위가 있어요. 편도체는 인간의 감정을 처리하는 핵심 부분으로, 편도체가 손상되면 무서운 상황에 부닥쳐도 피하지 못해 위험에 처할 수 있어요. 공포나 분노를 제대로 인식하지 못하는 것이죠. 반대로 편도체가 과도하게 활성화되면 걱정과 불안이 많아져요. 이성적 사고 능력이 떨어지고 기억 기능도 불안정해진다고 해요. 내면의 감정에 솔직해야 할 필요는 있지만 그 감정에 사로잡혀서는 안 되겠죠.

마음이 바르면 이를 바탕으로 올바른 판단을 할 수 있게 돼요. 이것이 수신修身의 단계입니다. 좋아하는 사람은 좋은 점만 보이고 약점은 보이지 않지만 싫어하는 사람의 경우에는 단점만 눈에 들어 온 적이 있나요? 우리는 치우침 없이 상대의 장점과 약점을 파악할 수 있어야 해요. 그럴 때 '수신', 즉 마음과 행실을 닦아 수양하는 상태에 이른 것이랍니다.

그 이후에 비로소 우리는 제가齊家, 치국治國, 평천하平天下를 할 수 있어요. 자신이 바로 서 있을 때 가정을 올바로 돌볼 수 있고, 나아가 나라를 다스리고 천하를 평정할 수 있게 되는 것이죠.

이 경지에 이르기 위해서는 '서恕'의 원리를 깨닫고 행할 수 있어야 합니다. 제자 자공이 "평생토록 실천할 덕목이 무엇입니까?"라고 묻자 공자는 대답합니다. "그것은 서恕다. 자기가 바라지 않는 것은 남에게 베풀지 말아야 하느니라." 용서할 서恕는 '마음心이 같다如'는 뜻을 가진 한자입니다. 자신을 다스리는 것과 같은 마음으로 다른 사람을 다스리고 자신을 사랑하는 마음으로 다른 사람을 사랑하는 것, 그것이 '서'이지요. '서'의 마음으로 가정과 나라를 다스릴 때 비로소 세상을 다스릴 수 있게 됩니다.

성경에도 비슷한 구절이 있답니다. 율법 교사 한 사람이 예수에게 "율법에서 가장 큰 계명이 무엇이냐."라고 묻자 예수는 "첫째로 하느님을 사랑하고, 둘째는 네 이웃을 네 몸 같이 사랑하라."고 답합니다. 더불어 "너희는 남에게 바라는 대로 남에게 해 주어라."라는 구절도 있어요. 상대의 입장에 서야 한다는 것은 성인들이 시공간을 가로질러 강조한 덕목이군요.

여러분은 이제 '대학'이란 무엇인지 알게 됐어요. 이 속에 담긴 지혜를 여러분의 것으로 삼아 '위대한 학문(大學, Great Learning)'의 경지에 이르길 바라요. 여러분의 '격물 치지 성의 정심 수신 제가 치국 평천하 格物 致知 誠意 正心 修身 齊家 治國 平天下'를 응원할게요.

위대한 개츠비가 정말 '위대했던' 이유

피츠제럴드 Fracis Scotte Key Fitzgerald, 『위대한 개츠비』

"참으로 기묘한 우연이군요."

내가 말했다.

"하지만 그건 우연이 아니었어요."

"아니라니요?"

"개츠비가 그 집을 산 것은 데이지가 바로 그 만 건너편에 살고 있기 때문이었으니까요."

그렇다면 그 6월의 밤에 그가 그토록 애타게 바라보던 것은 밤하늘의 별만이 아니었다. 개츠비는 아무런 목적도 없는 호화로움의 자궁에서 갑자기 분만하여 생생한 모습으로 나에게 다가왔던 것이다.

"그는 알고 싶어 해요…."

조던이 말을 이었다.

"…어느 날이든 오후에 당신이 데이지를 집으로 초대하면 자기도 불러 줄 수 있는지 말이에요."

그토록 겸손한 부탁을 듣자 나는 놀라서 몸이 다 떨릴 지경이었다. 그는 5년을 기다려서 우연히 날아드는 나방들에게 별빛을 나눠 줄 저택을 구입한 것이다. 정작 자신은 어느 날 오후 낯선 사람의 집 정원에 '건너갈' 수 있도록 말이다.

"그렇게 간단한 걸 부탁하려고 내게 이 얘길 전부 해야 했나요?"

"그는 두려워하고 있어요. 그렇게 오랫동안 기다려 왔으니까요. 또 당신 기분을 상하게 할까 봐 걱정하는 마음도 있고요. 그러면서도 그 사람은 자못 완강한 구석이 있지요."

뭔가 불안한 마음이 들었다.

"왜 그 사람은 당신에게 직접 만나게 해 달라고 부탁하지 않는 겁니까?"

"그 사람은 데이지에게 자기 집을 보여 주고 싶은 거예요. 당신 집이 바로 그 옆에 있잖아요."

(…) 나는 그곳에 앉아 그 오랜 미지의 세계를 곰곰이 생각하면서 개츠비가 데이지의 부두 끝에서 초록색 불빛을 처음 찾아냈을 때 느꼈을 경이감에 대해 생각해 보았다. 그는 이 푸른 잔디밭을 향해 머나먼 길을 달려왔고, 그의 꿈은 너무 가까이 있어 금방이라도 손을 뻗으면 닿을 것만 같았을 것이다. 그 꿈이 이미 자신의 뒤쪽에, 공화국의 어두운 벌판이 밤 아래 두루마리처럼 펼쳐져 있는 도시 너머 광막하고 어두운 어떤 곳에 가 있다는 사실을 그는 미처 알아차리지 못했던 것이다.

개츠비는 그 초록색 불빛을, 해마다 우리 눈앞에서 뒤쪽으로 물러가고 있는 극도의 희열을 간직한 미래를 믿었다.

『위대한 개츠비』, F. 스콧 피츠제럴드 지음/김욱동 옮김, 민음사, 2010년

'위대하다'고 불리는 사람은 어떤 삶을 산 사람일까요? 우리나라에서는 누구나 인정할 만큼 큰 업적을 남긴 사람을 '위대하다'고 합니다. 그러나 미국 사회에서는 주변에서 쉽게 만날 수 있는 평범한 사람들에게서도 위대함을 찾아 작은 영웅으로 부르곤 해요.

『위대한 개츠비』의 주인공 개츠비는 우리 눈에 전혀 위대하지 않아 보일 수 있어요. 개츠비의 삶은 사실 바보나 못난이의 삶에 더 가깝거든요. 그런데 작가 피츠제럴드는 왜 개츠비를 위대하다고 했을까요? 작가의 생각으로 들어가 개츠비의 위대함을 발견하고 '위대함'의 의미에 대해 다시 한 번 생각해 보도록 해요.

1922년 미국 동부 롱아일랜드. 개츠비는 제1차 세계대전 이후 미국이 경제적으로 부흥하던 시기에, 밑바닥부터 시작하여 수단과 방법을 가리지 않고 초인적 힘을 발휘하여 부자가 됩니다. 호화로운 저택에 매일 밤 수백 명을 초대해 성대한 파티를 열곤 하죠.

그가 부자가 되고 싶었던 이유는 단 하나, 젊은 시절 사랑했던 여인 때문입니다. 그의 집은 옛사랑 데이지의 집 건너편이고, 파티를 연 것도 언젠가

그녀를 만나기 위해서였답니다. 어린아이 같은 순수한 열정이 그를 움직인 것이죠.

개츠비는 바라던 대로 데이지를 만나지만 사랑을 얻지는 못해요. 또 비극적 죽음을 맞은 그의 장례식은 파티에 왔던 수많은 사람들 중 누구도 오지 않은 채 쓸쓸하게 치러집니다. 저자는 이런 개츠비에게 '위대한'이라는 월계관(月桂冠, 월계수 가지와 잎으로 만든 관으로 고대 그리스에서 경기의 우승자에게 씌웠음. 승리나 영광스러운 명예를 비유적으로 이르는 말)을 씌워 줍니다.

화자話者 닉 캐러웨이는 개츠비에게서 '희망에 대한 탁월한 재능'을 발견합니다. 이 낭만적인 민감성 덕에 개츠비는 어떤 경우에도 삶의 끈을 포기하지 않고, 꿈을 이루기 위해 전력을 다할 수 있었어요.

> 1906년 어느 날 개츠비의 계획표를 살펴봅시다.

기상	오전 6:00
아령 들기와 벽 타기	오전 6:15~6:30
전기학 및 기타 공부	오전 7:15~8:15
일	오전 8:30~4:30
야구와 스포츠	오후 4:30~5:00
연설 연습, 자세 연습	오후 5:00~6:00
발명에 관한 공부	오후 7:00~9:00

분分 단위로 짜인 삶은 개츠비만의 것이 아니었습니다. 지난 수 세기 동

안 누군가는 종교적 자유, 누군가는 경제적 부에 '아메리칸 드림'이라는 이름표를 붙이고 기회의 땅이라 불리던 미국으로 갔습니다. 철저한 시간 관리와 자기 관리를 통해 꿈을 향하여 인생을 바쳤죠. 어쩌면 개츠비는 아메리칸 드림을 좇아 그 땅에 정착한 수많은 미국인의 자화상일 수 있습니다.

> 2006년 한국계 미국인 제임스 김은 추수감사절을 맞아 떠난 여행 중에 오리건 주의 숲에서 폭설로 조난을 당합니다. 며칠이 지나도 구조의 손길이 없자 제임스 김은 구조 요청을 하기 위해 홀로 길을 나섭니다. 가족들을 위해 필사적인 노력을 기울였죠. 결국 차에서 기다리던 아내와 두 아이는 극적으로 구조됐지만 그는 싸늘한 시신으로 발견됐습니다. 많은 이들이 그를 '진정한 영웅'이라고 칭하며 그의 용기와 사랑에 경의를 표했습니다.

아버지가 가족을 위해 목숨을 바치는 것은 어찌 보면 당연한 일일지 모르지만 미국 사회는 제임스 김을 '진짜 영웅'이라 불렀습니다. 가족에 대한 그의 사랑이 무모할 정도로 비합리적이고 비상식적이기에 더 큰 감동을 줬던 것이죠.

개츠비 역시 마찬가지예요. 그에게는 합리적으로는 이해되지 않는 면이 많지만 옛사랑을 위해 모든 것을 거는 순수함이 있었기에 '위대하다'는 평가를 받을 수 있었죠. 이처럼 순수성을 추구하는 정신은 미국을 움직이는 큰 힘 중 하나입니다. 워런 버핏이나 빌 게이츠 같은 부호들은 일생의 마지막을 기부에 열중합니다. 이들의 모습은 돈이나 권력 그 자체를 추구하는 것이 아니라 순수하고 원대한 이상에 이르려 한다는 점에서 개츠비와 닮아 있다고 할 수 있습니다.

  인생을 살면서 가져야 할 크고 위대한 목표는 의외로 간단할 수 있어요. 목표를 위한 순수한 열정이 사회를 움직이는 힘이 된답니다. 링컨 대통령의 노예 해방 선언으로 흑인은 백인의 착취에서 해방됐고, 시간이 흘러 흑인 대통령이 탄생했습니다. 그가 노예 해방 선언을 한 이유 중 하나는 정치적 차원에서 연방을 유지하기 위해서였다는 해석도 있어요. 하지만 미국인들은 그 무엇보다도 그의 노예 해방으로 인간에게 주어진 자유에 주목합니다.

  우리 사회는 '위대하다'는 말에 인색합니다. 한 사건을 볼 때 이면까지 보는 넓은 시각을 가졌기 때문이죠. 하지만 때로는 장점에 주목할 필요도 있어요. 장점을 부각하는 사회적 분위기는 영웅을 만들고, 영웅은 그 사회의 롤 모델이 됩니다. 우리 사회도 '위대한'이란 말을 자주 붙여 주는 사회가 되기를 바랍니다. 여러분부터, 지금부터 주변의 작은 영웅을 만드는 것이 시작이겠죠.

문제에서 벗어나야 문제를 해결할 수 있다

「벽암록」

조주 화상이 대중에게 이르셨다.

"지극한 도는 어렵지 않다. 오직 간택하는 것을 꺼리면 된다. 조금이라도 도의 경지를 말하려 한다면 바로 간택에 떨어지거나 명백에 떨어지는 것이다. 그러나 나는 명백한 그것 속에도 있지 않다. 그런데도 그대들은 그것을 아까워하고 지키려 하느냐."

이때 한 수행승이 물었다.

"이미 명백한 데에도 있지 않다면 무엇을 보호하고 아껴야 합니까?"

"나도 모른다."

"화상이 모르신다면 왜 명백한 속에도 있지 않다고 말씀하십니까?"

이에 조주 화상이 말했다.

"묻는 것은 잘하는구나. 그만 절이나 하고 물러가라."

한 남자가 조주 화상에게 말했다.

"오래 전부터 조주의 돌다리가 유명하다기에 와 보니 그저 외줄다리에 불과하군요."

"자네는 외줄다리만 보고 돌다리는 보지 못했구나."

"그 돌다리란 어떤 것입니까?"

화상은 이렇게 대답했다.

"나귀도 건너가게 하고 말도 건너가게 하는 것이네."

마조 화상이 어느 날 백장과 길을 가다가 들오리가 날아오르는 것을 보았다. 화상이 백장에게 물었다.

"저것이 무엇이냐?"

"들오리입니다."

"어디로 갔느냐?"

"저쪽으로 갔습니다."

그 순간 마조 화상은 백장의 코를 힘껏 잡아 비틀었다. 백장은 아픔을 참지 못하고 비명을 질렀다. 이때 마조 화상이 백장에게 말했다.

"가긴 어디로 날아갔단 말이냐!"

『벽암록』, 조오현 역해, 불교시대사, 1997년

서점에 가서 책을 둘러보세요. '레오나르도 다빈치'를 다룬 책이 얼마나 될까요? 셀 수 없을 정도로 많을 거예요. 분야를 가리지 않고 말이에요. '스티브 잡스'가 주인공인 책은 또 어떻고요. 이들에 대한 책이 많다는 것은 그만큼 사람들의 관심이 많다는 의미겠죠.

두 사람은 살아온 시대도, 했던 일도 다르지만 이들에게는 큰 공통점이 있어요. 바로 그들이 '창의성의 아이콘(icon, 특정한 사상이나 생활 방식 등의 상징으로 여겨지는 우상)'이라는 점이에요.

고전 중에서도 이러한 창의성의 보고(寶庫, 귀중한 것이 많이 나거나 간직된 곳)인 책이 있지요. 바로 『벽암록』이랍니다.

『벽암록』은 선불교(禪佛敎)의 핵심 사상이 녹아 있는 책으로, 『벽암록』에는 단순히 기발한 발상 자체가 아닌, 창의적으로 문제를 해결하는 방법의 전형이 살아 숨 쉬고 있답니다.

『벽암록』이 전하는 문제 해결의 핵심은 무엇일까요? 그것은 '문제는 따로 있는 것이 아니며, 문제를 문제로 만드는 것도 인간'임을 인식하는 것입니다. 문제란 어떤 것과 다른 것 사이의 충돌이나 갈등 때문에 발생하는 것이잖아요. 그렇기에 『벽암록』은 나와 남, 좋은 것과 나쁜 것 등으로 나누는 이분법적 사고가 모든 문제의 근원이라고 지적합니다. 사람은 자신의 생각을 기준으로 옳고 그름, 좋음과 나쁨 등을 나누게 마련인데 이렇게 가치 평가를 내리고 난 후에는 문제를 해결하기가 정말 어려워진답니다.

"원수를 사랑하라"는 말을 들어 봤을 거예요. 『벽암록』의 시각으로 이 말에 담긴 문제에 접근해 보죠. 사람은 '나'의 존재가 있음을 전제하고, 그와 반대되는 존재로서 '상대방'을 인식합니다. 그러고서 내가 하는 행동은 옳거나 좋고, 상대방이 하는 행동은 그르거나 나쁘다는 식으로 가치 평가를 하기 쉽습니다. 그러면 상대는 나의 원수가 되겠죠. 원수를 사랑하는 것이 어려운 이유는 여기에 있습니다. 나의 내면에 갈등이 생기기 쉽거든요. 겉으로는 좋아하는 척하지만 속으로는 미워할 수밖에 없고요.

  이 문제를 창의적으로 해결하려면 어떻게 해야 할까요? 먼저 문제를 문제가 되도록 한 시점 이전으로 돌아가야 합니다. 그런 다음 가치 평가를 접고 나와 상대방을 갈라놓는 이분법적인 사고를 원래 상태로 회복시켜 보세요. 그러면 원수 자체가 존재하지 않게 되죠. 원수가 없다면 그를 사랑해야 하기 때문에 나타나는 문제도 저절로 발생하지 않습니다. 이것이 『벽암록』의 문제 해결법입니다. 문제가 생긴 근거 자체를 없애 버리는 것이죠. 문제를 해결할 때 이처럼 근본으로 돌아가는 것은 창의적인 발상의 원천이 됩니다.

> 💬 남전 스님 문하(가르침을 받는 스승의 아래)의 수행자들이 고양이 한 마리를 두고 편을 나눠 다투고 있었습니다. 스님이 이를 보고 고양이를 들고 말했습니다.
> "한마디만 하면 고양이를 베지 않겠다."
> 수행자들이 아무 말도 하지 않자 스님은 고양이를 두 동강으로 베고 말았습니다. 남전 스님이 고양이 목을 자르고 나서 조주 스님에게 이 이야기를 들려주고 물었습니다.

"그때 자네라면 어떻게 했겠는가?"

조주 스님은 말없이 신을 벗어 머리에 이고 밖으로 나갔습니다. 남전 스님은 이 모습을 보고 이렇게 말했습니다.

"그 자리에 자네가 있었다면 고양이를 살릴 수 있었을 텐데 …."

남전 스님은 왜 고양이 목을 벤 것일까요? 수행자들이 어떻게 했다면 고양이를 살릴 수 있었을까요? 조주 스님은 왜 신발을 머리에 이고 밖으로 나간 걸까요?

이 모든 질문의 답은 하나입니다. "문제 자체로부터 벗어남으로써 문제를 해결할 수 있다."

고양이가 없었다면 갈등도 없었겠죠. 갈등을 해결하기 위해 남전 스님은 고양이를 없앤 것입니다.

또 다른 해결법은 갈등하는 사람들 자체가 사라지는 것입니다. 만약 모두가 그 자리를 떴거나 고양이는 죄가 없으니 살려 달라고 말했다면 고양이의 목숨을 살릴 수 있었을 것입니다. 그런 면에서 모든 상황을 뛰어넘는 조주 스님의 태도는 최선의 대응이었던 거예요.

『벽암록』에는 이런 방식으로 해결한 문제들이 가득 차 있어요. 사람들은 누구나 좋아하는 것에 애정을, 싫어하는 것에 미움을 가지고 있죠. 이 모든 것은 집착이라고 할 수 있어요. 집착은 자신은 물론 상대도 망가뜨리는 결과를 낳곤 해요. 따라서 문제를 해결하기 위해서는 집착에서 벗어나야 합니다. 그래야 문제가 바로 보이니까요.

> 야구 선수가 홈런을 치겠다고 결심하고 마운드에 서면 어깨에 힘이 잔뜩 들어가서 아웃될 확률이 매우 높아집니다. 욕심 때문에 마음에 부담이 생기고 부담 때문에 근육이 긴장하게 되니까요. 그럼 반대로 '홈런을 절대로 치지 않겠다.'고 생각하면 어떨까요? 당연히 좋은 결과를 기대하기 어렵겠죠.
> 홈런을 치려면 마음을 비워야 해요. 홈런에 대한 생각 자체에서 벗어나 자연스럽게 방망이를 휘둘러야 하죠.

창의적인 문제 해결이 어려운 이유는 문제를 해결하려고 애쓰기 때문입니다. 문제가 놓인 상황을 다시 생각하고 문제를 만든 사람의 머릿속으로 들어가 문제를 역으로 추적해 그 근본을 찾는다면 의외로 쉽게 문제 해결의 길이 열린답니다.

이 방법은 선불교에서만 쓰이는 것 아니냐고요? 현대 물리학의 아버지 아인슈타인이 어려운 문제를 해결한 것도 바로 이 방법을 통해서였어요. 아인슈타인의 명언으로 이야기를 마칠게요.

"We can't solve problems by using the same kind of thinking we used when we created them(문제를 만들었던 때와 같은 사고로는 우리가 일으킨 문제를 해결할 수 없다)."

성공한 사람의 허영심은 그를 알아볼 수 없게 하지

로베르트 발저 Robert Walser, 『벤야멘타 하인학교』

우연히 요한 형을 만났다. 그것도 혼잡한 인파 속에서 말이다. 우리의 재회는 아주 우호적인 분위기에서 이루어졌다. 자연스럽고 다정했다. 요한 형은 매우 친절하게 굴었고, 나도 그랬던 것 같다. 우리는 사람들의 발길이 뜸한 어느 작은 레스토랑으로 들어가서 잡담을 나누었다.

"있는 그대로의 모습으로 살아가라, 동생아."

요한 형은 말했다.

"밑바닥부터 시작해, 그게 훌륭한 거야. 만약에 도움이 필요하다면…."

나는 괜찮다는 뜻으로 손을 가볍게 내저었다. 그는 계속 이야기를 이어 갔다.

"한번 봐, 저 위를. 그곳은 살 만한 곳이 아니야. 말하자면 그렇다는 거지. 내 말뜻을 잘 새겨들으렴, 사랑스런 동생아."

나는 힘차게 고개를 끄덕였다. 그가 말하고자 하는 바가 처음부터 훤히 이해되었기 때문이다. 하지만 나는 그가 계속 이야기하도록 내버려 두었다. 그는 이렇게 말했다.

"저 위, 그곳을 지배하는 공기라는 게 말이다. 그러니까 충분하게 무엇인가를 해냈다라는 분위기가 지배적인데, 그게 사람들을 압박하고 구속한단다. 내가 무슨 말을 하고 있는 건지 네가 도무지 이해할 수 없으면 좋겠다. 네가 내 말을 온전히 다 이해한다는 건 말이지, 동생아, 그건 네가 무서운 인간이라는 뜻이기 때문이지."

우리는 웃었다. 아, 형과 함께 웃을 수 있다는 것, 그건 꽤 기분 좋은 일이다. 그는 말했다.

"너는 지금 말하자면 영(零)인 거야, 소중한 동생아. 젊었을 땐 누구나 영이 되어야만 한다. 왜냐하면 일찍, 너무 일찍 어떤 중요한 존재가 되는 것처럼 위험한 것은 없기 때문이지. 확실한 것은 너란 존재가 너 자신에게는 무언가를 의미한다는 거다. 브라보. 훌륭해. 하지만 세상 사람들에게 너는 아직 아무런 존재도 아니야. 그것도 마찬가지로 훌륭해. 난 항상 네가 내 말뜻을 완전히 이해하지 못하기를 바란다. 왜냐하면 완전히 이해한다면…."

"전 무서운 인간일 테니까요."

내가 그의 말을 끊었다. 우리는 다시 웃었다. 너무 재미있었다.

『벤야멘타 하인학교』, 로베르트 발저 지음 / 홍길표 옮김, 문학동네, 2009년 여기 '벤야멘타 하인 학교'라는 이름의 학교가 하나 있습니다. 이 학교는 특별합니다. 다양한 지식을 쌓고 훌륭한 사람이 되라고 요구하는 다른 학교와 달리, 이곳의 학생들은 아무것도 되지 않기 위해 아무것도 하지 않는 법을 배웁니다.

주인공 야콥은 귀족 가문 출신이지만 하인이 되기 위해 스스로 이 학교에 입학해요. 자기 자신이 인생의 주인으로 끊임없이 변화하고 발전하라고 요구하는 세상의 흐름을 거슬러, 남을 위해 '0(零, zero)'으로 사는 삶을 선택합니다.

제대로 된 라면을 끓이지 않았다며 항공기 승무원을 함부로 대한 대기업 상무, 다른 곳에 주차하기를 부탁한 호텔 직원을 폭행한 중소기업 사장, 대리점 주인에게 폭언과 협박을 해 물품을 강매한 대기업 사원… 소위 '수퍼 갑의 횡포'라고 알려진 사건들입니다.

갑(甲)과 을(乙)은 계약의 두 주체를 가리키는 한자입니다. 지위가 높은 계약자를 갑, 지위가 낮은 계약자를 을이라 칭하는 것이 일반적이에요. 그러다 보니 사회관계에서 상대적으로 힘이 센 쪽을 갑, 반대쪽을 을이라고 여기게 됐죠. 하지만 최근 한국 사회에서는 갑의 횡포에 대한 을들의 대반격이 이루어지고 있습니다. 대중에게 힘을 얻은 을들이 목소리를 내기 시작한 것이죠.

『벤야멘타 하인학교』는 처음부터 '을'로서 살아가는 방법을 가르쳐 줍니다. 단 하나뿐인 소중한 나Only one가 아닌, 많은 사람 속 한 사람One of them

으로 살아가라는 것이죠. 작품 속에서 하인의 이상형으로 추앙(推仰, 높이 받들어 우러러봄)받는 인물은 '크라우스'입니다. 그는 매일 반복되는 작은 배움에 한결같이 충실한 사람이죠. 사랑이나 증오, 동경과 권태와 같은 감정조차 느끼지 않는 완벽한 '0'의 존재입니다.

반대로 야콥의 형인 요한은 상류 사회에 속한 인물입니다. 작가는 그를 통해 오로지 성공만을 위해 사는 상류사회 사람들은 허위 허식으로 가득 차 있고 기만으로 무장하고 있음을 보여 줍니다. 작가는 '그렇게 살아가느니 차라리 세상을 섬기면서 하인으로 살아가는 것이 낫지 않느냐.'고 역설적으로 질문합니다.

벤야멘타 하인학교의 원장은 상류층의 삶을 살다가 추락한 인물이에요. 젊은 날에는 천하를 가졌지만 현재는 절망의 나날을 살아가죠. 결국 떨어지기 위해 올라가는 것이 우리의 인생이라면 추락의 고통을 겪지 않도록 차라리 하류 세상에서 사는 편이 낫다는 것이 작품에 담긴 저자의 생각입니다.

세상 사람들은 더 많이 가지기 위해, 더 높은 자리에 올라가기 위해 애를 씁니다. 모두가 더 가지기 위해 힘쓸 때 나누고, 더 높아지려는 이들 사이에서 낮아지려 하는 일은 쉽지 않습니다. 그러나 진정한 나눔과 섬김의 삶을 산다면 사람들은 그를 주목할 것입니다. 세상의 가치와 반대되는 삶을 살기 때문입니다. 진정한 사회적 존경은 이런 역설적 모습에서 드러나죠. 저자는 삶의 끝까지 꿰뚫어 보고, 그 끝에 서서 삶을 역으로 살아가는 방법을 우리에게 알려 주는 것인지도 모릅니다.

💬 '노벨상'은 세계에서 가장 유명한 상 중 하나죠. 이 상이 만들어진 계기를 알고 있나요? 폭발물 제조업자였던 알프레드 노벨은 왜 인류에게 공헌한 사람을 기리고 상 주는 일에 재산을 바쳤을까요? 노벨의 형이 죽었을 때, 한 신문사 기자가 노벨이 죽은 것으로 잘못 알고 사망 기사를 실었습니다. 그 기사의 제목은 '죽음의 상인 숨지다'였습니다. 노벨은 비로소 세상이 자신을 어떻게 생각하고 있는지, 또 앞으로 어떻게 기억될지를 실감합니다. 이 일을 계기로 노벨이 재산의 대부분을 노벨상 설립에 헌납했다고 합니다.

다들 위로 올라가려고 할 때 내려오는 데 힘써 보세요. 남들이 다 돈을 벌려고 애쓸 때 가만히 놀고 있으라는 의미가 아니라 '하지 않으려고 하는 적극성'을 보이라는 말입니다. 예수의 삶이 그와 같았어요. 스승이 제자의 발을 씻긴다는 것은 당시 사람들로서는 이해할 수 없는 행동이었지만 예수는 기꺼이 그런 삶을 살았죠.

여러분도 의도적으로 낮아지는 훈련을 할 필요가 있어요. 우리나라의 소외된 사람들을 위해 또는 세계의 열악한 지역에서 봉사활동을 한다면 성장하는 계기가 될 수 있을 거예요. 봉사는 여러분에게 세상의 다른 면을 보여 주고, 세상을 섬기는 법을 알려 주는 벤야멘타 하인학교가 될 것입니다.

나누고 섬기는 일은 결코 쉬운 일이 아니에요. 상대를 먼저 배려해야 하기에 감정 노동의 고통을 겪기도 하고, 성공을 지향하는 사람들 속에서 뒤처지는 것처럼 느껴질 수도 있죠. 하지만 나눔과 섬김의 삶은 그 자체만으로도 충분히 사회적 존경을 받을 가치가 있음을 기억하세요.

문제 앞에서 절망할 것인가, 혹은 정원을 가꿀 것인가

볼테르Voltaire, 「깡디드」

깡디드는 그 회교도 노인의 집에서 자기의 자그마한 농가로 돌아오면서 그 노인의 이야기를 깊이 음미해 보았다. 그는 일행을 돌아보며 이렇게 말했다.

"이 착한 노인은 우리가 저녁 식사를 여섯 황제와 함께 하며 만찬의 기쁨을 누렸던 것보다 훨씬 더 큰 기쁨을 우리에게 주었어요."

그러자 빵글로스가 말했다.

"인간의 영화는 몹시 위태로운 것이지. 그것은 이미 모든 철학자들이 입증한 바 있다네. 모아브 국의 에그론 왕은 오드에게 살해되었고, 압살론은 머리털로 목을 매여 죽음을 당하고도 모자라 세 개의 창에 가슴을 찔렸지. (…) 그리고 중세 이후로 영국의 리처드 2세, 에드워드 2세, 헨리 6세, 리처드 3세, 메리 스튜어트, 찰스 1세, 그리고 프랑스의 앙리 왕 세 분, 앙리 4세까지 모두 어떻게 되었는지 알고 있나? 그리고 또…."

"알고말고요. 우리는 그저 우리 뜰이나 경작해야 합니다."

깡디드가 이렇게 대답하자, 빵글로스가 말을 이었다.

"자네 말이 맞네. 왜냐하면 인간이 에덴동산에 놓인 것은 일을 하기 위해서니까. 그것은 곧, 인간은 놀기 위해서 태어난 것이 아니라는 말일세."

잠자코 듣고 있던 마르땡이 입을 열었다.

"추론만 하지 말고 일을 합시다. 모든 것을 참고 살아 나가려면 이 방법밖에 없습니다."

이들 소수 집단의 구성원 모두는 이 칭찬할 만한 계획에 참여했다. 그리고 제각기 자신의 재능을 시험해 보기 시작했다.

작은 땅이지만 많은 수확이 있었다. 뀌네공드는 정말 눈뜨고 볼 수 없을 만큼 추한 모습이 되었지만 훌륭한 과자 제조인이 되었고, 빠께뜨는 수를 놓았다. 노파는 해진 내의를 꿰맸다. 지로플레 수도사까지 열심히 일하여 그곳에는 노는 사람이라곤 아무도 없었다. 그는 아주 솜씨 좋은 목수가 되었고, 정직한 사람이 되었던 것이다.

빵글로스는 가끔 깡디드에게 이렇게 말하곤 했다.

"모든 일이 이젠 가능한 최선의 세계로 맥락을 짓게 되었네. 만일 깡디드 자네가 뀌네공드 양을 사랑한 것 때문에 후원에서 발로 엉덩이를 채어 성 밖으로 추방당하지 않았더라면, 그리고 자네가 종교재판장 앞에 서 보지도 않았더라면, 또 자네가 맨발로 아메리카 대륙에 가 보지 않았더라면, 그리고 자네가 남작을 칼로 멋지게 찌르지 않았더라면, 또 자네가 이상향 엘도라도에서 얻은 양을 몽땅 잃어버리지 않았더라면, 자넨 결코 이곳에서 설탕에 절인 레몬류의 과일과 피스타치오 열매를 먹어 보지 못했을 것이네."

깡디드가 빵글로스의 말을 듣고 대답했다.

"옳은 말씀이십니다. 그러나 지금 우린 우리의 뜰을 경작해야 합니다."

『깡디드』, 볼테르 지음 / 염기용 옮김, 범우사, 1996년

'순진한'이라는 의미의 단어인 '깡디드Candide'로 불리는 소년이 있었습니다. 그 소년은 숙부인 남작의 저택에서 살며 "모든 것은 최선의 상태에 놓여 있다."고 주장하는 빵글로스 선생의 가르침을 받습니다. 그는 남작의 딸 큐네공드를 좋아했다가 저택에서 쫓겨나고 전쟁, 지진, 노예 생활 등 온갖 역경을 겪게 됩니다. 깡디드가 겪는 사건을 통해 저자 볼테르는 풍자적인 안목으로 당시 사회의 부조리를 고발합니다.

『깡디드』의 주요 인물은 깡디드와 빵글로스, 마르탱 이렇게 3명입니다. 빵글로스는 낙관론자로 당시 주류 철학자인 라이프니츠를 대변하는 인물이죠. 마르탱은 염세주의를 대표합니다. 이들 사이에서 깡디드는 어떤 시각을 갖고 있을까요?

그는 천성이 선하고 순진하며 정직한 인물로 무엇보다도 균형 잡힌 시각을 가진 것으로 보입니다. 작가는 세 사람의 렌즈를 통해 당시 귀족들의 오만함과 허위의식, 당시의 철학과 교회의 마녀사냥 및 전쟁의 잔인성 등을

풍자하고 있습니다.

볼테르는 계몽주의 사상가입니다. 인간의 이성에 기초한 합리성으로 당시의 권위주의적이고 비합리적인 전통을 개혁해야 한다는 생각을 가진 사람이었죠. 그의 눈에는 과학, 철학, 종교, 정치 등 사회 어느 한구석도 합리적으로 여겨지지 않았습니다. 그럼 이제 이런 볼테르가 풍자한 18세기 유럽으로 들어가 봅시다.

작품의 배경은 그 시대에 실제로 일어났던 비극적인 사건들과 깊은 관련이 있습니다. 지진이나 7년 전쟁 등이 대표적인 예로 사람들의 삶은 피폐해질 대로 피폐해진 상태였어요. 당시에는 라이프니츠 철학이 세상을 지배하고 있었는데, 그의 사상은 '신은 완전하므로 신이 창조한 세상도 완벽하다.'는 것이었습니다. 세상의 모든 것이 완벽하며 서로 조화롭게 이뤄진다고 여겼죠.

라이프니츠를 대변하는 빵글로스 역시 전쟁으로 황폐해진 상황에서도 세상은 완벽하다며 신을 찬미합니다. 화형과 교수형으로 죽을 위기에 놓여 있으면서도 세상은 아름답고 완벽하다는 신념을 놓지 않았습니다. 볼테르는 이런 빵글로스를 통해 현실과 유리(遊離, 따로 떨어짐)된 비현실적인 철학을 비판하고 있습니다.

볼테르는 또한 교회에 대한 비판도 서슴지 않았어요. 포르투갈 리스본에서 지진이 일어나자 사람들은 '사람을 화형에 처해 제물로 삼으면 지진이 멈춘다'고 생각했습니다. 이 과정에서 일종의 마녀사냥이 이루어졌고요. 이러한 교회의 비합리성과 부패는 합리성을 중시하는 볼테르의 눈에 한심한 짓으로 보일 수밖에 없었습니다.

저자는 당시의 시대적 잔혹상과 비인간성을 고발합니다. 인간의 신체를 학대한다거나 지진으로 고통받는 사람의 재산을 약탈하는 등의 행위가 대표적입니다. 마르탱의 등장은 이러한 사회적 분위기와 무관하지 않습니다. 숱한 고생을 한 노학자인 그는 지극히 비관적인 인물로 '세상은 우리를 못살게 굴기 위해 만들어졌다'고 생각했죠. 그는 모든 세상사에 마귀가 깊이 관련돼 있다고 믿으며, 자신이 방문한 수많은 도시의 여러 면 중에서도 추악한 면만을 기억하는 인물이었습니다.

> 물이 반쯤 든 컵을 보고 낙관론자들은 '물이 반이나 있네!'라고 하고 비관론자들은 '물이 반밖에 없군.'이라고 한답니다. 창의적인 사고를 하는 사람들은 뭐라고 할까요?
> 그들은 상태 그 자체에 대해 이야기하는 것을 뛰어넘습니다. '왜 여기 물이 있지? 왜 다른 것이 아닌 물이 있을까? 오렌지 주스면 안 될까?' 등 창의적인 질문을 하게 되죠. 문제 해결은 문제에 대한 인식이나 의문 등에서 시작된다고 합니다.
> 여러분도 낙관론과 비관론이라는 양극단의 문제의식에서 벗어나, 창의적인 생각으로 문제 자체를 새롭게 바라보도록 해 보세요.

볼테르는 '세상이 선하다'는 낙관론에 대해서는 "세상이 그렇게 선하지만은 않다."라고 주장하고, '세상은 모순으로 가득 차 있다.'라는 비관론에 대해서는 "세상이 그렇게 악하지만은 않다."고 말합니다. 그렇다면 저자는 세상을 어떻게 바라보는 사람이었을까요? 그는 깡디드의 입을 빌려 자신의 생각을 전합니다. "우리는 우리의 정원을 경작해야 한다."라고요.

긍정과 부정의 거대 담론 속에서 우리가 해야 할 일은 우리에게 주어진 작은 일을 하나씩 하나씩 해 나가는 것입니다. 그것이 우리의 최선이고, 사회를 변화시키기 위해 땀을 흘리고 노력하여 이 사회를 가꿔 나가야 한다고 저자는 말합니다. 우리 앞에 주어진 작은 일을 하지 않으면서 큰 이야기를 하는 것은 무의미하다는 의미이기도 합니다.

결론적으로 당시 빵글로스가 대변하는 과도한 낙관론과 회의론에 빠진 비관론자들 틈에서 깡디드는 '우리에게 주어진 작은 정원을 경작하는 것이 현실을 살아가는 하나의 대안'이라고 생각합니다. 나에게 주어진 현실을 하나하나를 변화시켜 나가는 것이 현실 개혁의 출발점이라는 것입니다.

"지극히 현실적이면서도 지극히 미래지향적일 때 살아남을 수 있다(스톡데일 패러독스)."고 합니다. 꿈이라는 핑크빛 미래에 대한 막연한 희망 속에서만 살고 있지는 않나요? 혹은 현실의 어려움 앞에 기가 눌려 웅크려 있지는 않나요? 여러분이 해야 할 것은 현재 자신에게 주어진 일들을 하나씩 해결해 나가는 것입니다. 그럴 때에 자신이 세운 목표에 도달할 수 있게 될 것입니다.

행복할 수 있는 일을 찾아라

막스 베버 Max Weber, 「프로테스탄티즘의 윤리와 자본주의 정신」

따라서 기독교 신자는 그 기회를 사용하여 그러한 부르심에 따라야만 한다; 만일 신이 너에게 너의 영혼이나 타인의 영혼에 해를 주지 않고 다른 방법보다 많은 이익을 거둘 수 있는 합법적 방법을 제시하는데 네가 이를 마다하고 보다 적은 이익을 주는 방법을 따른다면 너는 네 소명calling의 목적 하나에 역행한 것이며 신의 대리인(집사)이 될 것을 거부한 것이며 신의 선물을 받아 신이 요구할 때 그 선물을 그를 위해 사용할 수 있는 기회를 거부한 것이다. 당연히 육욕과 죄를 위해서가 아니라 진정 신을 위해서라면 부자가 되기 위해 노동해도 괜찮다. 이렇게 부는 게으른 휴식과 죄 많은 삶의 향락에 대한 유혹으로서 위험시된 것이며 부의 추구도 그것이 나중에 근심 없이 안일하게 살기 위한 것일 경우에만 위험시된 것이다.

반면에 직업 의무의 행사로서 부의 추구는 도덕적으로 허용될 뿐만 아니라 명령된 것이기까지 하다. 그에게 맡겨진 돈을 활용하여 증가시키지 않았기 때문에 쫓겨났던 종의 비유는 바로 이점을 말하는 것으로 여겨졌다. 빈곤해지려는 것은 빈번히 논증되었듯이 병들려 하는 것과 같다는 말이다. 그러한 바람은 위선이자 신의 영광을 해치는 것으로 비난받아야 한다는 것이다. 그리고 노동 능력이 있는 자가 구걸하는 것은 나태이므로 죄일 뿐 아니라 사도의 말씀에 따르더라도 이웃 사랑에 위배되는 것이다.

확고한 직업의 금욕적 중요성을 강조한 것이 근대적인 전문 직업을 윤리적으로 신성시했듯이, 이윤기회에 대한 섭리적 해석은 기업가를 신성하게 만들었다. 영주의 고상한 방종과 벼락부자의 과시적 허세는 모두 금욕주의가 증오하는 것이다. 이에 반해 정직하게 자수성가한 부르주아는 대단한 윤리적 평가를 받았다. 즉 '신이 그의 사업을 축복하신다.'는 말은 성공적으로 신의 섭리를 수행한 성도에 대한 상용어다.

『프로테스탄티즘의 윤리와 자본주의 정신』, 막스 베버 지음 / 박성수 옮김, 문예출판사, 2013년

"서구의 근대를 만든 것은 '보편적 합리성'이다."

독일의 사회철학자 막스 베버는 그의 책 『프로테스탄트 윤리와 자본주의 정신』에서 이렇게 말합니다. 합리성이란 인간 이성에 기초한 사고방식이죠. 그는 이 합리성이 특정 분야에서만 나타난 것이 아니라 서구 문명 전반

에 걸쳐 나타났다고 말합니다. 그리고 이를 설명하기 위해 서구 근대 과학의 탁월한 발전, 법학의 체계화, 다른 문화권의 다성 음악과 차별화되는 합리적인 화성 음악, 전문적이고 과학적인 고등 교육 기관의 출현 등을 예로 들어요. 베버는 무엇보다도 '자본주의'에 주목하고 합리성이 서구 자본주의를 태동(胎動, 어떤 일이 생겨날 기운이 싹틈)시켰다고 봅니다.

인간은 누구나 더 많은 것을 가지고 싶은 욕구가 있고 또 아주 오랜 옛날부터 거래를 해 왔다는 것을 여러분도 잘 알고 있을 거예요. 하지만 베버는 이런 것은 자본주의가 아니라고 이야기합니다.

자본주의는 지속적이고 합리주의적인 경영에 의한 이윤 추구를 뜻하며, 세계 어디에나 있던 상업적 활동이 서구의 합리적 사고와 만나 비로소 자본주의로 발전하게 됐다고 말하죠. 특히 그는 노동의 합리적인 자본주의적 조직화가 자본주의의 태동에 결정적으로 기여했다고 봤어요. 이는 애덤 스미스가 『국부론』에서 '국부의 원천은 노동의 합리적인 조직화, 즉 분업의 원리'라고 본 것과 어떤 면에서는 같은 맥락이라고 볼 수 있어요.

베버는 '자본주의는 서구의 근대적 합리성을 만나면서부터 시작됐다.'고 말합니다. 자본주의의 씨앗이 서구 근대의 합리적 정신의 밭에 떨어져 싹이 나기 시작했다는 것이죠. 싹이 난 자본주의는 프로테스탄트 윤리와 만나 잘 자라 꽃을 피우기 시작합니다. 프로테스탄트 윤리와 자본주의가 잘 자랄 수 있는 환경이 됐다는 거예요.

프로테스탄트는 기독교의 한 분파랍니다. 로마 가톨릭을 구교라고 한다면 프로테스탄트는 신교라고 할 수 있죠. 대체 종교적 윤리가 자본주의와 어떤 상관이 있다는 것일까요? 베버는 종교와 사회의 관계에 많은 관심을 가지고 있었답니다.

　베버는 프로테스탄트와 독일 자본주의 산업과의 통계적 연관성, 프로테스탄트와 숙련 노동의 상관성을 찾아냈어요. 그리고 한 나라 안에서도 종교에 따라 부의 차이가 나는 이유가 무엇인지 밝혀 나갑니다. 삶의 세속화를 추구했던 프로테스탄트들은 자신의 직업이 신의 소명(召命, 어떤 일이나 임무를 하도록 부르는 명령)이라고 여겼어요. 따라서 종교적 믿음을 가진 사람으로서 일을 열심히 하지 않을 수 없었죠.

　이러한 프로테스탄트의 사고방식이 발전하면서 부를 추구하고 축적하는 것을 곧 신의 축복의 징표로 해석하는 단계에 이르게 됩니다. 부를 추구하는 것은 곧 신을 위한 일이며, 반대로 부를 획득하지 못하는 것은 비종교적인 일로 여긴 거예요. 베버가 프로테스탄트의 윤리를 자본주의와 연결해 생각한 근거는 바로 여기에 있습니다.

　이 부분에서 짚고 넘어가야 할 것이 있어요. 지금 우리가 함께 이야기 나누는 고전의 제목은 『프로테스탄트 윤리와 자본주의 정신』이죠. 프로테스탄트 윤리가 자본주의 자체를 발전시켰다기보다는 자본주의 발전의 기반이 되는 '자본주의 정신'과 관계가 있다는 거예요. '소유에 대한 욕구' 자체만 갖고 있던 것과는 달리 '합리적 영리 추구'로 자본주의 시스템을 만들게 된 것입니다.

💬 야구에서 타자들이 공을 칠 때, 힘을 많이 들이지 않고 원하는 방향으로 빠르고 멀리 보낼 수 있도록 하는 최적의 지점이 있다고 해요. 그 지점을 '스위트 스폿(sweet spot)'이라고 합니다. 사람도 마찬가지예요. 누구나 자신의 뇌 안에 스위트 스폿을 가지고 있습니다. 모든 사람은 엄청난 잠재 가능성을 가지고 있으며 자신 안에 있는 스위트 스폿을 발견하는 사람은 진정한 일을 찾을 수 있게 됩니다. 그렇게 된다면 열심히 하지 않을 수 없겠죠.

본인과 맞지 않은 일을 억지로 하면서 사는 삶보다 불행한 삶은 없을 거예요. 반대로 자신이 좋아하는 일을 하며 사는 사람은 행복하겠죠. 행복한 삶을 위해 가장 먼저 할 일이 바로 자신의 뇌 적성을 아는 것입니다. 자신의 뇌가 좋아하는 일을 찾는 것, 그것이 바로 뇌의 스위트 스폿을 찾는 일입니다.

자신의 스위트 스폿이 어디인지를 알고 있나요? 그곳을 정확히 찾아 적절한 자극을 줄 때, 비로소 잠자고 있던 뇌 본능이 깨어나고 삶이 성공을 향해 쭉쭉 뻗어 나가게 될 거예요.

여러분이 앞으로 하게 될 일, 해야 할 일은 무엇일까요? 막스 베버의 글에 등장하는 프로테스탄트들은 일을 신의 부름으로 여기며 이성과 지혜를 다해 신성하게 임했어요. 그렇다면 우리는 어떤 일을 열심히 해야 할까요? 답은 여러분 안에 있답니다.

'1만 시간의 법칙'이라는 말이 있어요. 어떤 일이든 1만 시간을 투자하면 그 분야의 전문가가 될 수 있다는 의미예요. 자신이 좋아하는 일을 하다 보면 1만 시간이 어떻게 흘러갔는지도 모르고, 노하우를 가진 전문가로 자리

매김할 수 있게 되겠죠. 그렇게 되면 일은 '먹고 살기 위한 직업'이 아니라 '천직(天職, 타고난 직업이나 직분)'이 될 거예요. 마치 그 일을 위해 태어난 사람처럼, 일 자체로 행복을 누리며 살게 되는 것이죠.

세상을 바꾸는 혁신은 바로 이런 열정을 가진 사람에서 시작됩니다. 막스 베버의 고전을 통해 사람을 움직이고 세상을 바꾸는 힘은 '정신'에서 온다는 사실을 기억하세요. 여러분의 성공과 실패를 결정하는 것 역시 여러분입니다. 지금 여러분이 가진 삶의 윤리와 마음가짐을 먼저 점검해 보세요.

세 치 혀로 흥한 사람,
세 치 혀로 망한 사람

플루타르코스 Plutarchos, 「수다에 관하여」

철학이 수다를 치유하려 한다면 까다롭고 힘든 과제를 떠맡는 셈이다. 수다의 치료약은 말이고, 말은 듣는 사람이 있어야 하는데, 수다쟁이들은 계속 지껄이느라 어느 누구의 말도 듣지 않기 때문이다. 또한 침묵하지 못하는 상태가 듣지 못하는 상태로 이어지는 것, 이것이 바로 수다쟁이들이 걸린 병의 첫 징후이다. 이것은 스스로 자초한 귀머거리 현상인데, 그 희생자들은 아마도 귀는 둘인데 입은 하나밖에 주지 않았다고 자연을 탓할 것이다. 따라서 아둔한 청자聽者에 관한 다음과 같은 에우리피데스의 말이 옳다면,

현명하지 못한 사람에게 현명한 말을 들이붓는 것은
시루에 물 퍼붓기와 같다.

수다쟁이에게 또는 수다쟁이에 관해 다음과 같이 말하는 것은 더 옳다 할

것이다.

현명하지 못한 사람에게 현명한 말을 들이붓는 것은
밑 빠진 독에 물 붓기와 같다.

그러니 남들이 듣지 않을 때 말하고 남들이 말할 때 듣지 않는 사람은 더욱 더 그럴 것이다. 그의 수다가 일종의 썰물을 만나 그가 잠시 귀를 기울인다 하더라도 다음 순간 그는 바로 그 몇 배를 되돌려 주기 때문이다.

올림피아에는 한 번만 소리쳐도 여러 번 메아리치는 주랑柱廊이 있는데, 그래서 그것은 '일곱 목소리의 주랑'이라 불린다. 그러나 수다는 가장 작은 말이와 닿아도 지체 없이 사방으로 되울린다.

아직까지 울린 적 없는 마음의 거문고 줄을 울리며.

수다쟁이들은 아마도 귀가 마음과 연결된 것이 아니라 혀와 연결되어 있는 듯하다. 그래서 다른 사람들은 말을 마음에 간직하는 데 반해 수다쟁이들은 말을 흘려보내며 실속 없이 시끄럽기만 한 빈 수레처럼 요란스레 사방으로 돌아다니는 것이다.

『수다에 관하여』, 플루타르코스 지음 / 천병희 옮김, 도서출판숲, 2010년

말 한마디에 천 냥 빚도 갚는다.
말이 씨가 된다.
말이 많으면 쓸 말이 적다.

침묵은 금이다.

세 치 혀로 흥한 자, 세 치 혀로 망한다.

위 글귀는 모두 '이것'에 관한 속담이에요. 그러면 '이것'은 무엇일까요? 맞아요. 위의 글들은 모두 '말'에 관한 속담이죠. 우리가 의사소통을 하는 데 아주 중요한 '말', 그러나 '말'에 관한 속담이나 격언을 찾아보면 경고의 메시지를 담은 것이 많아요. 약 2,000년 전 그리스 철학자이자 저술가인 플루타르코스는 그 이유가 뭐라고 생각했을까요? 플루타르코스의 작품 『수다에 관하여』를 통해 그 이유를 알아봅시다.

그리스어로 수다는 'adoleschia'라고 해요. 이 단어는 '악의 없는 지루한 잡담'이라는 의미와 '경솔하고 위험한 발설'이라는 의미를 함께 갖고 있다고 해요. 플루타르코스는 한 걸음 더 나아가 수다에 대해 독설을 합니다. "주정뱅이는 술 마실 때만 허튼소리를 하는 데 비해, 수다쟁이는 술을 마시지 않음에도 밤낮을 가리지 않고 허튼소리를 한다." 그는 수다를 병으로 보고 진단하고 치료하는 방법까지 제시해요.

플루타르코스는 수다의 가장 큰 문제점으로 '내가 말하는 동안은 들을 수 없다'는 것으로 진단합니다. 수다가 가진 문제의 원천을 '입'에서 '귀'로 전환한 것이죠. 남의 말을 듣지 않는 사람이 바로 수다쟁이라는 것입니다.

💬 고(故) 이병철 삼성 회장은 삼성전자 이건희 회장에게 '경청(傾聽)'이라는 휘호(揮毫, 붓을 휘둘러 글씨를 쓰거나 그림을 그림)를 건넸다고 합니다. 이건

희 회장은 이 휘호를 벽에 걸어 놓고 마음의 지표로 삼았다고 해요. 이건희 회장은 삼성이라는 기업을 성장시키는 데 이 좌우명의 역할이 컸다고 생각했고, 자신의 아들 삼성전자 이재용 부회장에게도 조직의 리더로서 꼭 필요한 태도로 '경청'을 대물림했다고 합니다.

수다의 두 번째 문제점은 '대화가 안 된다'는 것입니다. 수다 자체가 대화인데 대화가 안 된다니 무슨 말이냐고요? 플루타르코스는 수다쟁이는 상대방이 안 들을 때 이야기하고 상대방이 얘기할 때는 듣지 않는다고 했습니다. 그러니 의사소통이 되지 않죠. 수다의 세 번째 문제점은 감동이 없는 말일 뿐이라는 점입니다. 무의미한 공기의 울림일 뿐, 마음에서 나오는 말이 아니기에 부족하다는 것입니다.

수다는 증식될 수 있어요. 베이징에서 나비가 한 번 날갯짓을 하면 뉴욕에서 태풍을 일으킬 수도 있다는 '나비효과'는 아주 작은 움직임이 큰 변화를 일으킬 수 있다는 의미가 있죠. 이처럼 한 사람의 말은 순식간에 퍼지게 됩니다. 비밀은 이야기하는 순간 더는 비밀이 되지 않는 것이 바로 이런 이유에서죠.

> 로마가 네로에게서 해방돼 다시 공화국이 되지 못한 것도 한 사람의 수다 때문이었다. 준비는 다 돼 있었고, 하룻밤만 지나면 폭군은 죽게 돼 있었다. 그런데 폭군을 암살하기로 돼 있던 사람이 극장에 가다가, 네로 앞으로 끌려가느라 포박당한 채 궐문 앞에서 신세타령을 하는 죄수를 보고는 그에게 다가

가 귀에다 대고 속삭였다. "이봐요, 오늘만 지나가게 해달라고 기도하시오. 내일이면 그대는 나한테 감사하게 될 거요." (…) 죄수는 더 명예로운 살길보다는 더 확실한 살길을 선택했으니, 들은 대로 네로에게 알려 주었던 것이다. 그러자 음모를 꾸미던 자는 즉각 체포돼 고문당하지 않고도 누설했던 것을 부인하다가, 고문을 당하고 불로 지져지고 채찍질을 당했다.

플루타르코스는 수다라는 행위를 치료하려면 이성의 힘을 빌려야 한다고 말합니다. 자신의 마음이 아무리 '말을 해야 한다'고 종용하더라도 이성으로 감정을 조절하는 거죠. 그러면 자연스럽게 자신이 말해야 할 때를 기다릴 수 있게 됩니다. 또 상대가 자신에게 질문하는 의도를 파악해 공손하고도 겸손하게 적절한 답을 할 수 있게 되고요.

좋아하는 주제를 가지고 대화할 때 특히 더 조심해야 해요. 이런 상황에서 우리는 듣는 사람은 염두에 두지 않고 하고 싶은 말만 쏟아 내기 때문이죠. 더불어 자신이 왜 말을 하는지를 스스로 묻는 습관을 가져야 합니다. 그렇게 될 때 무의미한 단어의 나열에 불과한 허무한 수다가 참된 대화가 될 수 있는 거예요. 그러나 이 모든 것을 뛰어넘어 수다를 치료하는 최고의 방법은 '침묵'이라고 해요. 침묵할 때에야 비로소 수다가 가진 모든 문제로부터 벗어날 수 있으니까요.

SNS의 활성화는 새로운 소통의 장을 마련했다는 면에서 긍정적으로 평가되기도 하지만 새로운 사회 문제의 원인이 되기도 해요. 최근에는 유명인들이 SNS에 올린 글 때문에 구설에 오르는 일도 여러 차례 있었죠. SNS 속

수다는 '말'이 아닌 '글'로 표현된다는 점에서 사회적 영향력이 더 크고 지속적인 것으로 볼 수 있어요.

플루타르코스의 말처럼 수다는 절대 하지 말아야 할 것, 치료해야 할 병적 증상일까요? 인간관계를 다지는 데 수다처럼 도움이 되는 것도 드물고, 스트레스 해소 방법으로 '수다'를 꼽는 사람이 적지 않아요. 심지어는 우울증 예방에도 도움이 된다고 하고요.

하지만 수다에서도 중용의 자세가 필요해요. 말을 해야 할 때와 그렇지 않은 때를 가리고, 해야 할 때는 적절히 잘하고 하지 말아야 할 때는 말을 줄이는 태도가 필요한 것이죠.

PART 3

고전으로
세상 읽기

아빠는 '현금지급기'

프란츠 카프카 Franz Kafka, 「변신」

　그레고르 잠자는 어느 날 아침 불안한 꿈에서 깨어났을 때, 자신이 잠자리 속에서 한 마리 흉측한 해충으로 변해 있음을 발견했다. 그는 장갑차처럼 딱딱한 등을 대고 벌렁 누워 있었는데 고개를 약간 들자, 활 모양의 각질角質로 나누어진 불룩한 갈색 배가 보였고, 그 위에 이불이 금방 미끄러져 떨어질 듯 간신히 걸려 있었다. 그의 다른 부분의 크기와 비교해 볼 때 형편없이 가느다란 여러 개의 다리가 눈앞에 맥없이 허우적거리고 있었다.

　"어찌된 셈일까?" 하고는 그는 생각했다. 꿈은 아니었다. 그의 방, 다만 지나치게 비좁다 싶을 뿐 제대로 된 사람이 사는 방이 낯익은 네 벽에 둘러싸여 조용히 거기 있었다. 포장이 끌러진 옷감 견본이 펼쳐져 있는 책상 위에는—잠자는 외판사원이었다—그가 얼마 전에 어떤 화보 잡지에서 오려 내어 예쁜 도

금 액자에 넣어 둔 그림이 걸려 있었다. 어떤 여자의 모습이었는데 털모자에 털목도리를 두르고 꼿꼿이 앉아 팔꿈치까지 온통 팔을 감싼 묵직한 털토시를 보는 사람 눈앞에 치켜들고 있었다.

그다음 그레고르의 시선은 창문을 향했는데 흐린 날씨가—빗방울이 함석지붕을 두드리는 소리가 들렸다—그를 아주 우울하게 만들었다. "한숨 더 자서 이 모든 어처구니없는 일들을 잊어버린다면 어떨까." 하고 생각했으나 전혀 그렇게 할 수가 없었다. 그는 늘 오른쪽으로 누워 자는 습관이 몸에 배었는데 지금 같은 몸을 해 가지고는 그런 자세를 취할 수가 없었던 것이다. 오른쪽으로 몸을 뒤척여 보려고 온갖 힘을 다 써 봤건만 번번이 건들건들 벌렁 자빠진 자세로 되돌아오기만 했다. 그는 백 번쯤 그런 시도를 해 보았고, 버둥거리는 다리들을 보지 않으려고 눈을 감았다가 한쪽 옆구리에서 아직까지 느껴 본 적이 없는 약간의 둔중한 고통마저 느껴지기 시작했을 때야 그만두었다.

(…) 그레고르의 근심은 당시에 오로지 모두를 여지없는 절망으로 몰아넣은 사업의 불운을 식구들이 될 수 있는 대로 속히 잊어버리게끔 하는 데 진력하는 것이었다. 그리하여 그 당시 그는 아주 특별한 열의를 다 바쳐 일을 시작했었고 단 하룻밤 사이에 보잘것없는 점원 보조원에서 외판사원이 되었다. 외판사원은 물론 돈을 버는 방식이 아주 달랐고 작업의 성과가 즉시 수수료의 형식으로 현금으로 변했으니 그것을 놀라고 기뻐하는 집안 식구들 앞 테이블 위에 놓을 수가 있었다. 그때가 좋은 시절이었다. 그 이후에는 한 번도 그런 시절이, 적어도 그런 빛을 띠고는 되풀이되지 않았던 것이다. 후일 그레고르가 돈을 많이 벌어, 온 식구의 낭비를 감당할 수 있었고 실제로 감당하기도 했건만 말이

다. 사람들이 익숙해졌던 것이다. 식구들이나 그레고르 역시도, 식구들은 돈을 감사하게 받았고, 그는 기꺼이 가져다주었으나, 특별한 따뜻함은 더 이상 우러나지 않았다.

『변신』, 프란츠 카프카 지음 / 전영애 옮김, 민음사, 1998

보험회사 직원인 그레고르 잠자는 여느 날과 같이 아침을 맞았습니다. 그는 지난 밤 이상한 꿈을 꿔서 기분이 조금 안 좋았어요. 그런데 여전히 악몽 속에 있기라도 한 것일까요? 눈을 뜨자 잠자는 흉측한 벌레로 변해 있었어요. 그것도 뒤집혀져 바닥에 등을 대고 다리를 공중에 휘젓고 있는 꼴이라니….

아침에 일어났는데 자신이 벌레의 모습을 하고 있다면 어떤 기분이 들까요? 그레고르 잠자는 진짜 '벌레'로 변신한 걸까요? 진짜 벌레로 변한 게 아니라면 사람이 벌레로 변했다는 것은 무슨 의미일까요? 소설 『변신』의 저자 카프카가 말하고 싶었던 것은 무엇이었을까요?

> 자녀와 가족을 위해서라면 어떤 일도 마다하지 않는 헌신적인 가장이 있었어요. 그러던 어느 날 아빠는 과로로 쓰러져서 식물인간(의식이 없는 채 오랜 시간 혼수상태에 빠진 환자)이 되죠. 그날부터 아빠는 몸을 거의 움직일 수 없었어요. 가족은 누워 있는 아빠를 보면서 가슴 아파했어요. 아빠도 사랑하는

가족을 위해서 아무것도 할 수 없다는 사실이 견디기 힘들었어요. 비싼 병원비를 가족에게 부담시킨다는 것은 정말 괴로운 일이었죠.

그렇지만 시간이 지날수록 아빠는 가족들에게 귀찮은 존재가 돼 가고 있었어요. 여행을 가고 싶어도 아빠 혼자 둘 수가 없기에 갈 수 없었고, 아빠 방에는 냄새가 나서 집에 손님도 초대할 수 없었어요. 아빠도 자신이 가족에게 짐만 되는 존재라는 사실을 깨달아 가고 있었고요. 이때 아빠는 자신이 가족에게 해만 끼치는 한 마리 벌레로 변해 가고 있다고 느끼게 됩니다.

이런 현실은 오늘날 우리도 주위에서 흔히 볼 수 있는 광경이에요. 소설 『변신』 속 보험회사 직원인 그레고르 잠자는 위의 이야기의 아빠처럼 가족을 위해 늘 헌신적으로 일하던 사람이었어요. 그 덕분에 그의 부모와 여동생은 많은 것을 소비하면서 살 수 있었죠. 어쩌면 많은 것을 낭비하며 살았다고도 말할 수 있어요. 어쩌면 이렇게 자신을 돌보지 않고 일만 하던 그레고르가 쓰러진 것은 당연한 일인지도 몰라요.

> 영수는 아빠를 정말 좋아해요. 영수가 원하는 것을 다 사 주니까요. 장난감은 물론이고 맛있는 과자, 게임기 등 아빠는 영수의 눈빛만 봐도 영수가 무엇을 원하는지 알고 다 사 줬어요. 영수가 "아빠, 친구 생일선물을 사야 해요." 하면 언제든지 아빠는 필요한 것 이상으로 돈을 줬어요. 영수도 '감사합니다.'라는 인사를 잊지 않았죠.

그러던 어느 날 아빠는 영수에게 풍요로운 환경을 만들어 주는 것이 결코 좋은 것만은 아니라는 것을 알았어요. 그래서 아빠는 영수의 요구를 쉽게 들어주지 않기로 마음을 먹어요. 그러자 영수는 자신의 요구를 들어주지 않는 아빠가 미워지기 시작했어요. 나한테 아무런 도움이 되지 않는 아빠는 필요 없다는 생각까지 하게 돼요.

　영수는 아빠를 정말 좋아했던 걸까요? 자신이 필요한 것을 알아서 척척 사 주시기 때문에 아빠를 좋아했던 것은 아닐까요? 이렇게 영수처럼 아빠를 대했다면 아빠를 아빠 그 자체로 대하는 것이 아니라 내 요구를 들어주는 하나의 수단으로 대한 거예요. 한마디로 아빠는 나의 현금지급기, 곧 ATM이 돼 버린 것이죠.
　카프카는 이처럼 현대인들이 다른 사람을 자신의 욕구를 채워 주는 하나의 대상, 또는 수단으로 대하는 것을 경계했어요. 그러면서 사랑으로 똘똘 뭉쳐야 할 가족 간에도 상대방을 그 자체로 인정하지 않고 하나의 수단으로 대하는 슬픈 현실을 고발했답니다. 현실에서 서로가 자신의 이익을 위해 다른 사람을 이용하는 일은 아주 흔한 일이죠.
　엄마는 벌레로 변신한 아들 그레고르 잠자를 위해서 방을 예전 그대로인 상태로 치우지 않고 두었어요. 아들이 측은하고 불쌍했기 때문이에요. 여동생도 자신의 학비를 위해서 애쓴 오빠를 가슴 아프게 생각했어요. 그러나 그레고르 잠자가 동생의 연주를 듣고 싶어서 밖으로 나오자 동생은 벌레처럼 변해 버린 오빠를 경멸했어요. 한때는 정말 사랑했던 오빠였고, 동생이었는데 이제는 그런 사이가 돼 버린 거죠.

그레고르는 결국 죽음을 맞이하게 됩니다. 그리고 가족은 죽어 버린 벌레를 갖다 버려요. 어느 누구도 가슴 아파하거나 슬퍼하지 않았어요. 방은 깨끗하게 치워지고, 앞으로 펼쳐질 미래는 희망적이기까지 했습니다. 한때는 사랑하는 아들이자 오빠가 아무 쓸모없는 벌레가 돼 죽게 됐을 때 가족이 이렇게 행동할 수 있다는 것에 대해 어떻게 생각하나요.

진짜 벌레는 누구였을까요? 아들이, 오빠가 죽는데도 희망을 발견한 가족이 진짜 벌레는 아니었을까요? 정말 변신한 것은 가족인 셈이죠. 점점 비인간적으로 말이에요. 마치 카프카가 우리가 살아가는 혹독한 현실의 모습을 미리 동영상에 담아 놓은 것 같지 않나요.

혹시 이 이야기가 자기 가족의 이야기 같은 느낌이 들어 섬뜩한 생각이 드는 사람도 있을지 모르겠어요. 한 사람을 그 자체로 존중한다는 것은 말처럼 쉬운 일이 아니에요. 그러나 한 가지 분명한 것은 다른 사람을 내 욕구를 채워 줄 대상으로 생각하면 결국 자신도 외로워진다는 것이죠.

된장녀 VS 된장녀라고 부르는 사람들

존 스튜어트 밀 John Stuart Mill, 「자유론」

다른 폭정과 마찬가지로 '다수의 폭정'도 주로 공적 권위의 발동을 통해 행해지기 때문에 처음부터 두려운 것이었고, 지금도 여전히 일반적으로 그렇다. 그러나 생각이 깊은 사람들은 사회 그 자체가 하나의 폭군일 때 즉 사회가 집단적으로 그것을 구성하는 개개인에 대해 폭군일 때, 그 폭정의 수단은 그 정치 기구의 손에 의해 감행될 수 있는 행동에 국한되지 않는다는 사실을 깨달았다.

사회는 그 자체의 명령을 내릴 수 있고, 실제로도 내린다. 그리고 만일 사회가 정당한 명령이 아니라 부당한 명령을 내리거나 사회가 결코 관연해서는 안 되는 일에 명령을 내린다면 그것은 많은 종류의 정치적 억압보다도 더 무서운 사회적 전제를 행사하는 것이 된다. 왜냐하면 그러한 행등은 일반적으로 정치적 압제의 경우와 같은 극단적 형벌에 의해 지지되고 있지는 않지만 그러한 압제보다도 훨씬 더 일상생활의 세부에 깊이 파고들어 인간 정신 그 자체를 노예화시키므로 이를 회피할 방법이 더욱더 적어지기 때문이다.

따라서 위정자의 억압에 대한 보호만으로 충분하지 않고, 이와 함께 널리 퍼져 있는 우세한 여론과 감정의 억압에 대한 보호, 즉 사회가 민사벌Civil Penalties 이외의 수단으로 사회 자체의 사상과 관습을, 그것에 찬성하지 않는 사람들에게 행동 규범으로 강요하려는 경향에 대한 보호도 필요하다. 또 사회가 그 자체의 관습과 조화되지 않는 어떤 개성의 발전도 저지하고, 되도록 그 형성을 가로막으며, 모든 성격을 사회의 모델에 맞추라고 강요하는 경향에 대한 보호도 필요하다. 개인의 독립에 대한 집단적 여론의 간섭에는 한계가 있다. 따라서 그 한계를 찾아내고, 그 한계를 여론의 침해로부터 유지하는 것은 정치적 압제에 대한 보호와 같이 인간 생활의 양호한 조건에 없어서는 안 된다.

『자유론』, 존 스튜어트 밀 지음 / 박홍규 옮김, 문예출판사, 2009년

우리는 집단의 의사를 결정할 때 다수결의 원칙을 따르곤 합니다. 다수결의 원칙은 더 많은 사람이 선택한 의견을 전체의 의견으로 보고 결정하는 원칙으로, 현대 민주주의의 기본 원리라고 이야기합니다. 그러나 다수결 자체가 민주적인 것은 아니라고들 해요. 경우에 따라서는 다수결을 민주주의의 폐단으로 보기도 한답니다.

그럼에도 다수에 속하려고 하거나 다수의 의견을 존중하려는 습성은 우

리의 일상 가운데서도 쉽게 찾아볼 수 있어요. 19세기 중엽을 살았던 영국의 정치사상가 밀은 『자유론』에서 이런 상황에 대한 자신의 생각과 해답을 이야기합니다.

> 한 여성이 애완견의 배설물을 그대로 둔 채 지하철에서 내렸어요. 그러자 다른 승객이 배설물을 대신 치우죠. 누군가가 그 장면을 동영상으로 찍어 인터넷 블로그에 올렸어요. 애완견의 배설물을 그대로 두고 내린 여성은 일명 '개똥녀'라는 별명으로 불렸답니다. 동영상은 순식간에 퍼졌고, 동영상이 퍼지면서 인터넷에서는 큰 논란이 일었어요. '개똥녀'를 비난하는 의견이 다수를 이뤘죠. 그러나 일부에서는 그녀의 신상 정보까지 인터넷에 공개되는 것은 옳지 않다고 주장했어요. 나아가 지하철과 같은 공공장소에 애완견을 데리고 타는 것 자체가 문제라고 지적하는 사람도 있었죠. 또 동영상을 찍은 사람을 비판하는 이들도 있었어요.

밀은 『자유론』에서 이런 문제에 대한 사회적 자유를 강조해요. 여기서 사회적 자유란 한 사회의 다수가 소수에게 영향력을 행사하는 것으로부터 개인의 자유를 지키는 것을 의미해요. 사회가 개인에게 부당한 요구를 하거나 간섭하지 말아야 할 것을 간섭할 수 있다는 말이죠.

이 경우 사회는 정치적 탄압보다 더 무서운 탄압을 자행할 수 있어요. 그것도 큰 죄의식도 없이 말이에요. 이야기 하나의 '개똥녀 사건'을 생각해 보세요. 만약 그 여성의 행동이 잘못이라면 그에 상응하는 법적 대가를 치르면 되죠. 하지만 그 여성은 인터넷에 이름, 주소 등 개인 정보가 공개돼 인격 모독과 고통을 받았다고 해요.

밀은 우리에게 '배부른 돼지보다 배고픈 소크라테스가 되는 것이 낫다'는 말로 친숙한 정치사상가예요. 그는 『자유론』이라는 책을 통해서 자유민주주의의 사상적 기초를 마련해 놓았죠. 밀이 살던 당시에 '자유'라고 하면 정치적 자유를 의미했어요. 이 자유는 국가 권력이 휘두르는 탄압으로부터 개인의 자유를 지키는 것을 말하죠. 그래서 국민을 함부로 하지 못하도록 헌법에서 정한 범위에서만 정치권력을 행사하도록 조치를 해 두었고, 이제는 많은 나라의 국민이 정치적 자유를 획득하게 됐어요. 그래서 오늘날 많은 문명국가에서는 사회적인 다수로부터의 자유가 더 큰 의미를 가져요. 다수가 여론을 통해 행사하는 압력으로부터 개인의 자유를 지켜 줄 법적 보호 장치가 있다고는 해도 현실에서 제대로 작동되기가 쉽지 않기 때문이죠.

그렇다면 왜 우리는 사회적 다수로부터 사회적 소수인 개인을 보호해야 할까요? 그 이유는 개인에게 가해지는 고통 때문만은 아니에요. 밀은 그들을 보호해야 할 사회적 의미도 밝히고 있어요.

💬 오늘은 학교에서 '독도는 우리 땅인가?'라는 주제로 토론을 하는 날이에요. 드디어 토론 수업이 시작됐어요. 선생님은 찬성과 반대 의견으로 나눠 앉으라고 하셨어요. 35명의 학생 중 단 2명을 제외하고는 모두 찬성 쪽에 앉았고, 반대쪽에 앉은 학생은 준형이와 세라뿐이었어요. 토론이 시작되자 준형이

와 세라는 독도가 우리 땅이 아닌 이유를 이야기했고 반대쪽에 앉은 33명의 학생은 준형이와 세라에게 공격을 퍼부었어요.

어느덧 토론 수업은 끝이 났습니다. 하지만 쉬는 시간에도 토론 분위기가 이어졌어요. 반 친구들은 준형이와 세라를 보고 '매국노'라고 놀렸고 '아예 일본에 가서 살지 그러냐?'며 폭언을 하기도 했죠.

여러분이 찬성 쪽의 학생이었다면 어떻게 했을까요? '독도가 우리 땅'인 것이 사실이기 때문에 준형이와 세라에게 인격적인 비난을 해도 되는 것일까요? 밀은 이런 상황에서조차 준형이와 세라와 같은 소수를 보호해야 한다고 주장해요. 그리고 그 이유를 다음과 같이 밝히고 있어요.

첫째, 사회적 다수가 틀렸다고 몰아붙이는 소수의 의견이 옳을 수 있기 때문이에요.

둘째, 소수의 의견 가운데 틀린 부분이 있다고 해도 일부는 옳을 수 있기 때문이에요. 뒤집어 말하면 다수의 의견이 옳다고 해도 다 옳은 것은 아닐 수 있다는 뜻이죠. 그러니 서로 의견을 교환하면 서로 부족한 부분을 채울 수 있는 기회가 생겨요.

셋째, 소수의 의견이 틀리고 다수의 의견이 맞다고 해도 서로 생각을 나눠야 다수가 왜 옳은지 알 수 있기 때문이에요.

넷째, 다수가 스스로 옳다고 여기며 소수를 무시하면 다수의 의견은 시간이 지날수록 생명력을 잃게 돼요. 자유로운 토론이 사라지면 다수의 생각이 영향력을 행사하는 살아 있는 이론이 될 수 없어요. 다수이기 때문에 무조건 옳다고 생각하는 것은 다수에게도 좋지 않다는 뜻이죠.

다수의 시선으로 'OO녀'라고 낙인찍은 사람들이 얼마나 많은가요. 연예인이나 유명인에게 악성 댓글을 다는 것에 아무런 거리낌을 느끼지 않는 사람이 얼마나 많은가요. 자신의 의견과 다르면 그 사람을 상대도 하지 않으려는 습관이 우리 몸에 배어 버린 것은 아닐까요.

50년 전에 예고된 화학 물질의 재앙

레이첼 카슨Rachel Louise Carson, 「침묵의 봄」

환경에 대한 인간의 공격 중 가장 놀라운 것은 위험하고 때로는 치명적인 유독물질로 공기와 토양과 하천과 바다를 오염시킨 일이었다. 이런 피해를 입은 자연은 원상태로 회복이 불가능한데, 그 오염으로 인한 해악은 생명체를 유지하는 외부세계뿐 아니라 생물들의 세포와 조직들에도 스며들어 다시 되돌릴 수 없는 재난을 불러 온다. 보편적인 환경오염에 있어 화학물질은 세상의 근원—생명의 본질마저도—을 변화시키는 방사능의 사악하고 비밀스러운 동반자 역할을 한다. 핵폭발을 통해 공기 중으로 유출되는 스트론튬 90은 빗물에 섞이거나 낙진 형태로 토양에 스며들어 밭에서 자라는 건초나 옥수수, 밀 등에 침투한다. 그 뒤 그것을 먹은 인간의 뼈 속에 축적되어 그가 죽을 때까지 체내에 남아 있게 된다. 이와 유사하게 농경지와 숲, 정원에 뿌려진 화학약품들은 토양 속에 머물다가 생체기관 속으로 흡수되면서 각각의 생명체를 독극물 중독과 죽음의 사슬로 연결시킨다. 그것들은 비밀스럽게 지하수로 침투한 다음 대기, 태양과 결합하여 식물을 죽이고 가축을 병들게 하는 것이다. 또 예전에는 깨끗했지만 이제는 오염된 우물물을 마신 사람들에게 그 모습을 감춘 채 해를 입히곤 한다. 앨버트 슈바이처가 말한 것처럼 '인간은 자신이 만들어 낸 해악을 깨닫지 못한다.'

지구상에 사는 생명체가 만들어지는 데에는 수억 년이 걸렸다. 마치 영겁처럼 느껴지는 이 기간 동안 생물들은 계속 진화하고 분화해 가면서 주변 환경에 적응하고 균형을 이루어 나갔다. 그런 생물들을 형상화하고 인도하는 주변 환경에는 도움이 되는 요소뿐 아니라 적대적인 요소가 포함되어 있다. 어떤 암석은 위험한 방사능을 방출한다. 모든 생명체의 에너지원이 되는 태양 빛에도 해로운 방사능이 존재한다. 단지 몇 년이 아니라 수천 년에 이르는 시간 동안 생명체는 환경에 적응하고 그 결과 적절한 균형 상태에 도달한다. 이렇게 시간은 생명체의 생존에 있어 필수적 요소였지만 오늘날에는 그런 충분한 시간이 존재하지 않는다.

인간의 충동적이고 부주의한 활동에 의해 자연의 신중한 속도와는 비교조차 할 수 없는 빠른 속도로 새로운 변화가 초래된다. 방사능은 암석에서 방출되거나 우주로부터 오기도 하고, 지구상에 생명체가 존재하기 전부터 있던 태양 자외선에도 포함되어 있다. 하지만 이것이 전부는 아니다. 오늘날의 방사능은 원자 조작을 통해 만들어진 인공적인 산물이다. 생물들이 적응해야 할 대상은 칼슘, 규소, 구리를 비롯해 암석으로부터 씻겨 내려와 강을 타고 바다로 흘러가는 광물질만이 아니다. 이제는 인간의 상상력이 고안해 내고 실험실에서 만들어진, 그렇기 때문에 자연 상태에서는 어떤 대응 상대도 없는 합성물질에도 적응해야만 한다.

『침묵의 봄』, 레이첼 카슨 지음 / 김은령 옮김, 에코리브르, 2002년

해마다 겨울이면 더 혹독한 추위가 찾아오고, 여름이면 예년과 다른 맹렬한 더위를 경험하게 됩니다. 기상전문가들은 그 원인이 지구 온난화에 있다고 이야기합니다. 이렇게 지구 표면의 평균 온도가 점차 상승하는 현상을 바로 지구 온난화라고 해요.

오늘날 우리 세계는 온난화로 상징되는 환경 위기와 고유가로 대표되는 자원 위기에 처해 있어요. 특히 기후 변화는 생태계 질서마저 근본적으로 흔들어 놓고 있죠. 이에 따라 UN은 지난 1992년에 기후변화협약(온실가스 규제를 목적으로 1992년 6월 브라질 리우데자네이루에서 체결된 국제 협약으로 법적 구속력은 없음)을 제정하게 돼요.

미국의 해양생물학자 레이첼 카슨은 이렇게 환경 문제의 심각성을 인식하고 전 세계적 패러다임을 전환한 인물입니다. 카슨은 1962년 출간한 『침묵의 봄』에서 인간이 자연을 대상으로 얼마나 끔찍한 일을 하고 있는지를 낱낱이 고발했어요. 이후 70년대가 되면서 그린피스(1971년 캐나다 밴쿠버에서 환경운동가, 사회사업가 등 12명의 개인이 모여 만든 비정부 국제환경보호 단체) 등

국제환경보호 단체들이 생겨났죠. 환경운동의 새벽종을 울렸다고 평가할 수 있는 카슨의 『침묵의 봄』은 다음과 같은 장면으로 시작돼요.

> 이 마을은 곡식이 자라는 밭과 풍요로운 농장들 사이에 자리 잡았다. 봄이면 과수원의 푸른 밭 위로 흰 구름이 흘러갔다. 가을이 되면 병풍처럼 둘러쳐진 소나무를 배경으로 불타듯 단풍이 든 참나무와 단풍나무, 자작나무가 너울거렸다. 어느 가을날 이른 아침 희미한 안개가 내린 언덕 위에서는 여우 울음소리가 들려왔고 조용히 밭을 가로질러 달려가는 사슴의 모습도 종종 볼 수 있었다. 그러던 어느 날 낯선 병이 이 지역을 뒤덮어 버리더니 모든 것이 변하기 시작했다. 닭들이 이상한 질병에 걸렸다. 소떼와 양떼가 병에 걸려 시름시름 앓다가 죽고 말았다. 마을 곳곳에 죽음의 그림자가 드리워진 듯했다. 농부들의 가족도 앓아누웠다.
> 병의 정체를 알 수 없는 마을 의사들은 당황하기 시작했다. 원인을 알 수 없는 갑작스러운 죽음이 곳곳에서 보고됐다. 이런 상황에 놀란 마을 사람들은 자취를 감춘 새에 관해서 이야기했다. 주변에서 볼 수 있는 단 몇 마리의 새조차 다 죽어 가는 듯 격하게 몸을 떨었고 날지도 못했다. 죽은 듯 고요한 봄이 온 것이다.

카슨은 이 장면을 통해 인간이 자신의 편리를 위해 함부로 살충제를 사용하면 앞으로 어떤 결과가 초래될지 대조적으로 보여 주고 있어요. 우리는 이 우화 속에 나타난 그녀의 탁월한 직관과 문학적 감수성에 찬사를 보내지 않을 수 없어요.

 카슨은 실제로 DDT라는 살충제를 사용하면서 더 이상 새들이 마을을 찾아오지 않는 것을 경험했다고 해요. 또 그녀는 자신의 책에서 이러한 비극의 원인인 살충제의 화학적 성분을 추적했어요. 나아가 해충에 대한 무차별적인 살충제 살포가 어떤 환경적 재앙을 가져올지 냉철하지만 극적으로 밝히고 있죠.

> 2012년 9월 우리나라 경상북도 구미의 한 화학 약품 공장에서 폭발 사고가 있었어요. 이 사고로 불산이라는 화학물질이 인근 지역에 누출됐죠. 불산은 염산 계열의 화학물질로 신체에 닿으면 뼛속까지 침투해서, 최악의 경우 신체를 절단해야 하는 상황에 이르게 할 수 있는 맹독성 물질이에요. 그래서 현장에 있던 노동자들이 사망하거나 다친 것은 물론 현장에 출동했던 소방관과 경찰관, 공무원까지 병원 치료를 받아야 했어요.
> 피해는 여기서 그치지 않았어요. 주변의 과수원과 밭, 농지의 작물들이 말라 죽었고 소나 개, 닭 등 가축들도 콧물을 흘리고 사료 섭취를 거부하는 등 이상 증세를 보였어요. 현재까지도 농가의 가축들은 수백 마리씩 살처분(감염 동물이나 접촉한 동물, 같은 축사의 동물 등을 죽여서 처분하는 것)되고 있기까지 해요. 이 밖에도 지하수와 토양 오염 등 그 피해는 집계가 어려울 정도라고 합니다.

 50여 년 전 카슨이 우화로 보여 줬던 장면을 우리는 불행히도 눈앞의 현실로 보고 있네요. 레이철 카슨은 경고합니다. 우리는 두 갈림길 앞에 서 있다고 말이죠. 한쪽 길은 지금까지 왔던 길과 비슷한 길로, 평탄하지만 그 끝에는 재앙이 있습니다. 다른 한쪽 길은 아직 우리가 가지 않았던 길로, 이 길을 선택하면 지구 보호라는 목적지에 도달할 수 있어요.

안타깝게도 카슨은 자신의 책이 출판된 지 16개월 만에 사망하게 돼요. 그러나 1998년 4월 「타임」지는 카슨을 20세기를 빛낸 100인 중 한 명으로 선정했어요. 또한 그녀가 투쟁했던 DDT를 20세기 최악의 아이디어 100가지 중 하나로 선정했답니다.

카슨의 경고 이후 50여 년이 지났습니다. 우리는 지금도 편안하고 평탄한 고속도로 위에 있는지도 몰라요. 반대편 길을 곁눈질하면서 말이에요. 우리가 계속 곁눈질만 한다면 앞으로 50년 동안 어떤 장면을 목격하게 될까요?

이제는 우리의 눈과 마음이 향해야 할 곳이 어디인지 명확히 알고, 우리의 발이 그 길 위에 있도록 결단하고 실천해야 할 때가 아닐까요? 우리의 봄이 더 이상 침묵하지 않도록 말이에요.

노력 없이 얻은 법은 황새가 데려온 자식과 같다

루돌프 폰 예링Rudolf von Jhering, 「권리를 위한 투쟁」

    법의 형성은 사람의 출생과 마찬가지로 언제나 극심한 산고를 동반했다.
    그렇다면 상황이 이렇다고 한탄해야만 하는가? 법은 어느 민족들에게나 어떠한 수고 없이는 주어지지 않으며, 여러 민족이 법을 위해 노력하고 싸우고 투쟁하여 피를 흘려야만 하는 상황에서 민족과 법은 마치 출산할 때 어머니와 자식이 서로의 생명을 내거는 행위와 똑같은 내적 유대로 결합되어 있다. 어떤 수고도 없이 얻은 법은 마치 황새가 물어 온 아이의 처지와 같다. 황새가 물어 온 아이는 여우나 매가 다시 채갈 수도 있기 때문이다. 그러나 아이를 낳은 어머니는 아이를 빼앗기지 않는다. 이와 마찬가지로 어떤 민족도 피나는 노력을 통해 쟁취한 법과 제도를 빼앗기는 일은 거의 없다. 사람들은 심지어 다음과 같이 주장할 수도 있다. 한 민족이 제 민족의 법에 애착을 느끼고 그 법을 지지

하는 사랑의 힘은 그 법을 얻기 위해 치른 수고와 노력에 의해 결정된다고 말이다. 단순한 관습이 아니라 희생이야말로 민족과 민족의 법 사이에 가장 강력한 유대를 맺어 준다. 그리고 신은 축복을 내리는 민족에게 그 민족이 필요로 하는 것을 거저 주지 않고, 또한 그것을 얻는 수고를 경감해 주지도 않으며, 오히려 더 가중시킨다. 이러한 의미에서 나는 다음과 같이 말하기를 주저하지 않는다. 법이 탄생하기 위해 요구되는 투쟁은 저주가 아니라 축복이다.

『권리를 위한 투쟁』, 루돌프 폰 예링 지음 / 윤철홍 옮김, 책세상, 2007년

법이 없다면 세상은 어떻게 될까요? 아마 아수라장이 될 거예요. 힘 있는 사람들이 약자에게 횡포를 부려도 막을 방법이 없을 테니까요.

그런데 법이 항상 약자를 보호하는 것은 아니에요. 때론 잘못된 법 때문에 약자들이 더 곤란을 겪는 일이 종종 일어나요. 그래서 19세기 독일의 법학자인 루돌프 폰 예링은 『권리를 위한 투쟁』이라는 책에서 '법의 목적은 평화이며, 그것을 위한 수단은 투쟁'이라고 말해요. 법이란 약자에게 당연히 주어지는 것이 아니라 약자이기 때문에 피나는 노력으로 쟁취해야 한다는 것이죠.

흔히 사람들은 '저 사람은 법 없이 살 사람이야.'라고 말해요. 바르고 성실하게만 살면 법 없이도 살 수 있다는 뜻이죠. 법학자 예링은 이에 대해 뭐라고 말했을까요?

💬 서진이와 서현이는 쌍둥이 남매지만 취향은 많이 달라요. 남자인 서진이는 축구를 좋아해요. 세계적인 축구 리그인 영국 프리미어 리그와 스페인 프리메라 리그 경기를 다 외울 정도죠. 서진이의 영웅은 박지성 선수예요. 박지성 선수가 골을 넣거나 어시스트를 하면 마치 자신이 박지성 선수가 된 것처럼 날아갈 듯 기쁘거든요. 서현이는 발레에 빠져 있어요. 텔레비전으로 '백조의 호수'나 '로미오와 줄리엣' 같은 유명 발레 공연 작품을 보면서 발레리나의 아름다운 몸짓을 흉내 내곤 해요.

이런 서진이와 서현이에게 아빠가 두 장의 사진을 보여 주셨어요. 박지성 선수와 발레리나 강수진의 발을 찍은 사진이었어요. 사진 속 두 사람의 발은 흉측하고 끔찍하기까지 했어요. 피나는 연습 때문에 발의 뼈는 일그러지고 변형됐거든요. 남매는 충격을 받았어요. 자신들의 우상인 강수진과 박지성의 발이라고는 꿈에도 생각하지 못했으니까요.

박지성 선수나 발레리나 강수진 씨는 세계적인 스타예요. 사람들은 그들의 화려한 겉모습을 보면서 부러워하죠. 어마어마한 연봉, 월등한 성적, 무대의 아름다움, 경기장에서의 활약 등만 보이니까요. 그러나 사진 속의 발이 말해 주듯 그 이면에는 엄청난 고통과 땀이 있었죠. 아마 서현이와 서진이도 사진의 주인공이 누구인지 알게 된 다음에는 그 발이 세상에서 가장 아름다운 발이라고 생각했을 거예요.

법학자인 예링은 법도 이와 같다고 말해요. '아무 노력 없이 획득한 법은 (갓난아기를 데려다 주는) 황새가 데려온 자식과 같다. 황새가 데려온 것은 여우나 또는 독수리가 다시 채 갈 수도 있다. 그러나 자식을 낳은 어머니는 그 자식을 채 가도록 내버려 두지 않았다. 마찬가지로 한 민족은 피나는 노력으로써 쟁취할 수 있었던 법이나 제도를 빼앗기도록 내버려 두지 않는다.'

자식을 낳고 키우면서 어려움이 하나도 없다면 아마도 자식을 잃어도 아무렇지 않을 거라는 것이 예링의 생각이에요. 다시 뚝딱 만들어 저절로 쑥쑥 크게 두면 되니까요. 법도 이와 마찬가지예요. 평화를 위해 치열한 투쟁으로 법을 얻어 낸 사람들이라면 그 법이 어찌 소중하지 않겠어요.

> 2013년 첫날, 국회 본회의에서는 '택시법'이 통과됐어요. 이 법안의 통과로 이제 택시는 대중교통으로 인정받게 됐었죠. 따라서 이제 택시도 버스나 철도처럼 정부의 재정 혜택을 받게 돼요. 하지만 이 법안의 통과는 국민들의 반발과 우려의 대상이 되고 있어요. 왜냐하면 당장 1조 9,000억 원이라는 천문학적 비용이 들어가는 것은 물론 그에 따른 구체적인 시행안도 나오지 않은 상태이기 때문에 사회적인 혼란만 가중될 것이 예상되기 때문이죠. 우리나라 국회에서는 이처럼 법을 뚝딱 만들어 문제가 되는 일이 종종 있어요.

누구나 한 번쯤 '세상에 공짜는 없다 no free lunch.'라는 말을 들어 봤을 거예요. 우리가 무엇을 얻는다면 반드시 거기에는 비용이 들어간다는 말이죠. 이 말을 뒤집어 생각하면 비용을 지불한 것은 그만큼 소중하다는 뜻이기도 해요.

앞에서 예링이 말하는 투쟁이 바로 비용이에요. 예링은 법이 마치 들에 난 풀처럼 생겨나는 것에 반대했어요. 법은 고통스러운 투쟁 속에서 생기는 거예요. 예링은 투쟁을 통해 권리를 얻을 수 있다고 생각했어요. 또 권리에 대한 주장은 자신의 인격에 대한 주장이고 권리자의 의무라고까지 했죠. 더 나아가 자신의 권리를 찾는 것은 사회 공동체에 대한 의무라고도 주장했어요. 여기서 예링이 주장하는 권리란 것은 단순히 내 이익을 추구하는 것과는 달라요. 그것을 넘어선 개념이죠. 한 민족이 다른 민족으로부터 불법적으로 1평방 마일(약 2.6㎢)의 황폐한 땅을 빼앗았다고 가정해 보세요. 빼앗긴 민족은 1평방 마일의 땅 때문이 아니라 민족 자체를 위해서, 즉 민족의 명예와 독립을 위해서 싸우겠죠. 마찬가지로 고소인이 어떤 법을 중요하게 생각하지 않는 사회적 분위기와 싸우기 위해 소송을 한다면 거기서 중요한 문제는 하찮은 논쟁의 대상, 그 자체가 아니라 인격과 그 인격에 대한 법 감정의 주장이라고 말했어요. 즉, 소송의 목적물이 아닌 사람의 인격 때문에 투쟁을 해야 한다는 것이죠.

예링은 이렇게 당부해요. 우리는 모두 자기 위치에서 권리를 지키도록 부름받은 자들이라고요. 그리고 자신의 희생 없이는 법은 결코 지켜질 수 없다고요.

일본을 움직이는 근본적인 힘

루스 베네딕트Ruth Fulton Benedict, 「국화와 칼」

아름다움을 사랑하고 배우와 예술가를 존경하며 국화를 가꾸는 데 신비로운 기술을 가진 국민에 관한 책을 쓰면서, 동시에 이 국민이 칼을 숭배하며 무사에게 최고의 영예를 돌린다는 사실을 기술한 또 다른 책으로 그 국민의 성격을 보충하는 일은 일반적으로 없다.

그렇지만 이러한 모순이 일본에 관한 책에서는 날줄과 씨줄이 된다. 이런 모순은 모두가 진실이다. 칼도 국화와 함께 그림의 일부분을 구성한다. 일본인은 최고로 싸움을 좋아하면서도 얌전하고, 군국주의적이면서도 탐미적이고, 불손하면서도 예의바르고, 완고하면서도 적응력이 있고, 유순하면서도 시달림을 받으면 분개하고, 충실하면서도 불충실하고, 용감하면서도 겁쟁이이고, 보수적이면서도 새로운 것을 즐겨 받아들인다. 그들은 자기 행동을 다른 사람이 어떻게 생각하는가에 놀랄 만큼 민감하지만 동시에 다른 사람이 자기의 잘못된 행동을 모를 때는 범죄의 유혹에 빠진다. 그들의 병사는 철저한 훈련을 받지만 또한 반항적이다.

(…) 일본이 이번 전쟁을 정당화하기 위하여 사용된 전제부터가 미국과는 정반대였다. 일본은 국제 정세를 다른 방법으로 규정했다. 미국은 추축국樞軸國의 침략행위가 전쟁의 원인이라고 했다. 일본, 이탈리아, 독일 등 세 나라가 부당한 정복 행위로 국제 평화를 침해했다는 것이다. 추축국이 권력을 쥔 곳이 만주국이든 에티오피아든 폴란드든, 그것은 그들이 약소민족을 억압하는 사악한 길로 나아갔음을 증명한다. 그들은 '공존공영', 또는 적어도 자유 무역을 위한 '문호 개방'이라는 국제간 규약을 위반한 것이다.

반면 일본은 전쟁의 원인을 이와는 다른 시각에서 보았다. 각국이 절대적 주권을 가지고 있는 동안 세계는 무정부 상태가 계속된다. 일본은 계층 제도 hierarchy를 수립하기 위해 싸워야 한다. 이 질서의 지도자는 물론 일본인이다. 일본은 위로부터 아래까지 계층적으로 조직된 유일한 나라이며, 따라서 '저마다의 알맞은 위치'를 가져야 할 필요성을 가장 잘 이해하고 있기 때문이다. 일본은 국내의 통일과 평화를 달성했고, 폭도를 진압했으며, 도로·전력·철강 산업 등을 건설했고, 또 공표된 자료에 따르면 공립학교에서 청소년의 99.5퍼센트가 교육을 받았다. 그러므로 계층제도에 대한 일본인의 전제를 바탕으로 뒤처진 동생인 중국을 끌어올려야 한다는 것이다. 일본은 전제에 따라서 뒤처진 동생인 중국을 끌어올려야 한다는 것이다. 일본은 대동아大東亞 여러 나라와 동일한 인종이므로 이 지역에서 먼저 미국을, 다음엔 영국과 소련을 쫓아내 '저마다의 알맞은 위치'를 차지하도록 만들어야 한다. 세계 모든 나라는 국제적 계층 조직 속에 제각기 알맞은 위치를 주고 하나의 세계로 통일해야 하는 것이다.

『국화와 칼』, 루스 베네딕트 지음 / 김윤식·오인석 옮김, 을유문화사, 2008년

지극히 친절하면서 동시에 누구보다도 무례한 사람을 만나본 적 있나요? 서로 반대되는 두 모습을 동시에 가진 한 사람을 상상하기는 어렵습니다. 『국화와 칼』에서 저자 루스 베네딕트는 일본인의 모습이 이렇게 이중적이라고 말합니다.

제2차 세계대전 때 미국은 일본과 전쟁을 치르면서 이해할 수 없는 것이 많았습니다. 일본인들은 지금까지 싸웠던 적들과는 완전히 다른 태도와 행동을 보였거든요. 상대를 모르면 그들의 행동에 대처할 수 없기에 미국은 일본, 특히 일본군軍을 연구하기로 했어요. 그들이 왜 그렇게 행동하며 그들을 움직이는 근본적인 힘이 무엇인지 궁금했기 때문이죠. 당시 미국 국무부는 인류학자인 베네딕트에게 일본에 대한 연구를 요청했습니다. 이렇게 해서 나온 책이 바로『국화와 칼』입니다.

싸움을 좋아하면서도 얌전하고, 군국주의(군사력 증대와 전쟁을 통한 국가 발전을 추구하며, 이를 위해 정치, 문화, 교육 등 모든 영역을 동원하려는 체제)적

이면서도 탐미적이고, 불손하면서도 예의바르고, 완고하면서도 적응력이 있고, 유순하면서도 시달림을 받으면 분개하고, 충실하면서도 불충실하고, 용감하면서도 겁쟁이이고, 보수적이면서도 새로운 것을 즐겨 받아들인다.

베네딕트는 일본인에 대해 이렇게 묘사했습니다. 그는 방대한 자료를 통해 일본 민족의 본성이 '모순적'이라는 결론에 도달했습니다. 손에는 국화를 들고 있지만, 허리에는 길고 날카로운 칼을 찬 사람이 바로 일본 사람이라는 분석이었죠. 제목에서 알 수 있듯 미국인이 제일 이해하기 어려워했던 것은 바로 일본인의 이중성이었습니다. 그들은 '국화'와 '칼'을 동시에 좋아하죠. 여기서 국화는 평화를, 칼은 전쟁을 뜻합니다.

미국인은 일본인이 서로 모순적인 것을 어떻게 동시에 좋아하는지 의문을 품었습니다. 실제로 일본인은 아름다움을 사랑하고, 배우와 예술을 존경하며, 꽃과 정원 가꾸기를 좋아하는 국민입니다. 하지만 동시에 칼을 숭배하고 무사에게 최고의 명예를 돌립니다.

일본인을 만나 본 적이 있나요? 일본인에게 작은 호의를 베풀면 몇 번이나 고개를 숙이면서 감사를 표합니다. '저렇게까지 할 필요는 없는데 좀 지나치다.'는 생각이 들 정도로 감사를 나타내죠. 그래서 '일본인'하면 겸손하고 예의가 바르다는 이미지를 떠올립니다.

그러나 일본인은 우리 민족에게는 오만불손한 사람들이기도 합니다. 그토록 예의를 차리는 사람들이 이웃 나라를 침략해 엄청난 고통을 안겨 줘

놓고 수십 년이 지난 지금까지도 반성하지 않으니까요. 위안부(일제에 의해 전장에 끌려가 성노예 생활을 강요당한 여성) 문제에 대해 반성하지 않는 일본을 보면 너무 뻔뻔하고 몰염치해 화가 납니다. 철저히 이중적인 태도죠.

베네딕트가 발견한 일본인의 특징은 사실 동양 문화권 전반에 나타나는 모습이기도 합니다. 그 가운데 하나가 '각자 알맞은 위치 갖기'입니다. 한국, 중국, 일본 등에는 어디를 가나 상석上席이 따로 있습니다. 웃어른이 앉을 자리가 정해져 있죠. 자신의 위치에 맞게 눈치껏 자리를 찾아가는 일본인의 모습은 미국인들에게 매우 낯설었어요. 수평적인 사고방식을 가진 미국인은 위아래가 분명한 수직적 사고방식을 가진 일본인을 이해할 수 없었던 거죠.

> 💬 요즘에는 아이와 친구처럼 가까이 지내면서 대화 상대가 돼 주고, 공부와 놀이도 함께 하는 아빠들이 많다고 해요. 이런 아빠들을 가리켜 'friend(친구)'와 'daddy(아빠)'를 합해 '프렌디(Friendy)'라고 하는데, 자녀의 학교생활과 친구 관계도 이들에게 매우 중요한 관심사입니다. 그러나 전문가들은 이야기해요. 아이들에게 친구처럼 가깝고 편하기만 한 아빠가 돼서는 곤란하다고요. 아이들에게는 친근감과 더불어 행동의 지침이 돼 줄 엄한 아버지의 모습도 반드시 필요하다고 해요. 그것이 자녀들에게 안정감을 주기 때문이죠.

일본이 전쟁을 일으킨 이유도 이와 일맥상통합니다. 그들은 혼란스러운 국제 사회 속에서 모든 국가가 제 위치를 찾도록 틀을 마련해 주기 위해 전쟁을 일으킨 것이었거든요. 아시아의 큰 형으로서 일본이 다른 나라의 위치를 잡아 주지 않으면 각 나라가 서로 힘이 세지면서 세계는 무정부 상태가 돼 혼란이 온다고 생각했던 것입니다. 그러니 세계 평화와 안정을 위해서 일본이 나설 수밖에 없었던 것이죠.

베네딕트는 일본 입장에서 이런 뜻을 가지고 벌인 전쟁이 바로 '제2차 세계대전'이라고 봤어요. 당시 일본군은 일당백一當百 즉, 혼자서 적 백 명을 감당하겠다는 정신으로 무장했습니다. 전력(국가가 전쟁을 수행하기 위하여 동원할 수 있는 역량)이 약해도 강한 정신력만 있다면 전쟁에서 이긴다고 생각했죠.

미군은 이러한 일본군을 이해하지 못했습니다. 일본군의 수가 미군보다 훨씬 적으니 일본이 당연히 항복할 줄 알았죠. 하지만 예상은 빗나갔습니다. 일본군은 물러서지 않았어요. 강한 정신력이면 이길 수 있다고 생각했기 때문이에요. 항복하는 것은 창피한 일이고 전쟁터에서 장렬히 전사하는 것이 명예롭다고 여겼습니다. 하지만 일단 적군의 포로(전쟁 중 전쟁 상대 국가의 권력 내에 들어가게 돼 자유를 박탈당한 적국인)가 되면 일본군의 모습은 180도로 달라졌습니다. 적군에게 모든 사실을 자백하고 철저히 협력했죠.

베네딕트는 일본을 한 차례도 방문하지 않은 상태에서 이 책을 썼습니다. 그럼에도 연구 과정에서 미국인과는 다른 일본인의 사고방식을 찾아냈습니다. 하지만 아쉽게도 왜 이러한 차이가 나타나는지에 대한 이유를 밝히지는 못했어요. 미국인은 동양인이 모순된다고 생각하겠지만 이것은 어쩌면 동양인의 강점일 수 있습니다. 노자가 『도덕경』에서 이야기했듯, 대상의 이면을 알게 된다는 것은 우리가 사는 세상을 좀 더 정확히 바라볼 수 있다는 의미이기도 하니까요.

잘 노는 사람이 성공한다

로제 카이와 Roger Cailois, 「놀이와 인간」

우선은 지금까지의 분석만으로도 놀이를 본질적으로 다음과 같은 활동으로 정의할 수 있다.

1. **자유로운 활동** 놀이하는 자가 강요당하지 않는다. 만일 강요당하면 곧바로 놀이는 마음을 끄는 유쾌한 즐거움이라는 성질을 잃어버린다.
2. **분리된 활동** 처음부터 정해진 명확한 공간과 시간의 범위 내에 한정되어 있다.
3. **확정되어 있지 않은 활동** 게임의 전개가 결정되어 있지도 않으며, 결과가 미리 주어져 있지도 않다. 생각해 낼 필요가 있기 때문에 어느 정도의 자유가 놀이하는 자에게 반드시 남겨져 있어야 한다.
4. **비생산적인 활동** 재화도 부도 어떠한 새로운 요소도 만들어 내지 않는

다. 놀이하는 자들 간의 소유권의 이동을 제외하면 게임 시작 때와 똑같은 상태에 이른다.

5. **규칙이 있는 활동**   약속에 따르는 활동이다. 이 약속은 일상의 법규를 정지시키고 일시적으로 새로운 법을 확립하며 이 법만이 통용된다.

6. **허구적인 활동**   현실생활에 비하면 이차적인 현실 또는 명백히 비현실이라는 특수한 의식을 수반한다.

여러 가지 가능성을 검토한 결과, 그 목적을 달성하기 위해 나는 여기서 경쟁, 우연, 모의, 현기증이라는 네 개의 역할 중 어느 것이 우위를 차지하는가에 따라서 놀이를 네 개의 주요 항목으로 구분할 것을 제안한다. 나는 그 항목들을 각각 아곤(Agon, 그리스어로 시합, 경기를 뜻함), 알레아(Alea, 라틴어로 요행, 우연을 뜻함), 미미크리(Mimicry, 영어로 흉내, 모방, 의태를 뜻함), 일링크스(Ilinx, 그리스어로 소용돌이를 뜻함)로 이름을 붙인다. 이 넷은 모두 분명히 놀이의 영역에 속한다; 축구나 구슬치기 또는 체스를 하면서 논다(아곤). 룰렛이나 제비뽑기(추첨)를 하며 논다(알레아). 해적놀이를 하거나 네로나 햄릿을 흉내 내며 논다(미미크리). 회전이나 낙하 등의 빠른 운동을 통해 자신의 내부에 기관의 혼란과 착란의 상태를 일으키면서 논다(일링크스). 그렇지만 이러한 명칭들은 아직도 놀이의 세계를 완전히 망라하는 것이 아니다. 그것들은 놀이의 세계를 각각의 독자적인 원리가 지배하는 4분원으로 구분하는 것이다. 그것들은 같은 종류의 놀이를 하나로 묶는 부채꼴의 경계를 정한다.

『놀이와 인간』, 로제 카이와 지음 / 이상률 옮김, 문예출판사, 1994년

'잘 노는 사람이 성공한다.'는 말이 있습니다. 공부 안 하고 놀기만 해도 목표를 이룰 수 있다는 의미일까요? 그런 뜻은 아니겠죠. 아무것도 안 하고 놀기만 하는데 어떻게 원하는 결과를 얻을 수 있겠어요?

앞의 문장을 다시 읽어 보세요. 그냥 노는 것이 아니라 '잘 논다'고 돼 있죠? 과연 잘 논다는 것은 무얼 말하는 것일까요? 놀이에 더한 깊은 통찰이 담긴, 프랑스의 사회학자이자 평론가 로제 카이와의 책 『놀이와 인간』을 살펴보면서 함께 생각해 보도록 해요.

> "내 삶의 기쁨은 대부분 바이올린이 가져다준다."

천재 물리학자 아인슈타인이 수준 높은 바이올린 연주 실력을 갖추고 있었다는 사실을 알고 있나요? 아인슈타인은 어렵고 복잡해 이해하기 어려운 내용을 맞닥뜨리면 바이올린을 연주하며 쉬었다고 해요. 그렇게 바이올린을 켜다 아이디어가 떠오르면 "그래, 그거야!"라며 다시 연구에 몰입했다고 하고요. 바이올린 연주는 아인슈타인에게 몸과 마음의 쉼터이자 아이디어의 샘이었던 것이죠.

잘 놀아야 성공한다는 말은 시대 흐름과 무관하지 않아요. 지금 우리가 사는 시대는 공장에서 만들어 낸 물건을 사고파는 '산업화 사회'를 지나 정보와 기술, 지식 등을 이용해 새로운 기술을 만들고 돈을 버는 '지식 기반 사회'가 돼 가고 있어요. 창의성을 강조하는 것도 이런 시대 상황과 관련이 있죠. 산업화 시대에는 놀이보다 일, 그러니까 노동이 중요했어요. 물건을 생산하려면 '노동'을 해야 하니까요. 그 시대가 요구했던 인재상은 '호모 파베르Homo Faber' 즉, '도구적 인간'이었습니다. 인간의 본질은 도구를 만들고 사용하는 것이라고 봤던 거예요. 따라서 노는 것은 비생산적인 일로 취급했죠.

그러나 '지식 기반 사회'로 이동하면서 창의성, 상상력, 감성, 직관 등의 능력이 중요한 생산요소가 됐어요. 이런 것들은 열심히 일한다고 생기는 것이 아니에요. 너무 열심히 하면 오히려 지쳐 창의력이 떨어질 가능성이 크죠. 창의력은 적절히 놀고 쉴 때 발휘되니까요. 호모루덴스Homo Ludens 즉, '놀이하는 인간'이 주목받는 시대가 된 것입니다.

그렇다면 '놀이'란 무엇일까요?

카이와는 놀이는 자유로운 활동이어야 한다고 해요. 아무리 달리기를 좋아해도 강제로 운동장을 돌아야 한다면 이때부터 달리기는 놀이가 아닌 일이 돼요. 무엇인가를 얻기 위한 행동도 놀이가 아니라고 해요. 생산적인 활동이 아니어야 놀이라는 의미죠. 또 놀이는 정해진 시간과 공간 내에 한정돼 있습니다. 술래잡기 놀이를 한다면 일정 시간과 공간 안에서만 그 놀이를 하고 끝나는 것처럼 말이에요. 놀이에는 정해진 규칙이 있죠. 간단한 놀이인 가위바위보에도 규칙이 있잖아요. 가위는 보를 이기지만, 바위에는 진다는 것이 가위바위보의 규칙이죠. 하지만 승패나 결과가 미리 정해져 있어서는 안 돼요. 누가 이길지 알고 있다면 놀이는 재미없을 거예요. 끝으로 놀이는 현실의 활동이 아닌 허구적인 활동이에요. 병원 놀이가 끝났는데 계속 의사처럼 행동하거나 경기가 끝나고 상대 선수를 적으로 대해서는 안 되겠죠. 놀이는 놀이로 끝나야 해요.

카이와는 놀이를 크게 네 가지로 분류합니다. 달리기 경주와 같은 ①경쟁 놀이, 주사위 던지기와 같은 ②우연 놀이, 인형 놀이와 같이 역할이 정해져 있는 ③흉내 내기 놀이, 번지점프처럼 기분 좋은 공포를 느끼게 하는 ④현기증 놀이가 그것입니다.

사실 이런 놀이의 요소들은 우리의 생활 속에 깊이 들어와 있어요. 저자는 이런 현상을 '놀이의 사회화'라고 해요. 우리나라 민속놀이인 '마당놀이'를 생각해 볼까요? 사람들은 넓은 마당에서 씨름이나 줄다리기를 하기도 하고, 춤을 추거나 노래를 불렀습니다. 한두 명이던 구경꾼은 갈수록 늘어났고 일종의 공연 형식을 띠면서 '마당놀이'로 정착한 것이죠. 처음에는 몇몇 사람의 놀이였지만 점차 하나의 문화 현상이 돼 갔어요. 축구, 야구, 농구, 육상 등 우리가 보고 즐기는 많은 운동 경기는 경쟁 놀이가 사회화된 예예요. 우연 놀이는 복권 같은 형태로, 흉내 내기 놀이는 연극 등으로, 현기증 놀이는 서커스로 사회화됐죠.

하지만 때로 놀이가 잘못 사용되기도 해요. 놀이가 놀이로서 제대로 작동하지 못하는 것이죠. 카이와는 이를 '놀이의 타락'이라 부릅니다.

> 최근 축구, 야구에 이어 농구 경기마저 조작됐다는 사실이 알려져 사회적 파문을 일으키고 있어요. 정정당당하게 겨루고 승패를 감수하는 것을 스포츠 정신이라고 부르죠. 그러나 불법 도박에 연루돼 공정한 경기 진행을 방해하거나 더 쉬운 상대를 만나기 위해 제 기량을 발휘하지 않는 등 스포츠 정신에

어긋나는 일들이 일어났습니다. 이 사람들 중에는 유명 감독이나 대한민국 국가대표로서 활약한 선수도 포함돼 더 큰 충격을 가져다주고 있어요.

건전한 놀이 문화를 가지고 있느냐는 그 사람과 사회가 제대로 살아가고 있는지를 보여 주는 척도예요. 여러분 중에 학교에서 돌아오면 잠들 때까지 컴퓨터 앞에 앉아 게임만 하는 친구들이 있나요? 일상을 망가뜨리고 주변 사람과의 관계를 해치는 이러한 행동은 좋은 놀이라고 볼 수 없겠죠.

건강하고 재미있는 놀이를 찾아 재미를 느껴 보세요. 그리고 이 시대가 요구하는 창의력을 갖춘 멋진 인재로 자라나기를 바랄게요.

빈민 어린이 합창단의 기적

순자荀子, 「순자」

　노래와 음악은 사람에게 미치는 영향이 매우 크고, 사람들을 매우 빠르게 변화시킨다. 그러므로 옛 임금들은 삼가 그 형식을 갖추게 하였다. 음악이 중정中正하고 화평하면 곧 백성들은 화합하며 빗나가지 않게 되고, 음악이 엄숙하고 장중하면 곧 백성들은 질서가 있어 어지럽지 않게 된다. 백성들이 화합하고 질서가 있으면 곧 나라의 군대는 강하고 성이 견고해져 적국이 감히 침략하지 못한다.

　그렇게 되면 백성들은 모두가 그의 거처에서 안락하게 지내고 그의 고을에서 즐겁게 지내며 그의 임금에 대해 지극히 만족하게 될 것이다. 그렇게 된 뒤에야 명성이 뚜렷이 드러나고, 그의 빛이 크게 빛나게 되어, 온 세상 백성들은 그를 자기네 우두머리로 삼기를 바라지 않는 사람이 없게 된다. 이것이 왕자로서의 시작이다.

음악이 요염하면서도 음흉하면 곧 백성들은 빗나가고 그릇되며 야비하고 천박하게 된다. 빗나가고 그릇되면 어지러워지고, 야비하고 천박하면 다투게 되며, 어지럽고 다투게 되면 곧 나라의 군대는 약하고 성은 침략을 받아 적국이 그들을 위태롭게 만든다.

그렇게 되면 백성들은 그의 거처에서 안락하게 지내지 못하고 그의 고을에서 즐겁게 지내지 못하며 그의 임금에 대해 만족하지 않게 된다. 그러므로 예의와 음악이 무너져 사악한 음악이 생겨나는 것은 나라가 위태롭게 되어 영토를 빼앗기고 모욕을 받는 근본이 된다. 그러므로 옛 임금께서는 예의와 음악을 귀중히 여기고 사악한 음악을 천시하였다.

사람의 본성은 악한 것이니 그것이 선하다고 하는 것은 거짓이다. 지금 사람들의 본성은 나면서부터 이익을 좋아하는데, 이것을 따르기 때문에 쟁탈이 생기고 사양함이 없어진다. 사람은 나면서부터 질투하고 미워하는데, 이것을 따르기 때문에 남을 해치고 상하게 하는 일이 생기며 충성과 믿음이 없어진다. 사람은 나면서부터 귀와 눈의 욕망이 있어 아름다운 소리와 빛깔을 좋아하는데, 이것을 따르기 때문에 지나친 혼란이 생기고 예의와 아름다운 형식이 없어진다.

그러니 사람의 본성을 따르고 사람의 감정을 좇는다면 반드시 다투고 뺏게 되며, 분수를 어기고 이치를 어지럽히게 되어 난폭함으로 귀결될 것이다. 그러므로 반드시 스승과 법도에 따른 교화와 예의의 교도가 있어야 하며, 그런 뒤에야 서로 사양하게 되고 아름다운 형식을 갖게 되어 다스림으로 귀결될 것이다. 이로써 본다면 사람의 본성은 악한 것이 분명하며 그것이 선하다는 것은 거짓이다.

『순자』, 순자 지음 / 김학주 옮김, 을유문화사, 2001년

  우리 사회에는 매일같이 많은 사건들이 발생합니다. 사람들의 수만큼이나 다양한 문제가 생기는 것이죠. 하지만 고전을 읽다 보면 수천 년 전에도 지금과 같은 어려움이 있었음을 알 수 있어요. 그렇다면 어떻게 이 문제들을 해결해야 할까요?
  옛 동양 사상가들의 지혜를 빌려 볼까요? 공자는 각자가 최선을 다하면 사회질서가 바로 선다고 생각했어요. 반면 한비자는 내면의 덕德보다 외부의 강제가 더 효과적이라고 생각했어요. 법을 만든 뒤 법을 지키는 사람에게는 상을, 지키지 않는 사람에게는 벌을 줘야 사회가 유지된다고 봤고요.
  두 가지 해결책이 너무 극단적이라고요? 그렇다면 또 다른 동양의 사상가인 '순자'의 생각을 알아볼까요? 순자는 공자의 사상을 이어받아 발전시켰고, 나아가 한비자 사상에 영향을 주었어요. 그는 교육과 사회 규범을 통해 사람을 교화(가르치고 이끌어서 좋은 방향으로 나아가게 함)해야 한다고 했죠.
  순자의 사상을 이해하려면 그가 인간을 어떤 존재로 생각했는지 알아야 해요. 그는 앞선 사상가인 맹자와는 달리 인간의 본성이 악惡하다고 생각했어요. 인간은 자신의 이익만을 추구하는 존재라서, 자연 상태에서 제 몫

을 챙기기 위해 싸운다고 했고 또 인간의 욕망 때문에 규범이 없다면 절제하기 어렵다고 했죠.

그래서 순자는 사람들의 모범이 되는 스승이 필요하다고 말했어요. 좋은 스승이란 다양한 경험을 하고 또 그 경험을 진지하게 돌아보는 사람을 말해요. 깊은 성찰을 통해 경험이 다시 담금질(부단하게 훈련하는 것을 비유적으로 이르는 말)돼야 성숙한 사람이 되기 때문이에요. 순자는 이런 스승에게 법도를 배울 때, 군자(행실이 점잖고 어질며 덕과 학식이 높은 사람)가 될 수 있다고 말했어요.

> 여러분은 구직자를 위한 멘토(새로운 인생 설계를 위해 도움을 주는 조언자, 또는 후견인)입니다. 지금 여러분 앞에는 광고회사에서 일하고 싶어 하는 두 사람이 있습니다. 한 사람은 대학에서 '광고'를 전공하고 외국 유학까지 다녀왔습니다. 광고가 무엇인지 누구보다 잘 아는 사람이죠. 그러나 대화를 하면 할수록 '헛똑똑이'라는 느낌을 지울 수 없네요. 이기적이고 자기중심적입니다. 다음은 고등학교 졸업자입니다. 고교 때부터 광고를 기획하고 상도 많이 받았죠. 졸업 후 광고 기획사를 세워 일하기도 했습니다. 다만 현장 경험이 많은 만큼 고집이 센 것이 문제네요. 경험해 보지 않은 것도 늘 자신의 경험에 끼워 맞춥니다. 여러분은 이들에게 어떤 조언을 할 수 있을까요?

진정한 인재는 지식과 경험 어느 한쪽에 치우치지 않은 사람입니다. 그뿐 아니라 지식과 경험을 아우르는 지혜와 통찰력을 지녀야 능력을 발휘할 수 있습니다. 미국 하버드 경영대학원의 연구 결과도 이와 일치했습니다. 성공한 리더들은 대부분 좋은 스승 밑에서 배우고 그 경험을 깊이 성찰한 사람들이었습니다. 하버드 경영대학원에서는 이러한 사람들을 '딥 스마트 Deep Smarts'라고 이름 지었어요.

순자는 사회규범, 시스템 등 환경도 사람을 변하게 하는 요인으로 봤어요. 순자도 공자처럼 '예禮'를 중시했죠. 하지만 한 개인의 태도를 가리키는 공자의 '예'와 달리 순자의 '예'는 사회 전체가 운영되는 질서를 일컫습니다. 사회 구성원이 그 질서에 맞춰 움직인다면 혼란은 줄어들 테니까요.

사람들이 질서를 지키게 하려면 어떻게 해야 할까요. 순자는 사람들이 각자에게 맞는 역할을 찾도록 도와 줘야 한다고 말합니다. 각 사람의 지혜로움과 어리석음, 능력과 무능력을 분별해 그에 적합한 일을 맡겨야 사회가 화목해진다고 봤죠.

순자는 음악도 강조했어요. 공자도 음악의 중요성을 알고 있었죠. 마음을 온화하게 만드는 용도로 말이에요. 하지만 순자는 음악의 사회적 가치와 역할을 알고 있었습니다. 음악이 정치적으로 이용될 수 있음도 알았죠. 음악은 사람을 움직이는 힘이 있기 때문이죠.

> '엘 시스테마(El Sistema)'를 알고 있나요? 엘 시스테마는 1975년 총과 마약이 넘쳐 나던 베네수엘라에서 시작된 음악 교육 운동을 말해요. 11명 남짓의 아이들과 시작한 이 운동으로 40여년 만에 35만 명의 어린이와 청소년이 1,000여개의 오케스트라와 합창단에서 활동하기에 이르렀죠. LA 필하모닉 상

임지휘자로 부임한 구스타보 두다멜과 베를린 필하모닉 최연소 더블베이스 연주자로 발탁된 에딕슨 루이스 등을 배출하기도 했어요. 마약과 범죄에 무방비로 노출된 위기의 아이들은 엘 시스테마를 통해 범죄의 위험과 유혹에서 벗어나 협동과 이해, 질서와 책임감 등의 가치를 배울 수 있었어요.

순자의 사상은 오늘날 우리 사회에 어떤 메시지를 주는 걸까요. 지식과 경험을 두루 갖춘 인재를 기르고 음악을 통해 사회를 변화하게 하는 건 결코 쉬운 일이 아닙니다. 시간이 걸리는 일이에요. 하지만 점진적 변화를 중시하는 순자의 사상은 이 시대의 문제를 해결하는 가장 현실적인 대안으로 평가받고 있습니다.

병든 세상에 중독된 사람들

루쉰魯迅, 「아큐정전」

만나기만 하면 그들은 일부러 놀란 시늉을 하면서 말한다.

"야아, 밝아졌다."

그러면 아Q는 으레 성을 내고 눈을 흘겨본다.

"야아, 등불이 여기 있었군!"

그들은 조금도 두려워하지 않는다.

아Q는 할 수 없이 따로 보복할 말을 생각해 내지 않으면 안 된다.

"네까짓 놈들에게는….'

그는 이때 자기 머리는 일종의 고상하고 영광된 대머리이며 결코 보통의 대머리와는 틀리다는 생각이 들었다. 그러나 위에서도 말한 것처럼 아Q는 견식이 있기 때문에 금기에 저촉된다는 것을 곧 알고는 더 이상 말하려 하지 않았다.

건달패들은 그걸로도 그치지 않고 도리어 그를 약 올리며 마침내는 구타하기에 이른다. 아Q는 형식상으로 싸움에 져서 불그스름해진 변발을 꺼들리어 벽에 네댓 번이나 쾅쾅 부딪혔다. 건달패들은 그제야 겨우 만족해하고 승리를 자랑하며 가 버린다. 아Q는 한참 동안 서서 마음속으로 생각한다.

'나는 자식 놈에게 맞은 셈이다. 요즘 세상은 정말 꼭 같지 않아!'

그리고는 그도 만족해서 의기양양하게 가 버린다. 아Q는 속으로 생각했던 것을 나중에 곧잘 입 밖에 내어 말해 버리는데, 따라서 아Q를 놀리는 사람들은 거의 전부가 아Q에게 일종의 정신승리법이 있다는 걸 알게 되었다. 그 후로는 그의 불그스름해진 변발을 움켜잡고는 언제나 먼저 그에게 이렇게 말하는 것이었다.

"아Q, 이번에는 자식이 아비를 때리는 게 아니라 사람이 짐승을 때리는 거야. 네 입으로 말해 봐! 사람이 짐승을 때리는 거라고."

아Q는 양손으로 변발의 밑동을 꽉 잡고 머리를 기울이며 말했다.

"벌레를 때리는 거야, 됐지? 나는 벌레야. 이제 놓아 줘!"

그러나 벌레라고까지 말해도 건달패들은 결코 놓아 주지 않고 여전히 가까운 데로 끌고 가 대여섯 번 쾅쾅 부딪쳐 주고 비로소 만족한 듯 의기양양하게 가 버린다. 그리고 아Q란 놈 이번에는 혼났겠지, 하고 생각한다. 그러나 아Q 본인도 10초가 못 돼서 의기양양하게 돌아가 버린다. 그는 자기야말로 스스로를 가장 잘 경멸할 수 있는 제1인자라고 생각했다. '자신을 경멸한다'는 말을 뺀다면 남은 것은 '제1인자'다. 장원壯元도 '제1인자'가 아닌가? 네 따위가 도대체 뭐란 말이냐?

아Q는 이와 같은 방법으로써 적을 이긴 후 유쾌히 술집으로 달려가 몇 잔을 들이켜고 다른 사람들과 한바탕 시시덕거리며 말다툼을 하고는, 또 유쾌히 사당으로 돌아와 벌렁 드러누워 잠들어 버린다.

『아큐정전』, 루쉰 지음 / 정노영 옮김, 홍신문화사, 2012년

1900년대 초 일본 센다이의대를 다니던 중국인 루쉰은 대학 강의 중 잊지 못할 경험을 하게 됩니다. 슬라이드를 통해 이루어지는 수업 중에 여느 때와 마찬가지로 시사적인 사진도 함께 상영됐는데 그 가운데, 중국인이 일본인에게 처형당하는 장면을 담은 사진이 있었습니다. 처형당하는 중국인 주변에는 강 건너 불구경하듯 넋이 나간 모습의 많은 중국인이 서 있었다고 해요. 같은 나라 사람이 외국인에게 죽어 가는데 울분은커녕 무관심하기만 한 중국인을 보며 루쉰은 '더는 이런 일이 있어서는 안 되겠다.'며 비장한 각오를 합니다. 몸의 병을 고치는 의사가 아닌, 중국인의 정신적 질병을 고치는 작가가 되겠다고 결심한 것이죠.

사람의 생각을 변화시키는 결정적인 사건을 '참고 경험reference experience'이라고 한답니다. 충격적인 사건을 겪으며 자신이 누구고 무엇을 해야 하는지 새로이 깨닫고 자신의 정체성을 명확히 하게 되죠. 그리고 생각과 행동 모든 것이 달라진다고 해요.

루쉰 역시 문학을 통해 중국인들의 무지(아는 것이 없음)를 일깨우는 것을 목

표로 글을 쓰고, 많은 외국 작품을 번역하는 데 힘썼습니다. 『아큐정전』은 그의 작품 중 최고일 뿐 아니라 중국 현대문학의 출발점으로 꼽힌답니다.

> 2001년 9월 11일 미국 뉴욕의 세계무역센터와 워싱턴의 국방부 건물에 항공기 테러 사건이 발생했습니다. 이 사건은 미국 전체를 충격에 빠뜨립니다. 미국인들은 이 사건을 통해 집단적으로 엄청난 생각의 변화를 겪게 돼요. 경제적으로 부유한 나라가 되는 것도 중요하지만 안전하게 사는 것도 매우 중요하다는 사실을 깨닫기 시작한 거예요. 미국은 이어 테러와의 전쟁을 추진했고 이를 주도한 부시 대통령은 재선에 성공했습니다.

루쉰의 작품 아큐정전에서 주인공 아큐는 제대로 된 이름조차 알려지지 않은 날품팔이꾼(날삯을 받고 품팔이를 하는 사람)입니다. 아큐란 이름의 'Q(큐)'는 변발(남자의 머리를 뒷부분만 남기고 나머지 부분을 깎아 뒤로 길게 땋아 늘인 것)을 한 중국 민족의 모습을 표현한 것이라고 해요.

아큐에게 현실은 녹록치 않지만 현실을 이겨 내는 그만의 방법인 '정신승리법'으로 극복했어요. 대머리인 자신을 누군가 놀리면 '나의 머리는 여느 머리와는 다른 고상하고 영광된 머리다.'라고 스스로 생각을 주입해요. 건달패가 자신을 약 올리며 때리면 '나는 자식 놈들에게 맞은 셈이다. 요즘 세상은 정말 꼴 같지 않아.'라고 생각하고요. 그러니 자신을 놀리고 경멸할 수 있는 사람은 자기 자신 외에는 한 명도 없고, 자신이 '1인자'라는 생각에 늘 의기양양했습니다.

아큐의 모습을 상상해 보세요. 우습지 않나요? 쓸쓸하기도 하고요. 루쉰은 중국인의 모습에서 아큐와 같은 면을 발견했습니다. 외세에 짓밟히는 어려운 현실에 직면했는데도 중화사상(중국 민족이 스스로 세계 문명의 중심이라고 생각하고 자랑해 온 사상)에 물들어 쓸데없는 자존심만 내세우는 중국인의 모습은 그의 눈에 한심한 아큐와 다름없었답니다. 일종의 마약과도 같은 아큐의 정신승리법처럼 중국 국민도 감정적, 윤리적, 도덕적으로 무감각하게 만드는 정신적 마약에 중독돼 있었던 것이죠.

그렇다면 이 사회에서 병이 든 것은 아큐 한 사람뿐이었을까요? 다른 사람들은 모두 건강한 생각을 가지고 바르게 살아가고 있었을까요?

아큐정전은 아큐의 죽음으로 막을 내립니다. 아큐의 죽음은 신해혁명이라는 역사적 사건을 배경으로 하고 있어요. 신해혁명은 1911년 중국에서 일어난 민주주의 혁명으로, 이 혁명을 통해 2,000년간 계속된 전제정치가 끝나고 공화정치의 기초가 세워졌답니다. 작품 속에서는 부잣집이 도둑들에게 털리는 등 사회적 혼란이 일어납니다. 혁명군은 치안 질서를 못 지킨다는 질책을 받죠. 본보기가 필요했던 혁명군들은 아큐를 도둑으로 지목해 총살형을 내려요. 아큐의 죽음을 지켜 본 사람들은 두 가지 반응을 보였습니다. 하나는 "총살당한 것은 곧 그가 나쁘다는 증거야! 나쁘지 않았다면 무엇 때문에 총살을 당한단 말이야?"라며 그의 죽음을 그대로 받아들이는 입장이었죠. 하지만 그의 죽음에 불만을 표하는 이들도 있었답니다. 바로 이런 말을 하면서요. "총살은 다른 처형만큼 볼만한 구경거리가 아니었어. 괜히 헛걸음만 했네."

💬 2012년 12월 뉴욕의 한 지하철역에서 한인 남성이 흑인에게 떠밀려 전동차에 치여 숨졌습니다. 뉴욕 포스트 신문은 이 남성이 선로에 매달려 달려오는 전동차를 바라보는 모습의 사진을 1면에 싣고 '선로에 떨어진 이 남자는 죽기 직전'이란 설명을 달았어요. 사진을 찍은 기자는 물론 인간의 죽음을 상업적으로 이용한 신문사의 행태는 많은 이의 비난을 받았죠.

동족의 죽음을 구경거리 이상으로 생각하지 않는 중국인의 모습에는 루쉰이 의대 시절 봤던 사진 속 중국인의 모습이 투영돼 있습니다. 루쉰은 이 작품을 통해 중국 국민을 각성시키려고 했던 거예요. 혁명을 통해 자기 뱃속만 채우려는 모습, 민중을 위한다는 혁명에서 실적을 채우기 위해 힘없는 민중을 상징하는 아큐를 희생양으로 삼는 모습 등을 보여 주며 혁명의 부조리함도 함께 지적했죠.

오늘 우리도 어쩌면 아큐의 모습으로 살아가고 있는지 모를 일이에요. 아큐의 죽음을 눈요깃거리로 삼았던 중국인들의 모습 속에서 나의 모습을 찾을 수 있지 않을까요? 100여 년 전, 루쉰이 전달하려 했던 '깨어 있음'과 '깨달음'의 메시지는 오늘날에도 의미가 있는 것 같네요.

역사는 사실일까, 선택된 것일까

에드워드 카Edward Hallett Carr, 『역사란 무엇인가』

이렇게 역사가와 역사상의 사실 사이의 관계를 음미해 보면, 우리는 두 가지 난관 사이를 아슬아슬하게 항해하는 듯한 위태로운 상태에 있다는 것을 알 수 있다.

두 가지 난관이란 역사를 사실의 객관적 편찬이라 생각하고 해석에 대한 사실의 무조건적 우월성을 주장하는 지지하기 어려운 이론의 난관과 역사란 역사상의 사실을 밝히고 그것을 해석 과정을 통하여 정복하는 역사가의 주관적 산물이라고 생각하는 이 또한 지지하기 어려운 이론을 말하는데, 즉 역사의 중심은 과거에 있다는 견해와 역사의 중심은 현재에 있다는 견해다.

그러나 우리의 상황은 겉으로 나타난 것만큼 불안정한 것은 아니다. 게다가 우리는 사실과 해석이라는 동일한 대립이 강연을 통해 여러 가지로 모습을 바꾸어서 특수적인 것과 일반적인 것, 경험적인 것과 이론적인 것, 객관적인 것과 주관적인 것으로 나타나는 것을 보게 될 것이다.

역사가가 직면한 난관은 인간 본성의 한 반영이다. 갓 태어난 유아라든가 아주 고령인 경우는 아마 다르겠지만 인간이란 결코 완전히 환경에 휘말려 들어가 있는 것도 아니고, 무조건 환경에 순종하고 있는 것도 아니다. 반면에 인간은 또 환경에서 완전히 독립된 것도 아니고 그 절대적인 주인도 아니다.

인간과 환경의 관계는 역사가와 주제의 관계다. 역사가는 사실의 천한 노예도 아니고, 군림하는 주인도 아니다. 역사가와 사실의 관계는 기브 앤드 테이크의 평등한 관계다.

역사가가 실제로 생각하고 쓰고 할 때의 자기 자신의 작업 태도를 조금만 반성해 보면 알 일이지만, 역사가는 자신의 해석에 따라서 자신의 사실을 만들어 내고, 자신의 사실에 따라서 자신의 해석을 만들어 내는 연속적인 과정에 휘말려 들어가 있는 것이다. 따라서 한쪽을 다른 쪽 위에 올려놓는다는 것은 불가능한 일이다.

역사가는 사실의 일시적 선택과 일시적 해석으로(이 해석에 입각하여 자기 자신과 마찬가지로 다른 사람들도 일시적 선택을 하고 있는 것이지만) 출발하는 것이다. 일이 진척됨에 따라 해석도, 사실의 선택과 정리도, 그 상호작용을 통하여 거의 무의식적인 미묘한 변화를 일으키게 된다.

역사가는 현재의 일부고 사실은 과거에 속하므로 이 상호작용은 또한 현재와 과거의 상호관계를 포함하고 있다. 역사가와 역사상의 사실은 서로가 필요한 것이다. 사실을 소유하지 못한 역사가는 뿌리도 없고 열매도 맺지 않는다.

역사가가 없는 사실은 생명도 없고 의미도 없다.

여기서 '역사란 무엇인가?'에 대한 나의 최초의 대답을 하기로 한다. 역사란 역사가와 사실 사이의 부단한 상호작용의 과정이며, 현재와 과거 사이의 끊임없는 대화다.

『역사란 무엇인가』, 에드워드 카 지음 / 권오석 옮김, 홍신문화사, 2007년

여러분에게 역사란 무엇인가요? 누군가에게는 재미있는 옛날이야기일 수 있고, 누군가에게는 몇 년도에 어디서 누가 어떤 일을 했는지를 외워야 하는 지루한 암기 과목일 수도 있어요.

이런 '역사'에 대해 깊이 있게 연구한 학자가 있습니다. 바로 영국의 역사가 에드워드 카로, 그가 쓴 『역사란 무엇인가』를 읽고 나면 역사를 바라보는 시각이 넓고 새로워지는 것을 느낄 수 있을 거예요.

"침략은 어느 쪽에서 보느냐에 따라 다르다. 학계에서도 구체적으로 정해지지 않았다."
"천황 폐하 만세!"
"독도는 일본 땅. 일본 영토를 단호하게 지켜 나갈 것이다."
"신사참배는 당연하다."

위의 내용은 일본 총리인 '아베 신조'가 한 발언입니다. 70퍼센트가 넘는 지지

율을 얻고 있는 아베 총리는 자신의 국가주의(國家主義, 국가의 공동체적 이념을 강조하고 통일, 독립, 발전을 꾀하는 주의)나 국수주의(國粹主義, 자기 나라의 고유한 역사, 전통, 정치, 문화만을 가장 뛰어난 것으로 믿고 다른 나라나 민족을 배척하는 극단적인 태도나 경향)적 생각을 그대로 드러내고 있습니다.

우리나라를 비롯한 미국, 중국 등 세계 언론은 그의 언행에 대해 "일본은 스스로 외톨이가 되려고 하고 있다.", "인간성이 결여된 비겁한 철학을 갖고 있다.", "국수주의 악마가 가면을 벗었다."며 강도 높게 비난하고 있죠.

역사에서 역사적 사실historical facts과 역사를 기록하는 역사가historian 중 어떤 것이 더 중요할까요? 어떤 것이 더 중요하다고 보는지에 따라 역사를 보는 눈이 달라질 수 있어요. '역사적 사실'이 중요하다고 생각한 학자 중 대표적인 역사가는 폰 랑케von Ranke입니다. 그는 역사란 '과거에 일어났던 일을 현재 그대로 재현해 내는 것'이라고 생각했어요. 역사적 사실을 잘 모아 이것들 사이의 인과관계를 잘 따지면 객관적 역사 서술이 가능하다고 생각했죠. 이때 역사가는 요리사의 역할을 하는데, 잡은 물고기(역사적 사실)를 적당히 손봐 몇 가지 양념을 얹으면 요리가 완성돼요. 그는 물고기를 완전히 변형시키는 것은 역사가의 임무를 잊은 거라고 여겼어요.

역사에서 '역사가'가 중요하다고 생각한 사람들도 있어요. 크로체Croce는 역사적 사실이란 역사가가 찾아 놓은 것에 불과하고, 역사가의 손길을 거쳐 나온 것이라고 여겼어요. 크로체가 보기에 역사가는 바다에서 물고기를 건져 올리는 어부와 같아요. 역사가의 앞에 펼쳐진 바다는 '사실facts'이며,

그가 잡은 물고기는 곧 '역사적 사실historical facts'이죠. 어부가 어떤 미끼를 달아 바다에 던지느냐에 따라 잡히는 물고기가 달라질 수 있듯, 역사가의 시각에 따라 다른 역사적 사실이 구성될 수 있다고 생각했답니다. 그는 역사는 역사가의 주관적 산물이며, 객관적 역사는 불가능하다고 봤죠.

카는 양쪽 모두 중요하다고 말합니다. 역사의 두 요소인 역사적 사실과 역사가는 분리될 수 없는 변수고, 이 둘이 서로 끊임없이 대화할 때 진정한 역사가 가능하다고 봤어요.

> 한 남자가 자동차 사고로 숨진 채 발견됐어요. 경찰 조사로는 앞을 거의 분간할 수 없을 정도의 어두운 시간에 길모퉁이에서 사고가 일어났고, 마침 가로등이 꺼져 있는 상태였다고 해요. 사고 차량은 브레이크가 고장 나 제어가 되지 않는 상태였습니다. 사망한 남성은 건너편에 있는 가게에 가기 위해 길을 건너고 있었다고 합니다.

역사가들에게는 역사적 사건이 '왜' 일어났는지 연구하는 것이 매우 중요하다고 해요. 여러분은 역사적으로 일어난 사건들이 '어쩌다 보니' 일어났다고 생각하나요, 아니면 '그렇게 될 수밖에 없었기에' 일어났다고 생각하나요?

결정론을 주장하는 사람들은 "위 사고는 일어날 수밖에 없었다."라고 할 거예요. 어두운 길모퉁이였으며, 가로등이 꺼진 데다 자동차의 브레이크까지 고장 나 있었으니까요. 하지만 우연론을 주장하는 사람은 만약 그가 건너편 가게로 가지 않았다면 사고를 당하지 않았을 거라고 말할 거예요.

카는 역사 연구를 할 때 어느 한 쪽에 치우쳐서는 안 된다고 봤어요. 역사적 연구에서 필연성을 강조하면 사건 속 인간의 선택과 행위를 염두에 두지 않는다는 문제가 있죠. 우연을 강조하면 현실적이고 합리적인 원인을 찾을 수 없고 어떠한 역사적 교훈과 일반화된 결론도 얻을 수 없다는 문제가 있어요. 따라서 카는 역사 연구를 할 때 '왜' 그런 일이 일어났는지를 따지는 것과 함께 무엇을 목적으로 연구하는지 고려해야 한다고 이야기했어요.

화가 고갱의 작품 중 '우리는 어디서 왔고, 우리는 누구이며, 우리는 어디로 가는가?'라는 그림이 있답니다. 인간은 '나는 누구인가'를 끊임없이 물으며 성장합니다. 우리가 속한 집단도 '우리가 누구인지'를 스스로 물을 때 성장하게 됩니다. 그 질문을 하는 학문이 바로 역사학이며 이런 일을 하는 사람들이 역사가랍니다.

여러분 한 사람 한 사람이 역사가가 돼 우리나라 역사에 대해 끊임없이 질문하고 사고할 때 우리 역사도 진보하게 됩니다. 생각하는 사람만이 얻을 수 있는 역사의 교훈과 지혜를 얻는 여러분이 되길 바라요.

경제를 바라보는 창조적 시선

애덤 스미스 David Adam Smith, 「국부론」

 그래서 매우 작은 제조업이기는 하지만, 전부터 그 분업이 자주 주의를 끌어 온 제조업, 즉 핀 제조업에서 예를 들어 보면 다음과 같다. 이 일(분업이 그것을 하나의 독립된 직업으로 만들었다)을 위한 교육도 받지 않고, 거기서 사용되는 기계(그 발명을 가져온 것도 아마 같은 분업이었을 것이다)의 사용법도 모르는 노동자라면 아무리 부지런한 사람이라도 아마 하루에 핀 한 개를 만드는 것도 쉬운 일이 아니고, 핀 20개를 만든다는 것은 틀림없이 어려울 것이다. 그런데 오늘날 이 일을 하고 있는 방법에서는 작업 전체가 하나의 독자적인 작업일 뿐만 아니라 많은 부문으로 분할되어 있고 그 대부분이 또다시 마찬가지로 독자적인 작업으로 되어 있다.
 한 사람은 철사를 펴고, 다음 사람은 그것을 똑바로 다듬고, 세 번째 사람은

그것을 자르고, 네 번째 사람은 그것을 뾰족하게 갈고, 다섯 번째 사람은 머리를 붙이기 위해 그 끝을 깎는다. 머리를 만드는 데도 두세 가지 다른 작업이 필요하다. 그것을 붙이는 것도 하나의 독자적인 일이며, 핀을 하얗게 빛나도록 하는 것도 별개의 일이다. 그리고 그것을 종이로 포장하는 일조차 그것만으로 하나의 작업이다. 핀을 만드는 중요한 일이 이렇게 약 18가지의 각각 다른 작업으로 분할되어 있는데 그 모든 것이 각각 다른 일손에 의해 이루어지는 제조소도 있고 때로는 같은 사람이 그 가운데 두세 가지 작업을 하는 경우도 있을 것이다.

   나는 이런 종류의 작은 제조소를 본 적이 있는데 거기서는 10명밖에 고용하고 있지 않았고 따라서 그 중 몇 사람은 두세 가지 작업을 혼자서 하고 있었다. 그들은 매우 가난하여 필요한 기계 설비도 제대로 갖춰져 있지 않았지만 그래도 열심히 일하면 하루에 12파운드의 핀을 만들 수 있었다. 1파운드면 중형 핀이 4천 개가 넘는다. 그러므로 이 열 사람은 하루에 4만 8천 개 이상의 핀을 만들 수 있는 셈이다. 따라서 한 사람 앞에 4만 8천 개의 10분의 1, 즉 하루에 4,800개의 핀을 만든다고 보아도 될 것이다. 그러나 만일 그들이 각자 독립하여 따로따로 모든 일을 하고 또 아무도 이런 특정한 일을 위한 교육을 받지 않았다면 그들은 틀림없이 혼자서 하루에 20개의 핀은커녕 한 개의 핀도 만들 수 없을 것이다. 다시 말해서 그들은 현재 여러 작업의 적당한 분할과 결합으로 수행할 수 있는 일의 240분의 1은커녕 4,800분의 1도 못할 것이라는 점은 분명하다.

『국부론』, 애덤 스미스 지음 / 유인호 옮김, 동서문화사, 2008년 노벨상을 받은 미국 컬럼비아대학의 스티글리츠 교수는 "세계 경제가 굴뚝 경제factory economy에서 창조경제creative economy로 전환하고 있다."고 분석했어요. 상품을 제조하던 것에서 연구 개발이나 마케팅, 서비스에서 이익을 얻고, 창조적인 아이디어와 서비스로 새로운 가치를 만들게 됐다는 것이죠.

이미 수백 년 전 영국에서도 국부國富의 원천이 어디 있는지를 밝힌 책이 있어요. 바로 애덤 스미스의 『국부론』이에요. 그전에는 '중상주의'가 나라를 부강하게 하기 위한 경제 정책으로 쓰였어요. 중상주의자들은 이윤이 생산 과정이 아닌 유통 과정에서 발생하기 때문에 수출을 촉진하고 수입을 억제해 부를 키워야 하고, 이렇게 키운 부를 토대로 국가 안보를 지키는 것이 국가의 의무라고 생각했어요.

하지만 애덤 스미스는 국부의 원천이 '노동'에 있다고 봤어요. 분업으로 전문성을 키워 노동의 효율성을 극대화해야 한다며 '옷핀 공장'을 예로 들었죠. 한 사람이 혼자 옷핀을 만든다면 하루에 20개밖에 만들지 못해요. 하지만 철선을 늘이고, 펴고, 자르고, 뾰족하게 하는 과정을 나누고 한 사람이 한 가지 일을 맡아서 한다면 1인당 옷핀을 4,800개 생산할 수 있게 된다는 것이죠. 노동의 전문성이 가져오는 힘은 어마어마한 부가가치를 창출할 수 있다는 말이었어요.

💬 가족과 함께하는 식사 시간, 식탁 위에 오른 맛있는 음식을 보세요. 뙤약볕 아래서 열심히 농사를 지은 농부, 필요할 때 언제든 고기를 살 수 있도록

가게를 운영하는 정육점 주인, 비가 오나 눈이 오나 원하는 물건을 배달해 주는 배달원이 없었다면 어떨까요? 농부, 정육점 주인, 배달원의 노동 덕택에 우리는 맛있는 음식을 먹고살 수 있어요. 그러면 이들이 전문성을 가지고 열심히 일하는 것은 모두 우리를 위해서일까요?

사람들이 열심히 일하는 이유는 무엇일까요? 애덤 스미스는 "사람들은 모두 각자의 이익을 위해 열심히 일을 한다."고 말해요. 농부, 정육점 주인, 배달원은 우리가 아닌 자기 자신을 위해 일하며 이기심이야말로 자본주의를 움직이는 힘이라는 것이죠. 그런데 이 말이 "자신의 이익을 추구하기 위해서는 수단과 방법을 가리지 않아도 된다."는 말로 오해를 받고 있어요.

애덤 스미스는 윤리학 교수였어요. 그는 『도덕감정론』이라는 책에서 "인간의 행동을 움직이는 것이 이타심과 연민"이라고 생각했어요. 그런 그가 "이익을 위해서는 아무렇게나 행동해도 괜찮다."고 하기 어렵겠죠.

그는 사람들 내면에 '양심'이라는 경찰관이 있다고 봤어요. 또 정신적, 도덕적인 밑바탕이 잘 마련된 상태에서 자기 일에 몰두해 전문성을 가지고 생산을 극대화하고 시장에서 그 물건들을 교환한다면 서로에게 이익이 되지 않겠느냐는 것이 그의 생각이었어요. 정리하면 "도덕적 기반 위에서 각 경제 주체가 자신의 일에 몰두한다."는 것이죠.

💬 애덤 스미스는 분업으로 전문성을 확보해 얻은 엄청난 생산물 중 수요를 맞추고도 남는 것, 즉 잉여 생산물을 교환해 더 많은 부가가치를 창출할 수

있다고 봤어요. 자유무역으로 전체의 효율성을 극대화할 수 있다고 본 것이죠. 각자 잘하는 일에 몰두하고 결과물을 교환하면 서로에게 이득이 된다는 생각이었어요.

영국의 양모 생산율은 프랑스보다 높고, 프랑스의 포도주 생산율이 영국보다 높다면 어떨까요? 애덤 스미스의 입장에서 본다면 생산율이 낮은 상품을 생산하려 애쓰기보다 영국은 양모를, 프랑스는 포도주 생산을 전문으로 해 서로 교환하는 게 낫다는 것이죠.

어떤 물건이 얼마나 생산돼야 하고, 얼마에 거래돼야 할지는 어떻게 결정하느냐고요? 애덤 스미스는 '보이지 않는 손'이라는 개념으로 답합니다. 자유경쟁시장에서는 각자 자신의 이익을 추구하기 때문에 소비자의 수요를 만족하려는 방향으로 움직이게 마련이죠. 가격이 오르면 물건을 사려는 사람이 줄어드니 물건의 가격을 내리는 식으로 말이에요. 중상주의 시대에 '국가'라는 '보이는 손'이 모든 것을 조절했다면 이제는 '시장 체제'라는 '보이지 않는 손'이 작용하는 것이죠.

그는 인간을 지극히 합리적인 존재로 봤어요. 이는 영국식 사고의 전통과 깊은 연관이 있어요. 영국인들은 대상을 정밀하게 나눠 보는 경향이 강해요. 그런 사고 체계가 만들어 낸 작품이 바로 정치에서의 민주주의, 근대 과학의 방법론인 귀납법, 경제에서의 자본주의 경제 시스템이죠. 이들은 '개체'를 기반으로 전체를 설명하려고 한다는 공통점이 있어요.

그러나 시간이 지나면서 사적私的 이익 추구가 마치 자본주의의 기본인 것처럼 변형이 됐어요. 미국발 금융 위기로 시작된 세계 경제 위기 등을 보면 인간은 그다지 합리적인 존재가 아님을 알 수 있고요.

이기적 욕심은 자본주의 체제 자체를 뒤흔들고 있죠. 그러다 보니 '비합리적 인간'을 전제로 경제를 건설하려는 이들도 있어요. 한 줄기는 창조경제로 '융합'을 강조합니다. 분업화와 전문화로 쌓은 엄청난 지식과 부를 융합하고 통합하는 것이 중요하다는 것이죠. 또 다른 한 줄기는 행동경제학, 더 나아가 '신경경제학'이라 불리는 분야입니다. 인간의 심리나 뇌 활동을 분석해 인간의 의사 결정을 이해하려는 움직임이죠.

애덤 스미스 시대에 그의 생각은 새로운 아이디어였어요. 경제를 보는 그의 시각은 사람들 생각의 폭을 넓혀 줬고요. 오늘날 세계는 과거보다 훨씬 복잡하죠. 그만큼 풀어야 할 문제들도 많고요.

여러분 앞에 놓인 문제는 바로 기회입니다. 새로운 패러다임(paradigm, 어떤 한 시대 사람들의 견해나 사고를 근본적으로 규정하는 테두리로서의 인식 체계. 또는 사물에 대한 이론적인 틀이나 체계)을 제시하는 생각의 창작품을 만드는 여러분이 되길 바라요.

자연은 인간의 필요를 채워 주지만 탐욕은 채울 수 없다

에른스트 슈마허 Ernst Friedrich Schumacher, 「작은 것이 아름답다」

경제적 관점에서 볼 때, 지혜의 핵심은 영속성이다. 우리는 영속성을 위한 경제학을 공부해야 한다. 어리석은 상태에 빠지지 않고 장기간 지속될 수 없는 한 경제적으로 의미 있는 것은 없다. 제한된 목적을 추구하는 '성장'이 존재할 수는 있지만 무한히 일반화된 성장은 존재할 수 없다. 간디가 말했듯이 "대지는 모든 사람의 필요를 충족시키기에 충분하지만 모든 사람의 탐욕에 대해서는 그렇지 않다"는 게 타당할 것이다. 영속성은 '아버지 시대에 사치품이었던 것이 우리에게는 필수품이 되었다'는 사실에 기뻐하는 약탈적인 태도와 공존할 수 없다. 욕망을 키우거나 확장하는 일은 지혜에 대립되는 것이다. 또한 그것은 자유와 평화에 대립되는 것이기도 하다. 욕망이 커지면 자신이 통제할 수 없는 외부 요인에 점점 더 의존하게 되며, 그래서 생존을 위한 두려움도 커지게 된다. 욕망을 줄이는 경우에만 분쟁과 전쟁의 궁극적인 원인인 긴장 상태를 진정으로 줄일 수 있다.

영속성을 위한 경제학은 과학과 기술의 근본적인 재편성을 포함한다. 여기서 과학과 기술은 지혜에 대해 개방적인 자세를 보여야 하며 그것을 자신들의 구조 자체로 끌어들여야 한다. 환경을 오염시키거나 사회구조와 인간 자체의 질을 떨어뜨리는 과학적·기술적 '해결책'은 아무리 훌륭하게 고안된 것이거나 매력적으로 보이는 것이라 하더라도 어떠한 혜택benefit도 없는 것이다.

대형 기계화는 경제력이 점점 더 집중되고 환경이 점점 더 파괴되는 상황을 동반하는 것이므로 진보를 의미하지 않는다. 오히려 그것은 지혜에 대한 하나의 부정이다. 지혜는 과학과 기술에 대해 유기적인 것, 부드러운 것, 비폭력적인 것, 우아하고 아름다운 것을 향해 새롭게 나아가기를 요구한다. 흔히 말해지듯이 평화는 분할 불가능한indivisible 것이다. 그렇다면 무자비한 과학과 폭력적인 기술 위에서 어떻게 평화가 확보될 수 있겠는가? 우리는 우리 모두를 위협하고 있는 파괴적인 움직임을 역전시키는 발명이나 기계를 우리에게 제공할 수 있는 기술 혁신을 추구해야 한다.

『작은 것이 아름답다』, 에른스트 슈마허 지음 / 이상호 옮김, 문예출판사, 2002년

세상에는 많은 문제가 있지만 문제의 원인은 결국 '이것' 때문이에요. '이것'은 무엇일까요? 바로 유한有限과 무한無限의 갈등입니다. 내가 갖고 싶

은 것은 셀 수 없이 많지만(무한), 내가 가진 돈으로는 모두 살 수 없죠(유한). 나의 꿈은 아주 많고 다양한데, 그 꿈을 모두 이루기에는 인생이 짧기만 합니다.

유한과 무한의 갈등을 해결할 수 있는 방법은 없을까요? 서구 경제학은 '인간의 욕망은 무한한데 주어진 자원은 유한하다.'는 전제에서 시작합니다. 인간의 무한한 욕망에 초점을 맞추고, 그 욕망을 채우기 위해 한정된 자원을 어떻게 배분하고 활용해야 하는지를 연구해 왔죠.

1970년대, 이러한 경제학의 전통에 반기를 들고 새로운 경제학을 주장한 사람이 등장했습니다. 그가 바로 경제학자 에른스트 슈마허입니다. 그는 지속가능한 경제 구조를 위해 욕망보다는 한정된 자원에 집중해야 한다고 말했습니다. 슈마허의 저서 『작은 것이 아름답다』를 통해 세상을 더욱 아름답게 할 새로운 경제학의 세계에 들어가 봅시다.

💬 경제학을 비롯해 서구의 근대 과학이 인간중심적으로 발달한 것은 영국의 철학자 프랜시스 베이컨의 영향이 큽니다. 베이컨은 인간의 지성으로 대상을 편견 없이 바라봐야 하며, 실험과 관찰을 통해 자연의 원리를 발견하고 이를 이용해 생산적 결과를 만들어야 한다고 주장했습니다. 베이컨 이후 서구 과학은 자연을 객관적으로 연구하고, 유익한 것들을 발견하고 발명해 인간의 삶을 편리하게 만들었죠. 베이컨의 생각은 근대를 지배하는 사상적 틀 중 하나가 됩니다. 하지만 이를 기초로 지금과 같은 모습을 갖춘 현대사회 속에서 모든 인간이 과학기술의 혜택을 누리고, 보편적인 여유와 만족을 누리며 행복하게

살고 있나요? 인간중심적인 과학기술의 발달은 자연을 파괴하기에 충분했고, 환경오염 등의 피해로 돌아오고 있습니다. 욕심을 채우려는 소비로 자연 자원이 고갈될 위기에도 처해 있죠.

슈마허는 기존 경제학economics의 한계를 지적하고 그것을 뛰어넘는 시각을 갖춰야 한다고 말합니다. 욕망보다는 한정된 자원, 단기적 만족보다는 영속성, 경제적 이득보다 인간 자체가 더 중요함을 인식하는 관점이 필요하다는 것이죠. 그는 경제학을 뛰어넘는 그 이상의 경제학인 '메타경제학meta-economics'을 제안하며, 메타경제학에 대한 인식을 갖고 있을 때 진정한 경제학의 발달을 도모할 수 있다고 주장합니다.

슈마허의 사상은 불교의 영향을 많이 받았습니다. 불교에서는 문제를 해결의 대상으로 보지 않고 문제의 원인 자체를 없애 해소해야 한다고 여깁니다. 이 원리는 경제적 문제에도 동일하게 적용됩니다. 무한한 욕망과 유한한 자원 사이 문제가 발생한다면 무한한 욕망을 줄이거나 없애면 자연스럽게 문제가 사라질 것입니다. 욕망은 그대로 두고 '어떻게 하면 자원을 더 잘 활용할까'를 고민하는 기존 경제학과는 반대되는 관점이죠.

아무리 효율적 방법을 고안해 낸다고 해도 인간의 욕망을 모두 채우려면 무리가 따르기 마련이에요. 그래서 『작은 것이 아름답다』에는 욕망의 크기를 줄이면 자연스럽게 지속가능한 사회를 만들 수 있다는 이야기가 들어 있는 것입니다. 이는 무조건적인 대량 생산과 대량 소비를 지향하는 현대 경제 시스템에 제동을 거는 아이디어입니다.

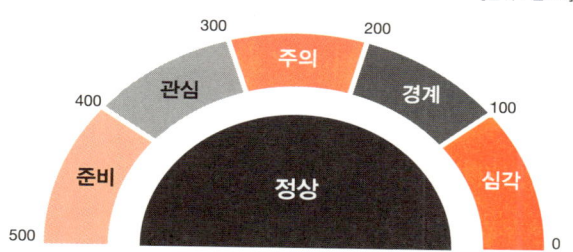

💬 이런 그림을 본 적이 있을 거예요. 현재의 예비 전력량이 얼마나 되는지를 알려 주는 그림이죠. 해마다 전력 소비량이 늘어 한여름이나 한겨울이 되면 전력 수급에 비상이 걸리곤 합니다. 우리가 사용할 수 있는 전기의 양은 한정돼 있어요. 전기를 만들기 위해 사용할 수 있는 자원 역시 한정돼 있고요. 전기를 아끼지 않으면 전력이 바닥나서 꼭 필요한 곳에서 쓰지 못하는 심각한 사회 문제가 생길 수도 있습니다.

슈마허는 사람들이 사고파는 대상인 '재화財貨'도 새로이 구분해야 한다고 봤어요. 기존의 경제학은 '자연자원'을 '소득'이라고 보지만, 메타경제학은 '자본'으로 여겨야 한다고 말합니다. 자원을 소득이라고 여긴다면 많이 캐낼수록 이득이지만, 자본이라고 여긴다면 이는 아껴야 할 대상이 됩니다.

슈마허는 보통 사람들이 '재화'라고 여기는 제조품과 서비스는 '2차 재화'라 부르고, 원유 등 자연이 만들어 내는 재화를 '1차 재화'라고 했습니다. 더불어 공기, 물, 토지 등 자연 전부를 경제의 영역에 포함할 때, 좀 더 통찰력 있는 경제학적 시각을 갖출 수 있다고 말합니다.

혹시 '착한 소비'라는 말을 들어 본 적이 있나요? 우리는 대형마트에서 꼭 필요한 물건만 사는 것이 아니라 그렇지 않은 물건도 카트에 한가득 싣곤 합니다. 이때 그 물건이 어디서 어떻게 만들어졌는지보다는 얼마나 큰지, 가격은 얼마인지가 중요한 판단 기준이 되죠.

'착한 소비'는 무감각한 소비와 반대되는 개념이에요. 물건을 살 때 그것이 정당한 대가를 지불한 후에 친환경적인 공정으로 만들어졌는지, 오랫동안 사용할 수 있는지, 내가 사는 지역에 도움이 되는지 등을 고려한 후에 소비하는 것이죠. 이는 작은 것의 아름다움을 주장한 슈마허의 생각과도 맞닿아 있어요.

지금 주변을 한 번 둘러보세요. 어떤 물건들이 있나요? 그것을 살 때 여러분은 어떤 점을 고려했나요? 여러분이 산 물건이 여러분의 가치관을 보여 주는 기준이 될 것입니다.

눈앞의 현실, 보이는 게 전부는 아니다

허먼 멜빌 Herman Melville, 「모비딕」

그가 햇빛에 반짝반짝 빛나는 금화를 머리 위로 들어 올리며 다시 말했다.

"자네들도 이게 뭔지 알지? 이건 스페인의 금화인 더블룬이야. 십육 달러의 가치를 지니는 진짜 금이란 말이야. 잘 보았나? 스타벅, 망치를 가져오게."

일등 항해사가 연장을 가지러 달려간 사이, 아하브 선장은 금화를 자신의 코트 위에 대고 문질러 더욱 광을 냈다. 잠시 뒤 스타벅이 망치를 들고 돌아오자, 아하브 선장은 그것을 받아들고 우리 곁을 지나 메인마스트(함선의 제일 큰 돛대)로 다가갔다. 그가 크게 외쳤다.

"자네들 중에 흰 고래, 즉 이마에 주름이 있고 턱이 비뚤어진 향유고래를 발견하는 사람에게는 이 스페인 금화를 주겠다."

그는 외투 주머니에서 못을 꺼내어 메인마스트의 머리 높이에 그 금화를 박았다. 그러고는 몸을 돌려 우리를 바라보며 말했다.

"그놈을 꼭 찾아야 한다. 그리고 그놈을 발견하면 가슴이 터질 듯이 큰 소리로 알려야 한다."

태시테고가 물었다.

"아하브 선장님, 그 흰 괴물이 바로 사람들이 말하는 모비 딕이란 고래입니까?"

"그래, 바로 그놈이야."

이번에는 퀴퀘그가 물었다.

"몸에 작살을 달고 다니는 놈이지요?"

데이구가 끼어들었다.

"이상한 물안개 분수공이 있는 놈이지요?"

아하브 선장은 두 주먹을 꽉 쥐며 대답했다.

"맞아, 바로 그 놈이 우리가 찾는 놈이야. 모비 딕이라고!"

그때 스타벅이 선원들 틈을 마구 비집고 나오며 소리쳤다.

"그런데 선장님, 선장님의 다리를 물어뜯은 놈이 분명 모비 딕이 맞습니까?"

그러자 아하브 선장은 이를 벅벅 갈면서 스타벅을 매섭게 노려보았다. 잠시 뒤, 그가 흥분을 가라앉히고 두 팔을 들어 선원들에게 좀 더 가까이 다가오라는 신호를 보냈다.

"여러분, 그놈이 내 다리를 부러뜨렸다는 말은 사실이오. 모비 딕 그놈 때문에 내가 여러분 앞에 이 죽은 다리로 서 있게 된 겁니다. 난 기필코 그놈을 잡을 거요."

『모비딕』, 허먼 멜빌 지음 / 김정우 옮김, 푸른숲주니어, 2007년

거친 바다의 포경선(고래를 잡기 위해 특별한 설비를 갖춘 배) 피쿼드호. 거대한 흰 고래(모비딕)에게 다리를 잃은 선장 에이허브의 삶의 목적은 오직 고래에게 복수하는 것입니다. 모비딕을 찾아 대서양에서 인도양, 태평양까지 항해를 멈추지 않죠. 그는 어느 날 모비딕과 마주치게 되고 사흘간 사투를 벌이다 결국 배는 침몰합니다. 허먼 멜빌의 소설 『모비딕』은 침몰한 피쿼드호의 유일한 생존자 이스마엘의 서술로 전개됩니다.

이스마엘이란 이름에는 추방자, 방랑자라는 의미가 있어요. 성경 속 이스마엘은 아브라함의 아들이면서도 추방됐거든요. 육지에서 희망을 찾지 못한 그는 고래잡이배를 탑니다. 이스마엘뿐이 아니었습니다. 배에 탄 이들은 모두 다른 모습에 다른 성격이지만 더는 육지에서는 살 수 없어 새로운 삶을 시작하려는 이들이었습니다. 여기서 육지가 '유럽'을 의미한다면 피쿼드호는 '미국'이라고 할 수 있어요. 피쿼드호는 자유와 꿈을 이뤄 줄 희망이죠.

그러나 멜빌이 그린 피쿼드호의 모습은 사람들이 기대한 '아메리칸 드림'과는 거리가 멀었어요. 멜빌은 미국의 축소판인 피쿼드호를 통해 당시의 정치 현실과 종교의 타락상 등을 고발합니다.

에이허브 선장은 복수를 위해 고래를 잡으려고 해요. 그는 선원을 금화로 유혹하여 복수에 동원하죠. 배의 선장 에이허브는 공동체를 이끌어 가는 지도자를 의미합니다. 저자는 에이허브의 모습을 통해 지도자가 대의가 아닌 개인적인 목적을 위해 공동체를 엉뚱한 방향으로 이끌어 나가고 있는 모습을 보여 주죠. 금전적 보상으로 대중을 현혹하는 지도자의 모습에서 자본주의의 추악함과 천박함도 드러냅니다.

　에이허브는 자신의 다리를 앗아간 흰 고래에게 정신마저 빼앗긴 듯 맹목적으로 고래를 쫓습니다. 흰색은 고귀하고 순결한 것을 의미하죠. 그런데 이것을 악으로 규정하니 어떻게든 없애야 할 괴물이 되고 말아요. 신성하고 아름다운 고래가 등골을 오싹하게 하는 두려움의 대상이 된 것이죠.

> 2006년 독일 월드컵 당시 일이에요. 우리나라와 스위스의 경기 중 우리나라가 0:1로 뒤지고 있던 상황에서 우리 선수의 발에 맞은 공을 스위스 선수가 차서 골을 넣었어요. 스위스 선수에게 공이 패스됐을 때, 부심은 오프사이드기(旗)를 들었어요. 이것을 보고 우리 선수들은 모든 경기 진행을 멈췄고요. 그러나 주심은 부심의 판단을 무시하고 경기를 진행하도록 했고 스위스의 골을 인정했어요. 이때 우리나라 방송사의 중계 해설자 두 사람은 각기 다른 이야기를 했습니다. 한 해설자는 "오프사이드이니 골로 인정할 수 없다."고 했고, 다른 방송사의 해설자는 "공이 수비수를 맞고 갔기 때문에 오프사이드가 아니고, 따라서 스위스의 골을 인정한 주심의 판단이 옳다."고 했죠. 대다수 국민은 골로 인정할 수 없다는 말에 귀를 기울였고, 스위스의 손을 들어 준 꼴이 된 해설자를 강하게 비판했어요. 그러나 시간이 흐른 뒤 많은 사람이 자성의 목소리를 냈습니다. 옳고 그름을 넘어, 자신의 생각과 다른 사람을 무차별적으로 비난하는 우리의 사고방식이 얼마나 편협한지를 말이에요.

　이스마엘은 고래를 잡으려고 포경선에 올라탔지만 결국 '고래의 꼬리조차도 알지 못하겠다.'고 고백합니다. 그렇지만 여전히 그는 고래를 '잡아야 할 대상'으로 보죠. 이스마엘의 이 고백은 우리와 우리 사회가 나아가야 할 바를 생각하게 합니다. 이스마엘은 적어도 에이허브보다 고래에 대해 더 많이 알고 있었는지도 모릅니다. 그는 고래에게 우리가 알지 못하고 의식하지 못하는 더 큰 뜻이 있을 수 있다는 것을 느끼고 있었으니까요.

저자는 이스마엘을 통해 '당장은 금전적이고 물질적인 것이 눈앞에 있지만 우리가 지향해야 할 것은 그 이상의 것 아니냐'고 말하고 있습니다.

> 중요한 시험을 앞두고 열심히 공부했습니다. 하지만 그간의 노력이 무색하게도 시험에는 손도 댈 수 없는 어려운 문제가 나왔어요. 학생들은 선생님을 원망하고 "우리를 힘들게 하려고 일부러 어려운 문제를 낸 거야."라며 비난하기도 합니다. 그러나 이는 출제자의 의도까지는 생각하지 못하는 학생들의 한계일 수 있어요. 선생님은 어려운 문제를 푸는 과정을 통해 학생의 실력이 더 나아지기를 바라는 마음에 그런 것일 수도 있으니까요.

우리는 세상을 보는 자신만의 렌즈(생각의 틀)를 가지고 있습니다. 그러나 자신이 그런 렌즈를 끼고 있음을 스스로 깨닫기는 쉽지 않아요. 세상이 그런 색, 그런 모양이기에 그렇게 보인다고 생각하게 마련이죠. 이것이 인식의 한계입니다. 자신이 낀 렌즈가 무엇인지 스스로 돌아보세요. 원점부터 다시 보는 연습을 하는 거예요.

『모비딕』은 악으로 규정된 고래를 원점부터 다시 생각함으로써 미국의 어그러진 정치 현실을 바로잡을 수 있다는 것을 보여 줍니다. 눈앞에 보이는 현실만이 전부라고 여긴다면 어리석은 일이겠죠. 피쿼드호에 몸을 실은 사람 모두가 목숨을 잃은 것이 곧 어리석음의 결말을 보여 준다고도 할 수 있어요.

언제나 마주친 현실의 이면을 생각해 보세요. 또 자신이 현실을 그렇게 바라보게 된 근본적인 원인(렌즈)을 찾아보세요. 인식의 한계를 벗어나 세상을 바라볼 때, 우리는 진정한 자유를 맛보며 참된 꿈의 세계에 다가갈 수 있을 거예요.

한 손이 아닌
두 손으로 살아가기

에리히 프롬 Erich Pinchas Fromm, 「소유냐 존재냐」

  두 편의 시의 현격한 차이는 얼른 눈에 띈다. 꽃을 본 테니슨의 반응은 그것을 소유하려는 욕망이다. 그는 꽃을 "뿌리째로" 뽑아 든다. 꽃에 대한 그의 관심은 꽃의 생명을 단절시키는 결과로 이어진다. 그 꽃이 신과 인간의 본성을 파악하는 데에 도움을 줄 수도 있으리라는 지적 사색으로 끝을 맺으면서 말이다. 이 시에서의 테니슨은 생명체를 해부하면서 진실을 추구하는 서구 과학자들에게 비견될 수 있을 것이다.

  그러나 꽃에 대한 바쇼의 반응은 판이하다. 그는 꽃을 꺾으려고 하지 않는다. 그것을 건드려 보려고조차 않는다. 그는 "알아보기" 위해서 다만 "눈여겨 살펴볼" 뿐이다.

  이 시에 대해서 스즈키는 다음과 같이 쓰고 있다. "아마도 바쇼는 시골길을 따라 걷다가 울타리 곁에서 희미한 무엇인가를 보았을 것이다. 그리고 가까이 다가가서 자세히 살펴보고 나서 그것이 무심히 지나치는 사람들 눈에는 띄지도 않는 하찮은 야생초에 불과하다는 것을 알아본 것이다. 이것이 이 시 안에 그려진 단순한 사실이다. 그리고 어쩌면 일본어로 '가나'라고 울리는 마지막 두 음절을 제외하고는 두드러진 시적 감흥이 표현된 대목도 찾을 수 없다. 흔히 명사나 형용사, 또는 부사를 수식하는 이 조사는 감탄이나 찬양, 고통이나 기쁨의 감정을 표현하며 서구어로 번역할 때는 감탄부호로 나타내면 상당히 적중할 수 있다. 앞에 예시된 하이쿠에서는 시 전체가 이와 같은 감탄부호로 마무리된 셈이다."

 테니슨은 사람과 자연을 이해하기 위해서 필히 꽃을 손에 쥘 필요가 있었고, 꽃은 그의 소유가 됨으로써 파괴된다. 바쇼는 다만 바라보기를 원한다. 또한 꽃을 그냥 관조하는 데에 그치지 않고 꽃과 일체가 되기를, 꽃과 결합하기를 원한다. 그러면서 꽃의 생명을 건드리지는 않는다.

「소유냐 존재냐」, 에리히 프롬 지음 / 차경아 옮김, 까치, 1996년

 길을 걷다 우연히 길가에 핀 꽃을 발견했습니다. 너무 작아 지나칠 뻔했는데 들여다보니 곱고 예쁘네요. 여러분이라면 어떻게 할 건가요? 길에 있는 그대로 둘 건가요? 아니면 꺾어서 가지고 싶은가요?

 『소유냐 존재냐』의 저자 에리히 프롬은 꽃 한 송이를 대하는 인간의 태도

에도 세상을 바라보는 시각이 담겨 있음을 이야기합니다. 어디에서 누구를 만나 무엇을 하든, 그 속에는 세상에 대한 우리의 시각이 담겨 있습니다. 에리히 프롬은 사람들이 세상을 바라보는 방식, 즉 패러다임을 크게 두 가지로 나눴어요. 하나는 소유의 패러다임이고 다른 하나는 존재의 패러다임입니다.

> 갈라진 암벽에 피는 꽃이여
> 나는 그대를 갈라진 틈에서 따 낸다.
> 나는 그대를 이처럼 뿌리째 내 손에 들고 있다.
> 작은 꽃이여 ― 그대가 무엇인지,
> 뿌리뿐만 아니라 그대의 모든 것을 이해할 수 있다면
> 그때 나는 신이 무엇이며
> 인간이 무엇인지를 이해할 수 있으리라.
> 테니슨의 시

> 자세히 살펴보니
> 냉이 꽃이 피어 있네.
> 울타리 밑에!
> 바쇼의 하이쿠

테니슨의 시를 보세요. 테니슨은 나와 자연을 분리해 객관적으로 관찰하

고 탐구하는 태도를 갖고 있어요. 주체(나)와 객체(꽃)를 나누고, 주체를 중심으로 객체를 대하는 것이죠. 이처럼 자연을 대상화하는 사고방식은 서구 근대 과학의 방법론입니다. 대상을 이해하고 본질을 찾기 위해, 테니슨의 시처럼 뿌리째 뽑고 하나씩 탐구해 나가는 방식을 따릅니다.

그러나 바쇼가 꽃을 대하는 방식은 달라요. 바쇼의 하이쿠에서는 대상을 바라보는 주체와 대상은 분리돼 있지 않아요. 꽃의 존재 자체를 그대로 받아들이는 인간의 모습을 볼 수 있죠. 나아가 꽃과 내가 하나가 되는 물아일체物我一體의 태도를 보여 줍니다.

테니슨의 시와 바쇼의 하이쿠에 나타나는 생각의 차이는 단순히 두 사람의 생각의 차이를 넘어 서양과 동양의 세계관 차이라고 볼 수 있습니다. 서양의 세계관이 '소유'의 패러다임이라면 동양의 세계관은 '존재'의 패러다임인 것입니다.

> 해마다 여름이면 익사 사고를 다루는 기사가 보도되곤 합니다. 물에 빠진 사람을 구하기 위해 들어간 사람까지도 함께 목숨을 잃는 경우도 적지 않아요. 물에 빠진 사람을 구하는 것은 아무나 할 수 없다는 것을 알면서도 일단 사람을 구하고 보자는 일념으로 뛰어들게 되는 겁니다. 그리고 나서야 자신의 수영 실력이 형편없음을 깨닫게 되죠. 왜 이처럼 무모한 일을 하는지 모르겠다고요?

'존재'의 패러다임을 가진 사람은 물에 빠진 사람을 본 순간 그 사람과 나를 하나로 생각합니다. 그래서 다음 상황을 염두에 두지 않고 물에 뛰어 들어요. '소유'의 패러다임을 가진 사람은 일단 대상과 내가 분리돼 있기 때문에 '사람이 물에 빠졌다.'란 사실을 객관적으로 봐요. '저 사람은 어쩌다 저기 들어가서 물에 빠졌을까?' 하는 식으로 객관적이고 순차적으로 상황을 인식하죠. 마지막으로 '나도 이런 상황에 부닥칠 수 있겠다.'라며 입장을 바꿔 생각한 뒤 구급차를 불러야겠다는 판단을 해 119에 전화를 겁니다.

근대 서양에서는 대상과 내가 분리되는 주객이원론主客二元論적 사고방식에 따라 과학과 산업이 발전했어요. 대상을 객관적으로 연구하고 인간의 필요에 따라 활용했으니까요. 그 결과 레이철 카슨이 『침묵의 봄』에서 이야기한 것처럼 봄이 왔으나 봄을 알려 줄 새가 지저귀지 않게 됐습니다. 침묵하는 봄은 좁은 시야로 자연을 바라보고 오직 인간의 입장에서 더 많은 것을 소유하려 한 인간에 대한 자연의 대반격인 것이죠.

슈마허의 『작은 것이 아름답다』도 같은 맥락이에요. 슈마허는 경제적 풍요로움의 상징인 대량생산과 대량소비는 자연을 고갈시키고 나아가 인간을 피폐하게 만들었다며 "더 작은 것을 추구하는 것이 모두를 살리는 길"이라고 주장했습니다.

『침묵의 봄』이 '생물학'의 관점에서, 『작은 것이 아름답다』가 '경제학'의 관점에서 소유 패러다임의 한계를 바라봤다면 『소유냐 존재냐』는 철학, 사상, 문화적인 관점에서 이 문제를 바라봅니다.

에리히 프롬은 소유 패러다임이 아닌 존재 패러다임으로 세상을 바라봐야 한다고 주장해요. 소유 패러다임의 목적이 주체가 대상의 본질을 파악하는 데 있다면, 존재 패러다임은 존재 자체를 있는 그대로 인정하고 변화를 묵묵히 바라봅니다. 자연은 소유와 정복의 대상이 아닌 조화를 이루고 함께 살아가야 할 대상이라는 것이죠.

> 선생님의 수업이 시작됐습니다. 이 수업을 함께하는 여러분의 태도는 어떤가요? 선생님 말씀에 귀를 기울이고, 열심히 받아 적고, 그것을 기억해 내 것으로 만드는 데 주력하나요? 아니면 수업 내용에 의문을 가지고 스스로 생각하며 능동적으로 반응하나요?
> 만약 여러분의 모습이 전자라면 학습에 대한 '소유'의 태도를 갖고 있다고 할 수 있어요. 후자라면 '존재'의 태도를 가진 것이고요. 존재의 학습 태도를 가질 때 우리가 공부하는 내용이 우리 안에 살아서 우리의 생각을 더 새롭게 할 수 있다는 것이 에리히 프롬의 생각이에요.

에리히 프롬은 소유 패러다임에서 존재 패러다임으로 옮겨 가라고 주문합니다. 그러나 소유 패러다임이 일으킨 문제에 대한 진정한 대응은 그것을 버리는 것이 아니라, 소유와 존재의 패러다임을 동시에 가지고 세상을 바라보는 것입니다. 둘 중 어느 하나의 눈으로 세상을 바라보기보다는 상반된 두 패러다임을 동시에 지니고 있을 때 창조적 긴장을 가지고 세상을 더 지혜롭게 살아갈 수 있습니다. 우리가 한 손으로 살아가는 것이 아니라 양손으로 살아가는 것처럼 말이에요.

철학 없는 교육, 피폐한 아이들

오노레 드 발자크Honore de Balzac, 「고리오 영감」

고리오의 딸에 대한 무분별한 헌신과 시기심 많고 세심한 사랑은 너무도 잘 알려져 있었다. 어느 날 경쟁자 중의 한 명이 그를 시장에서 몰아내고 자기가 곡물 사업의 주인이 되려고 델핀이 마차에 치었다고 그에게 말했다. 백짓장처럼 창백해진 이 제면업자는 곧장 시장을 떠났다. 이 엉터리 말에 놀라서 받은 서로 엇갈나는 감정의 반작용 때문에 그는 며칠 동안 앓았다. 고리오는 그 사람의 어깨를 죽을 정도로 때리지는 않았다. 하지만 시장이 공황에 빠졌을 때, 그를 파산시켜서 시장에서 쫓아 버렸다.

    자연히 그는 두 딸을 교육시키는 데 무리했다. 고리오는 매년 육만 프랑 이상을 벌어들이는 부자였지만 자신을 위해서는 천이백 프랑 이상 쓰지 않았다. 딸들의 기분을 충족시키는 것만이 그의 행복이었다. 가장 우수한 선생들이 홀

류한 교육처럼 보이는 모든 기예를 그녀들에게 가르치게 했다. 딸들에게는 수행원 한 명이 있었는데 다행히 취미가 고상한 재치 있는 여자였다. 딸들은 승마를 했고 마차를 가졌다. 마치 옛날 돈 많은 봉건 영주의 정부처럼 지냈다. 아무리 돈이 많이 들더라도 딸들이 원하면 이 아버지는 서둘러서 그 소망을 만족시켜 주었다. 그는 그 선물의 대가로 단지 한 번만 껴안아 보는 것으로 만족했다. 고리오는 딸들을 천사의 대열에 올려놓았고 결국 그녀들을 자신보다 더 높게 생각했다.

불쌍한 사람! 그는 딸들이 저지르는 나쁜 짓까지도 사랑했다. 이 딸들이 결혼할 나이가 되었을 때 그녀들은 자기 취미에 맞게 남편들을 선택할 수 있었다. 딸들은 각기 아버지가 가진 재산의 반씩을 지참금으로 가져가게끔 되어 있었다. 아름다움 덕에 레스토 백작한테 사랑받은 아나스타지는 귀족적 성향이 있어서 아버지의 집을 떠나 상류 사회로 뛰어들었다. 델핀은 돈을 좋아해서 독일 태생의 은행가인 뉘싱겐과 결혼했다. 그는 신성로마제국의 남작이 되었다.

고리오는 여전히 제면업자였다. 장사가 자신의 생명 그 자체라고 여겼던 그가 장사를 계속하는 것을 그의 딸들과 사위들은 언짢아했다. 오 년 동안에 걸친 그들의 간청 끝에 마침내 그는 상점의 주식과 마지막 몇 해 동안의 이익금을 가지고 물러나는 데 동의했다.

「고리오 영감」, 오노레 드 발자크 지음 / 박영근 옮김, 민음사, 2000년

『고리오 영감』은 사실주의 문학 작품입니다. 사실주의 문학은 현실을 있는 그대로 관찰하고 묘사하는 방식으로 글을 쓰죠. 저자 발자크는 작품을 통해 당시 상황을 눈앞에 그릴 수 있을 정도로 사회 면면을 풍경처럼 상세하게 그렸습니다. 하지만 만약 그가 사회의 세세한 부분을 묘사하는 데에서만 그쳤다면 그를 '사실주의 문학의 대부'라고 부르지 않았을 거예요. 그의 작품에는 혁명 이후 프랑스 사회의 총체적 모습이 담겨 있습니다.

이 하숙집 정면은 작은 정원을 향해 있다. 그 집은 뇌브 생트 주느비에브 거리와 직각을 이루고 있어서 집의 깊숙한 곳을 볼 수 없다. 이 집 정면을 따라서 집과 작은 정원 이에는 폭이 한 간쯤 되는 자갈 덮인 빈터가 있다. 그 앞에는 모래 덮인 오솔길이 있다. 길 가장자리에는 제라늄, 협죽도, 청백색 도자기 화분에 담긴 석류나무들이 있다. 중문을 통해 오솔길로 들어갈 수 있는데, 그 중문 위에는 간판이 하나 붙어 있다. 그 위에는 '보케르 집. 남녀 모두 받는 고급 하숙집'이라고 적혀 있다.

보케르의 하숙집은 당시 프랑스 사회의 축소판 같습니다. 각 층에 사는 사람은 그 사회의 다양한 계층을 대표해요. 작품의 제목이기도 한 '고리오 영감'은 자신의 노력은 물론 시대의 흐름까지 잘 활용해 엄청난 부를 끌어 모읍니다. 아내가 죽은 후에는 온 마음을 두 딸에게 쏟아 붓죠.

보트랭은 탈옥수로서 사회 비판적이며, 범죄도 꺼리지 않는 인물입니다. 라스티냐크는 시골에서 올라와 법학을 전공해 출세하려는 대학생으로, 파리 생활을 하면서 열심히 공부하는 것보다는 사교계에 입문하는 게 신분 상승이 더 빠르다는 것을 느끼고 사랑과 돈의 유혹 앞에서 갈등을 겪습니다.

저자는 '고리오 영감의 왜곡된 자식 사랑'을 하나의 큰 축으로 두고 이들을 중심으로 이야기를 펼쳐 나갑니다. 고리오 영감은 혁명을 거치며 제면업자로 엄청난 부를 얻습니다. 엄청난 부자이면서 자신을 위해서는 돈을 거의 쓰지 않던 구두쇠 고리오 영감은 딸들을 위해서라면 어떤 것도 아끼지 않습니다. 그 부로 딸들의 신분 상승을 위해 최선을 다한 결과 딸들은 각각 백작, 은행가와 결혼합니다. 하지만 결혼으로 신분이 높아진 딸들은 아버지를 창피해 하며 사업을 그만두라고 요구합니다. 결국 딸들을 지원할 부의 원천이 사라지고 빈털터리가 된 그는 딸들에게 무용지물이 돼 버립니다. 결국 그가 죽어갈 때에도, 그의 장례식에조차 딸들은 이런저런 핑계를 대며 찾아오지 않습니다.

💬 더운 여름 친구들과 함께 팥빙수를 먹으러 갔습니다. 여러분은 달콤한 팥을 얹은 시원한 빙수를 보면서 어떤 생각을 하나요? 더운 날씨에도 열심히 일하고 계신 부모님이 떠오르지는 않나요? 부모님은 맛있는 음식, 좋은 구경거리를 볼 때마다 여러분을 생각하실 텐데 말이죠. 불효는 자신만 생각하는 마음에서 시작된다는 것을 기억하세요.

고리오 영감과 그 딸들의 이야기를 읽다 보면 셰익스피어의 『리어왕』이 떠오릅니다. 아버지로부터 모든 것을 물려받은 두 딸은 아버지를 배신하고 쫓아내죠.

자식에게 헌신한 부모가 자식들에게 비참하게 버림받는 이유는 무엇일까요? 그것은 교육 철학이 없기 때문일 것입니다. 부를 측적하고 소비하는 것 이외에 자식들이 인생을 살아가며 기준으로 삼아야 할 것에 대한 가르침을 주지 못한 것이죠.

이 작품의 또 다른 축은 보트랭과 라스티냐크입니다. 순진하던 라스티냐크는 친척 보세앙 부인의 파티에 참석하고 나서 사교계를 이용하여 성공하려는 꿈을 꾸게 됩니다. 보세앙으로 대변되는 파리 상류 사회는 허상 그 자체입니다. 다들 상류 사회에 들어가려고 안간힘을 쓰고, 돈만 생기면 신분 상승을 위해 투자하죠. 프랑스 혁명으로 구체제가 무너지고 귀족들은 허울만 남았을 뿐 돈이 없어 그 생활을 유지하기 어려운 상태입니다. 반면 신흥 부르주아들은 상업적 기반으로 많은 돈을 벌지만 신분은 확고하지 않은 격변기죠.

사회의 가장 어두운 모습을 대변하는 보트랭은 정직하고 소신 있는 방법으로 사교계에 입문하려는 라스티냐크에게 다가가 빠르게 성공할 수 있는 방법을 가르쳐 줍니다. 바로 하숙집의 빅토린과 사귀는 것이었어요. 그녀는 엄청난 부자의 딸로, 보트랭은 그녀의 오빠를 죽이면 더 많은 유산을 받을 수 있다며 그를 죽일 계획이라고 말합니다. 라스티냐크는 유혹에 흔들리지만 실천하지는 못합니다. 그리고 보트랭은 자신의 계획을 실행하죠.

격변기는 변화를 의미한다는 면에서는 긍정적일 수 있습니다. 예전 같으면 결코 신분 상승을 꿈꿀 수 없는 인물의 신분이 더 높아질 수 있는 가능성이 있으니까요. 그러나 그 속에는 불안정과 불안함이 내재돼 있습니다. 라스티냐크처럼 자신의 위치가 어디인지 그리고 어디로 가야 하는지를 알 수 없는 사람과 보트랭처럼 도덕적으로 문란한 사람들이 사회를 채운 것입니다.

만약 발자크가 이 시대를 살아가고 있다면 우리 사회를 어떻게 조명할까요? 귀족이 되려고 애쓰듯 자식을 좋은 대학에 보내기 위해 과도한 사교육을 시키고, 이로 인해 아이들의 정신이 피폐해지는 모습을 통탄해하며 작품을 쓸지도 모르겠네요.

국제중학교 입시 비리 등 자식을 위한다는 명목으로 옳지 않은 선택을 하는 부모들의 모습을 보면 『고리오 영감』 속 현실이 오늘날에도 여전히 들어맞는 건 아닐까 생각하게 돼요. 참 서글프고 씁쓸하죠. 오늘날의 기성세대가 고리오 영감의 아픈 실패를 반복하고 있지는 않은지 되돌아 볼 일입니다.

죽는 순간에도 웃을 수 있었던 이유는?

토머스 모어 Thomas More, 「유토피아」

　세 사람으로 구성된 외교 사절단이 도착하였습니다. 그런데 수행원은 백 명이나 되었으며 그들은 모두 비단으로 만든 색깔이 요란한 옷을 입고 있었습니다. 귀족 자신들은—그들은 자기 나라에서는 귀족이었던 것입니다—금박을 입힌 옷을 입고 금 목걸이를 두르고, 귀에는 달랑달랑하는 금귀고리를 달고 손가락에는 금반지를 끼었습니다. 그들의 모자에는 진주와 다른 보석들이 총총히 박힌 금 사슬이 달려 있었습니다. 다시 말하면 그들은 유트피아에서는 노예를 처벌하거나 죄수를 욕보이기 위해서 또는 어린애들이 장난감으로 쓰는 것들로 몸단장을 했던 것입니다.

　그런데 그것은 두 번 다시 보기 어려운 구경거리였습니다. 세 귀족은 유토피아인들의 옷차림과—물론 거리는 사람들로 가득 찼었지요—자신의 옷차림을 비교해 보고 매우 의기양양했습니다. 그러나 그들이 조성해 낸 실제의 결과는 그들이 기대했던 것과는 정반대였기 때문에 실망을 금할 수 없게 되었습니다. 짐작하시겠지만 유토피아인들로 보면—해외에 갈 기회가 있었던 소수의 사람을 제외하고는—번쩍거리는 것은 모두 수치스러운 것이었습니다. 그러므로 유토피아인들은 사절단의 수행원들에게는 최대의 경의를 표하였으나 외교관들은 금사슬로 보아 노예에 틀림없다고 여기고 완전히 무시해 버렸습니다.

오, 여러분이 진주나 보석 따위에는 싫증이 난 소년 소녀들이 외교 사절의 모자에 달린 진주나 보석을 대했을 때의 표정을 보았더라면! 애들은 어머니의 옆구리를 찌르면서 속삭였습니다.

"엄마, 저 바보 어른들 좀 봐! 저만한 나이가 되어서도 보석을 달고 다니다니!"

어머니는 엄숙한 표정으로 대답했습니다.

"쉬, 입 다물어! 저 사람은 대사님이 데리고 다니는 광댈 거야."

금 사슬에 대해서도 많은 비판이 나왔습니다. 어떤 사람은 이렇게 말했습니다.

"저 사슬은 대단치 않은걸. 너무 약해서 노예가 쉽게 끊어 버리겠어. 게다가 너무 헐렁하고. 도망갈 생각만 있으면 언제든지 노예가 벗어 버리고 달아나겠는데 그래!"

「유토피아」, 토마스 모어 지음 / 황문수 옮김, 범우사, 2000년 영국의 정치가이자 인문주의자인 토머스 모어는 자신이 살고 있는 16세기 영국 사회의 여러 모순을 해결하고자 했습니다. 그가 쓴 소설 『유토피아』에는 사회 개혁의 원리가 담겨 있어요.

책의 1권은 철학자이자 항해가인 라파엘 히슬로다에우스Hythlodaeus와 토머스 모어의 대화로 이뤄져 있어요. 두 사람의 대화를 통해 당시 영국 사회의 문제점, 사회적 병폐 등을 풍자적으로 비판합니다. 2권에서는 라파엘이 다녀온 유토피아의 모습이 묘사됩니다. 모어는 라파엘이라는 가상의 인물을 등장시키고 신세계의 사회 제도를 지렛대로 활용해 자신이 사는 사회를 바꾸기를 원했던 거예요.

여러분이 꿈꾸는 사회, 유토피아는 어떤 모습인가요? 유토피아는 그것을 그리는 사람이 사는 사회를 기초로 만들어집니다. 모어의 유토피아 역시 마찬가지예요. 당시 영국은 장원제를 토대로 한 농업에서 양모를 이용한 모직물 공업으로 산업이 변화하는 시기였습니다. 모직물 공업의 발달로 양모 값이 치솟자, 장원을 가진 지주들은 앞다퉈 토지에 울타리를 치고 양을 기르기 시작했어요. 이것을 인클로저(enclosure, 울타리치기) 운동이라고 한답니다.

가난한 농부와 농노들은 일자리와 삶의 터전을 잃고 도시로 이주합니다. 도시에서도 특별한 생계 수단이 없는 그들 중에는 도둑질을 선택하는 사람이 많아져요. 당시 절도는 어떤 처벌을 받았을까요? 바로 사형이었다고 해요.

모어는 이러한 배경에서 법의 가혹함을 지적합니다. 절도범에게 사형이라는 무거운 벌을 주는 것은 비례의 원칙에 어긋나며, 절도를 줄이는 데도 도움이 되지 않는다고요. 그는 인클로저 운동의 결과로 나타난 사회 구조 변화에 원인이 있다며, 문제를 바라보고 해결하는 새로운 시각을 제시하고자 합니다. 이 밖에도 그는 풍자적인 표현을 통해 사회의 여러 문제들을 들춰냅니다. 그리고 이런 모순된 현실을 역으로 뒤집어 놓은 이상적인 사회, 즉 유토피아를 조명하죠.

대개 유토피아는 현실에 대한 강한 부정에서 출발하는 경우가 많아요. 현실을 떠나서는 이상향을 그리기 어렵죠. 토머스 모어의 유토피아가 우리에게도 유토피아일까요? 아마도 아닐 거예요. 모어의 현실과 우리의 현실은 다르니까요.

당시 사람들이 꿈꾼 경제적 유토피아는 어떤 모습이었을까요? 라파엘은 '사유재산이 폐지된 사회'라고 말합니다. 사유재산이 폐지되면 모두가 공평하고, 한 사람 한 사람이 만족스러운 사회가 된다는 거예요. 하지만 모어는 이에 적극적으로 동의하지 않았어요. 그런 사회에서는 일하려는 사람이 없어 모두가 결핍에 시달릴 것이라고 생각했죠. 그러면서도 당시 금과 은에 대해서는 사용가치적 측면에서 접근했어요. 사용가치란 물건이 가진 유용성으로 가치를 평가하는 것이죠.

유토피아 사람들은 외교 사절단의 외교관들이 금 목걸이나 보석을 단 것을 보고 '광대나 노예일 것'이라고 추측하고 조롱합니다. 반대로 외교관 수행원들의 수수한 모습을 보며 그들에게는 경의를 표했어요. 영국 사람들은 금이나 은의 희소가치에 눈이 멀어 욕심을 내지만 유토피아의 사람들은 금과 은보다 물이나 불, 쇠 같은 꼭 필요한 것을 더 중요하게 여길 것이라는 모어의 생각을 담은 것이죠.

모어는 경제적 문제뿐 아니라 인간이 어떻게 살아야 하는지에 대해서도 이야기합니다. 유토피아의 사람들은 지혜로워서 이 원리를 모두 아는 것으로 묘사되고요. 윤리적으로 살아야 하는 이유는 무엇일까요? 영원불멸한 영혼을 가진 인간은 현세의 행위에 따라 내세에 상이나 벌을 받게 되는데 현재의 작은 쾌락을 누리기 위해 미래에 누릴 쾌락을 포기하고 고통을 선택할 이유는 없기 때문입니다.

모어는 또 죽음은 슬퍼하거나 무서워할 것이 아니라고 이야기합니다. 죽기 싫어하는 것은 현세에서 지은 죄 때문에 내세에서 받게 될 벌을 두려워해서라는 것이죠. 따라서 당사자는 물론 주변의 가족과 친구들도 죽음을 슬퍼할 이유가 없다고 합니다. 유쾌한 마음으로 장례를 치르고 그를 회상하며 기리는 것이 마땅하다는 거예요. 죽음에 대한 그의 태도는 책 속에 기록된 말뿐인 생각이 아니었습니다. 그는 그것을 삶으로 실천했어요.

> 모어는 당시 영국의 왕 헨리 8세가 앤과 결혼하기 위해 첫 번째 아내 캐서린과 이혼하는 데 동의하지 않았어요. 그 이유로 대법관에서 물러나는 것은 물론 반역죄로 사형까지 당하게 되죠. 죽음의 순간에도 모어는 특유의 유머를 잃지 않았다고 해요. 그는 사형집행관에게 "힘을 내게, 내 목은 매우 짧으니 조심해서 자르게."라고 말하고 단두대에 머리를 쑥 내밀면서 "수염은 반역죄를 저지른 적이 없다."며 수염을 조심하라고도 했대요. 사형을 앞둔 소크라테스를

위해 친구와 제자들이 해외로 도망갈 길을 마련해 뒀지만 소크라테스가 기꺼이 <u>스스로 독배를 마셔</u> 신념을 지킨 것과 비슷하죠.

유토피아는 요즘 말로 하면 '미래에 대한 강한 확신과 신념'을 뜻한다고도 볼 수 있어요. 미래의 주역인 여러분이 우리의 현실에 관심을 가지고 여러분이 그린 유토피아의 모습에 따라 강한 신념과 비전으로 사회를 변화시켜 나간다면 이 사회는 좀 더 나은 곳이 될 수 있을 거예요.

소아마비 백신을 개발하고 무료로 공개한 조나스 소크 박사의 말로 이야기를 마칠 게요. "Hope lies in dreams, in imagination and in the courage of those who dare to make dreams into reality(희망은 꿈을 현실로 만들기 위해 도전하는 자들의 꿈과 상상과 용기에 자리 잡고 있습니다)."

KI신서 5533

아이의 두뇌를 깨우는 고전 읽기 가이드
고전은 내 친구

1판 1쇄 발행 2014년 3월 10일
1판 10쇄 발행 2021년 6월 17일

지은이 안진훈 · 김혜진
펴낸이 김영곤 **펴낸곳** (주)북이십일 21세기북스
영업팀 한충희 김한성
제작팀 이영민 권경민

펴낸곳 (주)북이십일 21세기북스
출판등록 2000년 5월 6일 제406-2003-061호
주소 (우 10881) 경기도 파주시 회동길 201(문발동)
대표전화 031-955-2100 **팩스** 031-955-2151 **이메일** book21@book21.co.kr

(주)북이십일 경계를 허무는 콘텐츠 리더

21세기북스 채널에서 도서 정보와 다양한 영상자료, 이벤트를 만나세요!
페이스북 facebook.com/jiinpill21   **포스트** post.naver.com/21c_editors
인스타그램 instagram.com/jiinpill21 **홈페이지** www.book21.com
유튜브 www.youtube.com/book21pub

당신의 인생을 빛내줄 명강의! 〈유니브스타〉
유니브스타는 〈서가명강〉과 〈인생명강〉이 함께합니다.
유튜브, 네이버, 팟캐스트에서 '**유니브스타**'를 검색해보세요!

ⓒ 안진훈 · 김혜진, 2014

ISBN 978-89-509-5475-8 13370
책 값은 뒤표지에 있습니다.

이 책 내용의 일부 또는 전부를 재사용하려면 반드시 (주)북이십일의 동의를 얻어야 합니다.
잘못 만들어진 책은 구입하신 서점에서 교환해 드립니다.